Am - SE - III - 16
(Z - 335)

KIELER GEOGRAPHISCHE SCHRIFTEN

Begründet von Oskar Schmieder

Herausgegeben vom Geographischen Institut der Universität Kiel
durch J. Bähr, H. Klug und R. Stewig

Schriftleitung: S. Busch

Band 94

FREYA S. SCHENCK

Strukturveränderungen spanisch-amerikanischer Mittelstädte untersucht am Beispiel der Stadt Cuenca, Ecuador

KIEL 1997

IM SELBSTVERLAG DES GEOGRAPHISCHEN INSTITUTS
DER UNIVERSITÄT KIEL

ISSN 0723 - 9874

ISBN 3-923887-36-1

Die Deutsche Bibliothek – CIP - Einheitsaufnahme

Schenck, Freya S.:
Strukturveränderungen spanisch-amerikanischer Mittelstädte
untersucht am Beispiel der Stadt Cuenca, Ecuador / Freya S.
Schenck. - Kiel : Geographisches Inst. der Univ., 1997
  (Kieler geographische Schriften ; Bd. 94)
  Zugl.: Hannover, Univ., Diss., 1996
  ISBN 3-923887-36-1

Geographisches Institut
der Universität Kiel

Inv.-Nr. A 23 037

Geographisches Institut
der Universität Kiel
ausgesonderte Dublette

Alle Rechte vorbehalten

Die Stadt Cuenca Ende des 16. Jahrhunderts nach der Zeichnung von Felípe Guamán Poma de Ayala in "Nueva Corónica y Buen Gobierno", entnommen aus SILVA 1957, S. 241

Vorwort

Anstoß zu der vorliegenden Untersuchung gaben die Vorbereitungen für die Seminare zum Themenkreis "Stadtentwicklung/Stadtplanung in anderen Kulturen", die ich während meiner Mitarbeit in den 80er Jahren am Institut für Städtebau, Abteilung Architektur der Universität Hannover - damals unter der Leitung von Herrn Prof. Dipl.-Ing. F. Spengelin - abhielt. Dazu kam ein nachhaltiger Eindruck, den die Stadt Cuenca nach einem Kurzbesuch auf einer Dienstreise im Jahre 1979 hinterließ: eine fast intakte Altstadt im spanisch-kolonialen Rastersystem und demgegenüber neueste Stadtentwicklungstendenzen im Muster der westlichen Industriestadt.

Daß nun die vorliegende Studie, obgleich im Arbeitsfeld des Städtebaus entstanden, den räumlichen, stadtgestalterischen Aspekt nur am Rande behandelt, beruht auf dem Versuch zu ergründen, welche Mechanismen und Beziehungen hinter den Fassaden wirken und letztendlich dem physischen Gestaltwandel zugrunde liegen. So beschäftigt sich die Untersuchung nach einer entwicklungsgeschichtlichen Analyse mit den strukturellen Mustern der Stadt zum Zeitpunkt des Aufbrechens des traditionellen Musters und der Einführung "moderner" Stadtelemente und diskutiert die Ergebnisse vor dem Hintergrund der Strukturmodelle der südamerikanischen Stadt. Vertiefend wird dabei auf die innerstädtischen Bewegungen unterer sozialer Schichten eingegangen, darunter die Bewohner in Siedlungen des sozialen Wohnungsbaus und in Elendsquartieren im Zentrum der Stadt - letztere eine Bevölkerungsgruppe, über die in dieser Hinsicht noch relativ wenig gearbeitet wurde. Schließlich ist es ein weiteres Anliegen dieser Arbeit, einen Bezug zur Planungspraxis herzustellen, denn die Stadtforschung sollte idealerweise dazu beitragen, die Lebensumstände der Bevölkerung gerade in den ärmsten Ländern zu verbessern. Die der Untersuchung zugrunde liegenden Feldstudien fanden im Herbst 1985 und im Frühjahr 1986 statt. Die ausgewerteten Volkszählungsergebnisse betrafen die Jahre 1950 bis 1982, die Zeitspanne des Umbruchs, auf die sich die Studie konzentriert.

Für die hilfreiche Unterstützung von vielen Seiten, die meine Arbeit fand, bin ich zu Dank verpflichtet. An erster Stelle möchte ich Herrn Professor Dipl.-Ing. F. Spengelin ganz besonders danken, daß er es mir ermöglichte diese Studie durchzuführen, für seine kritischen Hinweise gerade in der Anfangsphase und schließlich für seine große Geduld, mit der er die Fertigstellung dieser Arbeit abgewartet hat. Fachlichen Beistand habe ich vor allem von Herrn Professor Bähr erhalten, von dessen langjähriger Stadtforschungserfahrung in Südamerika ich profitieren durfte. Ihm verdanke ich auch eine kritische Durchsicht des Manuskripts und wertvolle Hinweise sachlicher und redaktioneller Natur. Ihm sei herzlich gedankt.

Die Feldstudien wären ohne die Hilfe vieler Kollegen, Institute und Behörden in Cuenca nicht möglich gewesen. Die großzügigste Kooperation erfuhr ich seitens der

Planungsabteilung der Stadt, der Regionalstelle der JNV/BEV, der Universität und cuencanischer Kollegen und Bürger. Allen gilt großer Dank. Auch sei an dieser Stelle noch einmal der Deutschen Forschungsgemeinschaft Dank gesagt für die finanzielle Unterstützung des Feldaufenthalts im Frühjahr 1986.

Schließlich gebührt der Dank auch Frau R. Meurer und Frau P. Sinuraya, die sich mit viel Mühe um die Druckfähigkeit des Textes und der graphischen Darstellungen gekümmert haben.

Hamburg, Mai 1997   Freya S. Schenck

Inhaltsverzeichnis

Vorwort	V
Inhaltsverzeichnis	VII
Abbildungsverzeichnis	X
Tabellenverzeichnis	XIV
Abkürzungen	XVIII

1. Theoretischer Hintergrund und Fragestellung   1
    1.1. Die klassischen Modelle der Stadtstruktur   1
    1.2. Modellvorstellungen der lateinamerikanischen Stadtstruktur   2
    1.3. Fragestellung und behandelte Themen   10

2. Entstehung und geschichtliche Entwicklung der Stadt Cuenca   16
    2.1. Rahmenbedingungen für die Gründung und Anlage der Stadt   16
        2.1.1. Das spanisch-koloniale Stadtsystem in Amerika   16
        2.1.2. Das spanisch-koloniale Stadtmodell   18
        2.1.3. Die Herkunft des Rasterplans   21
    2.2. Die erste Anlage der Stadt Cuenca und ihre Entwicklung während der Kolonialzeit   25
        2.2.1. Gründungsmotive   25
        2.2.2. Die erste Anlage der Stadt   26
        2.2.3. Die Entwicklung während der Kolonialzeit   29
        2.2.4. Ansätze zu einer sozialräumlichen Gliederung   31
    2.3. Unabhängigkeit und Republik   34
        2.3.1. Bevölkerungsentwicklung   34
        2.3.2. Wirtschaftliche Entwicklung   36
        2.3.3. Räumliche Entwicklung   38
    2.4. Der Beginn der Neuzeit (1950 - 1985) - Sozio-ökonomischer Hintergrund zur Zeit der Untersuchung   43
        2.4.1. Stellung im Städtesystem und Bevölkerungsentwicklung   43
        2.4.2. Wirtschaftliche Grundlagen   48
        2.4.3. Die Stadt Cuenca und ihre Subregion   54

3.	Die bauliche und funktionale Gliederung der Stadt Cuenca	56
3.1.	Die bauliche Struktur - Ein Überblick	56
3.2.	Die Bevölkerungsverteilung und die Wohngebiete nach ihrer sozialen Differenzierung	76
	3.2.1. Bevölkerungsdichte	76
	3.2.2. Sozio-ökonomische Struktur	83
	3.2.3. Altersstruktur	98
	3.2.4. Immigranten	105
3.3.	Die Verteilung der wirtschaftlichen Aktivitäten	112
3.4.	Ergebnisse	126
4.	Fallstudie I: Charakteristiken und Herkunft der Bewohner zweier Siedlungen des staatlichen Wohnungsbaus	132
4.1.	Die Siedlungen	132
	4.1.1. Siedlungen des sozialen Wohnungsbaus in Cuenca	132
	4.1.2. Die Wohnsiedlungen der JNV	133
4.2.	Methode der Untersuchung	141
4.3.	Die Bevölkerung	143
	4.3.1. Altersstruktur	143
	4.3.2. Haushaltsgrößen	144
	4.3.3. Einkommensstruktur	146
4.4.	Die vorherige Wohnsituation	150
	4.4.1. Art der Wohnungen	150
	4.4.2. Wohnungsgrößen und Belegung	153
4.5.	Mobilität	156
	4.5.1. Herkunft der Bevölkerung	156
	4.5.2. Vorheriger Wohnstandort	158
4.6.	Ergebnisse	165

5.	Fallstudie II: Charakteristiken und Herkunft der Bewohner von "conventillos" - Ergebnisse einer Befragung		168
5.1.	Ziel und Methode der Befragung		168
5.2.	Die Bevölkerung		175
	5.2.1.	Haushaltsgrößenstruktur	175
	5.2.2.	Altersaufbau	177
	5.2.3.	Einkommensstruktur	179
5.3.	Die Wohnsituation		190
5.4.	Mobilität		196
	5.4.1.	Auswertungsmethode	196
	5.4.2.	Herkunft der Familien und Wohndauer in der Stadt	198
	5.4.3.	Wohndauer am Befragungswohnsitz	200
	5.4.4.	Mobilität und Standorte der vorherigen Wohnsitze	203
5.5.	Zukunftsperspektiven		210
5.6.	Ergebnisse		215
6.	Zusammenfassung der Ergebnisse und Schlußfolgerungen		222
6.1.	Das Strukturschema der Stadt Cuenca		222
6.2.	Die Rolle der Stadtplanung		227
Schlußwort			235
Literatur			236
Anhang: Darstellung der Bevölkerungsentwicklung 1557-1982			253

Abbildungsverzeichnis:

Kapitel 1:

1.1	Idealschema der heutigen lateinamerikanischen Großstadt	5
1.2	Modell der spanisch-amerikanischen Stadtentwicklung	6
1.3	Strukturelemente der spanisch-amerikanischen Stadt und Stadien ihrer Veränderungen in den letzten 100 Jahren	8

Kapitel 2:

2.1	Die erste Anlage der Stadt Cuenca (Rekonstruktion)	27
2.2	Räumliche Situation der ersten Stadtanlage	28
2.3	Flächenentwicklung der Stadt bis kurz vor der Mitte des 20. Jahrhunderts	38
2.4	Räumliche Verteilung typischer Berufsgruppen kurz vor der Mitte des 20. Jahrhunderts	41
2.5	Rangordnung der Städte nach Bevölkerungszahl	43
2.6	Siedlungssysteme Ecuadors	44
2.7	Lage und verkehrliche Anbindung der Stadt Cuenca	45

Kapitel 3:

3.1	Die koloniale Gebäudeanlage, zwei Beispiele (i. M. 1:500)	59
3.2a	Die bauliche Struktur der Stadt Cuenca um 1986	67
3.2b	Lage der Luftfotoausschnitte	68
3.3	Große Wachstumsringe der Stadt Cuenca, 1947 - 1974 - 1982	80
3.4	Die Bevölkerungsdichte (E/ha) auf Sektorenebene, Cuenca 1974	81
3.5	Die Bevölkerungsdichte (E/ha) auf Sektorenebene, Cuenca 1982	82
3.6	Wohngebiete in Cuenca nach CARPIO (1979)	84

3.7	Räumliche Verteilung der Beschäftigungsgruppen 1, 2, 3: Direktoren, höhere Beamte, Akademiker, Techniker, Verwaltungspersonal und zugehörige Beschäftige, Cuenca 1982 (Sektorenebene)	93
3.8	Räumliche Verteilung der Beschäftigungsgruppe 4: Geschäftsleute und Verkäufer, Cuenca 1982 (Sektorenebene)	94
3.9	Räumliche Verteilung der Beschäftigungsgruppen 7, 8, 9: Alle Handwerker, Arbeiter und Kraftfahrer, Cuenca 1982 (Sektorenebene)	95
3.10	Räumliche Verteilung der Beschäftigungsgruppe 5: Dienstleistungsbeschäftige, Cuenca 1982 (Sektorenebene)	96
3.11	Wohngebiete nach sozio-ökonomischen Gruppen (Zusammenfassung der Abb. 3.7 bis 3.10)	97
3.12	Die Entwicklung der Altersstruktur: Ecuador, städtische Bevölkerung Ecuador und Stadt Cuenca, 1962 - 1974 - 1982	100
3.13	Räumliche Verteilung der Altersgruppe 0 - 19 Jahre, Cuenca 1982 (Sektorenebene)	101
3.14	Räumliche Verteilung der Altersgruppe 20 - 39 Jahre, Cuenca 1982 (Sektorenebene)	102
3.15	Räumliche Verteilung der Altersgruppe 40 - 59 Jahre, Cuenca 1982 (Sektorenebene)	103
3.16	Räumliche Verteilung der Altersgruppe 60 u. mehr Jahre, Cuenca 1982 (Sektorenebene)	104
3.17	Räumliche Verteilung der Immigranten, Cuenca 1982 (Sektorenebene)	109
3.18	Räumliche Verteilung der Immigranten mit einer Wohndauer am Ort von 1 - 4 Jahren, Cuenca 1982 (Sektorenebene)	110
3.19	Räumliche Verteilung der Immigranten mit einer Wohndauer am Ort von 10 und mehr Jahren, Cuenca 1982 (Sektorenebene)	111
3.20	Standorte der von CONSULPLAN (1980/82, Vol. X) befragten Industriebetriebe	123
3.21	Räumliche Verteilung ausgewählter wirtschaftlicher Aktivitäten, Cuenca 1980	125

Kapitel 4:

4.1	Siedlungen des sozialen Wohnungsbaus in Cuenca, 1967 - 1985	134
4.2	Lageplan der Siedlung "EL PARAISO I und II"	137
4.3	Lageplan der Siedlung "RETAMAS I"	138
4.4	Grundriß des normalen Wohntyps von "RETAMAS I"	139
4.5	Altersstruktur, "EL PARAISO I und II" (1978) und "RETAMAS I" (1985)	143
4.6	Haushaltsgrößenstruktur, "EL PARAISO I und II" (1978) und "RETAMAS I" (1985)	145
4.7	Hauptverdiener nach der Art der Tätigkeit, "EL PARAISO I und II" (1978) und "RETAMAS I" (1985)	150
4.8	Überlagerung von Wohnungsgrößen- und Familiengrößenstruktur, "EL PARAISO I und II" (1978) und "RETAMAS I" (1985)	154
4.9	Belegungsdichten der vorherigen Wohnungen, "EL PARAISO I und II" (1978) und "RETAMAS I" (1985)	155
4.10	Standorte der vorherigen Wohnsitze, "EL PARAISO I und II" (1978)	163
4.11	Standorte der vorherigen Wohnsitze, "RETAMAS I" (1985)	164

Kapitel 5:

5.1	Die Standorte der Wohngebäude der befragten Familien	171
5.2	Haushaltsgrößenstruktur: alle Haushalte, Einheimische und Immigranten	176
5.3	Altersstruktur: gesamte Untersuchungsgruppe, Einheimische, Immigranten und Immigranten mit einer Wohndauer am Ort unter 2 Jahren	179
5.4	Vergleich der Einheimischen und Immigranten nach Wirtschaftsbereichen	184
5.5	Vergleich der Einkommenshöhen der Selbständigen und Angestellten	186
5.6	Aktive Bevölkerung nach Wirtschaftsbereichen und Art der Beschäftigung	187

5.7	Aktive Bevölkerung nach wichtigsten Wirtschaftsbereichen und Einkommenshöhen	188
5.8	Vergleich der Einkommenshöhen der Einheimischen und der Immigranten	189
5.9	Überlagerung von Wohnungsgrößen- und Familiengrößenstruktur	191
5.10	Belegung der Wohneinheiten	193
5.11	Immigrantenfamilien nach der Anzahl ihrer Wohnsitze in Cuenca	204
5.12	Standorte aller vorherigen Wohnsitze in Cuenca (Handauswertung)	209

Kapitel 6:

6.1	Schematische Darstellung der Stadtstruktur Cuencas	223

Tabellenverzeichnis

Kapitel 2:

2.1	Bevölkerung von Cuenca 1778 nach ESPINOZA	31
2.2	Bevölkerung von Cuenca 1778 nach ALBORNOZ	32
2.3	Bevölkerungsentwicklung Stadt Cuenca 1778 - 1864	35
2.4	Bevölkerungsverteilung in der Stadt Cuenca 1861 nach ESPINOZA	40
2.5	Jährliche Wachstumsraten der Bevölkerung im Vergleich Stadt Cuenca, Provinz Azuay, städtische Bevölkerung Ecuador und Ecuador, 1950 - 1982, %	47
2.6	Bevölkerungsentwicklung der Stadt Cuenca, der Provinz Azuay und ihre jeweiligen Anteile an der Provinz Azuay und Ecuador, 1950 - 1982	47
2.7	Vergleich des Industrialisierungsgrades der Provinz Azuay mit den Metropolen 1976/79 (in % der gesamten Industrie des Landes)	50
2.8	Entwicklung der Industrie der Provinz Azuay 1970 - 1976 (in % der gesamten Industrie des Landes)	50
2.9	Erwerbspersonen nach Wirtschaftsbereichen im Vergleich Ecuador, städtische Bevölkerung Ecuador, Provinz Azuay, Stadt Cuenca, 1974 - 1982, in %	51
2.10	Verteilung der Beschäftigten im verarbeitenden Gewerbe nach Handwerk und Industrie, Provinz Azuay im nationalen Vergleich 1974, in %	53

Kapitel 3:

3.1	Bevölkerungsdichten der Stadt Cuenca 1947	76
3.2	Wachstum der Stadt Cuenca 1947 - 1982 (Bevölkerung und Fläche)	77
3.3	Vergleich der Bevölkerungsdichten nach Wachstumsringen, Stadt Cuenca 1974 und 1982	79
3.4	Zuordnung der Beschäftigungsgruppen nach ihren mittleren monatlichen Einkommen zu sozialen Gruppen nach dem Minimallohn (Ecuador städtische Bevölkerung)	86

3.5 Aktive Bevölkerung nach Beschäftigungsgruppen, Stadt Cuenca und städtische Bevölkerung Ecuador, 1974 und 1982   87

3.6 Zuordnung sozio-ökonomischer Ränge zu Beschäftigungsgruppen, Cuenca 1982   88

3.7 Immigranten nach Jahren der Wohndauer in der Stadt Cuenca, 1982   105

3.8 Ausgewählte Aktivitäten und ihre räumliche Verteilung (Schematische Darstellung)   115

3.9 Größenstruktur der Industrien (Anzahl der beschäftigten Arbeiter), Cuenca 1980   121

3.10 Unternehmen und Arbeiter nach Industriezweigen   122

Kapitel 4:

4.1 Die Wohnsiedlungen der JNV/BEV in Cuenca (Stand März 1986)   135

4.2 Die wichtigsten Siedlungen der JNV seit 1978, bauliche Charakteristiken, Kosten und Finanzierung   136

4.3 Altersgruppenzusammensetzung, "EL PARAISO I u. II" (1978), "RETAMAS I" (1985) und Stadt Cuenca (1982)   144

4.4 Durchschnittliche Haushaltsgrößen, Ecuador, Provinz Azuay und Cuenca (1962, 1974, 1982)   145

4.5 Einkommensstruktur (Familieneinkommen, Hauptverdiener), "EL PARAISO I u. II" und "RETAMAS I", in %   146

4.6 Haushalte nach Anzahl der Verdiener pro Haushalt, "EL PARAISO I u. II" (1978) und "RETAMAS I" (1985), in %   147

4.7 Einkommensstruktur bezogen auf den zur jeweiligen Zeit gültigen Minimallohn, "EL PARAISO I u. II" (1978) und "RETAMAS I" (1985), in %   148

4.8 Art der Tätigkeit der Hauptverdiener, "EL PARAISO I u. II" (1978) und "RETAMAS I" (1985), in %   148

4.9 Haushalte nach Art der vorherigen Wohnung, "EL PARAISO I u. II" (1978), "RETAMAS I" (1985) und Stadt Cuenca (1982), in %   151

4.10 Mietstruktur in bezug zu den zur jeweiligen Zeit gültigen Minimallöhnen, "EL PARAISO I u. II" (1978) und "RETAMAS I" (1985), in %   152

4.11	Wohnungsgrößenstruktur, "EL PARAISO I u. II" (1978), "RETAMAS I" (1985) und städtische Haushalte Ecuador (1982), in %	153
4.12	Immigrantenhaushalte nach ihrer Wohndauer in Cuenca, "EL PARAISO I u. II" und "RETAMAS I", in %	157
4.13	Rechnerische Zusammenfassung der räumlichen Verteilung der vorherigen Wohnstandorte zu Abb. 4.10 und 4.11	162

Kapitel 5:

5.1	Verteilung der befragten Familien auf die ausgewählten Gebäude	172
5.2	Haushaltsgrößenstruktur der "conventillo"-Bevölkerung (alle Haushalte, Einheimische, Immigranten)	175
5.3	Familienkomposition nach Haushaltsgröße	177
5.4	Altersstruktur der "conventillo"-Bevölkerung (gesamte Untersuchungsgruppe, Einheimische, Immigranten) im Vergleich mit der Stadt	178
5.5	Einkommensstruktur "conventillo"-Bevölkerung (Familieneinkommen, Hauptverdiener)	180
5.6	Einkommensstruktur bezogen auf den gesetzlichen Minimallohn, in %	181
5.7	Aktive Bevölkerung nach Wirtschaftsbereichen (alle Aktiven, Einheimische, Immigranten)	183
5.8	Aktive Bevölkerung nach Art der Beschäftigung	185
5.9	Wohnungsgrößenstruktur nach Anzahl Räumen (alle Haushalte, Einheimische, Immigranten), in %	190
5.10	Versorgungsniveau der Haushalte (alle Haushalte, Einheimische, Immigranten)	192
5.11	Versorgungsniveau der Haushalte nach Haushaltsgröße (Einheimische, Immigranten)	194
5.12	Belegungsdichten nach Wohnungsgrößen (alle Haushalte, Einheimische, Immigranten)	195
5.13	Mietstruktur, "conventillo"-Haushalte im Vergleich mit "RETAMAS I"	196

5.14 Für die Handauswertung ausgewählte Haushalte nach Gebäuden (alle Haushalte, Einheimische, Immigranten)   198

5.15 Wohndauer der Immigrantenhaushalte in Cuenca   199

5.16 Wohndauer der Immigrantenhaushalte im Vergleich mit "EL PARAISO I u. II" und "RETAMAS I"   200

5.17 Wohndauer der Untersuchungshaushalte am Befragungswohnsitz (alle Haushalte, Einheimische, Immigranten)   201

5.18 Wohndauer der für die Handauswertung ausgewählten Haushalte am Befragungswohnsitz (alle Haushalte, Einheimische, Immigranten)   202

5.19 Immigrantenhaushalte und durchschnittliche Wohndauer in Cuenca nach Anzahl der Wohnsitze   205

5.20 Anzahl der Wohnsitze in Cuenca der für die Handauswertung ausgewählten Haushalte (alle Haushalte, Einheimische, Immigranten)   206

5.21 Räumliche Verteilung der in Cuenca durchlaufenen Wohnstandorte der für die Handauswertung ausgewählten Haushalte (alle Haushalte, Einheimische, Immigranten)
A) Alle durchlaufenen Wohnstandorte
B) Alle 1. Wohnstandorte der Haushalte, die mindestens am 2. Wohnstandort leben
C) Alle vorletzten Wohnstandorte (vor dem Befragungswohnsitz)   207

5.22 Haushalte mit Umzugsplänen nach geplantem Wohnungstyp (alle Haushalte, Einheimische, Immigranten)   211

5.23 Haushalte mit Umzugswünschen nach gewünschtem Wohnungstyp (alle Haushalte, Einheimische, Immigranten)   211

5.24 Haushalte nach der Art des geplanten/gewünschten Wohnstandorts (alle Haushalte, Einheimische, Immigranten)   213

5.25 Haushalte ohne Plan/Wunsch nach Art der Gründe (alle Haushalte, Einheimische, Immigranten)   214

Abkürzungen:

BEV	Banco Ecuatoriano de la Vivienda
CENDES	Centro de Desarollo Industrial del Ecuador
CONADE	Consejo Nacional de Desarollo
CREA	Centro de Reconversión Económica del Austro (Provincias del Azuay, Cañar y Morona Santiago)
EAMM	Encuesta Anual de Manufactura y Minería
IESS	Instituto Ecuatoriano de Seguridad Social
IGM	Instituto Geográfico Militar
IICT	Instituto de Investigaciones de Ciencias Técnicas (Universidad de Cuenca)
INEC	Instituto Nacional de Estadística y Censos
INV	Junta Nacional de la Vivienda

1. Theoretischer Hintergrund und Fragestellung

1.1. Die klassischen Modelle der Stadtstruktur

Seit rund sechs Jahrzehnten beschäftigen sich vorwiegend Soziologen und Geographen mit der inneren Struktur der Stadt und mit den mit dem Wachstumsprozeß einhergehenden Strukturveränderungen. Um die äußerst komplexen Vorgänge innerhalb der großen Städte zu verstehen und zu verdeutlichen, wurde versucht, mit Hilfe von modellhaften Darstellungen die beobachteten Phänomene in eine Ordnung zu bringen.

Das klassische und immer wieder zitierte Modell der konzentrischen Zonen von BURGESS (1925) basiert auf empirischen Untersuchungen Chikagos. BURGESS sah nicht nur die innere Gliederung der Stadt in Form einer Reihe konzentrischer Zonen, in denen jeweils spezielle Nutzungen und bestimmte Bevölkerungsgruppen überwiegen, also eine relative Homogenität gegeben ist, sondern sein Modell will auch den Prozeß der Stadtentwicklung erklären. Danach wächst die Stadt über einen von der dominanten Innenzone, der City, ausgehenden konzentrischen Verdrängungsprozeß, indem Nutzungen und Bevölkerungsgruppen in die jeweils angrenzende Zone eindringen (Invasion und Sukzession). Hierbei besteht ein vom Zentrum zur Peripherie steigender Sozialgradient, wobei die Zonen nach ethnischen Gruppen weiter gegliedert sind. Außerdem wird ausdrücklich akzeptiert, daß die Symmetrie der Kreisstruktur durch verformende Faktoren, wie z. B. durch die örtliche Topographie oft gegeben, gestört werden kann.

Als Weiterentwicklung dieser Idealform entstand nach Untersuchungen zu Standortveränderungen von Wohngebieten hoher Mieten in einer größeren Anzahl nordamerikanischer Städte die Sektorentheorie von HOYT (1939, 1964). Dieser Theorie nach gibt es allgemeine Mietpreismuster, die keine konzentrische, aber eine sektorale Anordnung zeigen. Als maßgeblich für das räumliche Stadtwachstum gelten die Standorte und Standortveränderungen der Wohngebiete hoher Mieten. Sie entwickeln sich entlang gut ausgebauter Verkehrsachsen und in Richtung attraktiven Wohnbaulands und ziehen weitere kompatible Nutzungen nach. Obwohl die sich nach außen ausweitenden Sektoren dazu tendieren, ihren Charakter über weite Entfernungen beizubehalten, wird, ähnlich der BURGESS-Theorie, eine Verdrängung der Nutzungen von innen nach außen angenommen. Untere Einkommensschichten ziehen vom Zentrum weg in die von den höheren Einkommensgruppen verlassenen Häuser ("filtering").

HOYTs Theorie bedeutete einen Fortschritt gegenüber dem BURGESS-Modell, da hier beides, Entfernung und Richtung vom Zentrum, berücksichtigt wird (NELSON 1969). BOUSTEDT (1975) sieht dieses Modell als Vorläufer der "Entwicklungsachsen-Theorie" an, und für GOODALL (1974) handelt es sich hier um ein Verkehrs-Flächennutzungs-Modell, da das Richtungselement die Flächennutzungsverteilung vor der Erreichbarkeit beeinflußt.

Als eine weitere Modifikation formulierten HARRIS und ULLMAN (1945) das Mehr-Kerne-Modell. Demnach entwickelt sich das Flächennutzungsmuster nicht um ein einziges Zentrum, sondern um mehrere Kerne. In einigen Fällen existierten diese Kerne schon bei der Entstehung der Stadt, in anderen Fällen dagegen bildeten sie sich erst aufgrund von Wanderungen und Spezialisierung während der Stadtentwicklung. Ursache für die Kernbildung ist die Suche bestimmter Aktivitäten nach speziellen Standortbedingungen, die Anziehung ähnlicher Aktivitäten, um voneinander zu profitieren, oder das gegenseitige Abstoßen inkompatibler Nutzungen und die Sortierung von Aktivitäten nach finanzieller Kapazität. Letzteres führt dann auch zu Wohngebieten unterschiedlicher Bevölkerungsschichten.

HARRIS und ULLMAN selber erklären ihr Modell nicht für allgemein gültig, sondern meinen, daß die meisten Städte Aspekte aller drei Idealmuster zeigen. Diese Annahme wurde von zahlreichen jüngeren Arbeiten der Sozialraumanalyse und Faktorenökologie (meist westlicher Industriestädte) insofern bestätigt, als die Ergebnisse allgemein darauf hinweisen, daß je nach den betrachteten Variablen sektorale, konzentrische und inselförmige Muster erscheinen: So zeigen z. B. der Sozialgradient eine sektorale, die Stellung im Lebenszyklus eine konzentrische und ethnische Gruppen eine inselförmige Verteilung (FRIEDRICHS 1983).

Obwohl die beschriebenen Idealvorstellungen naturgemäß die Wirklichkeit nicht realistisch darstellen und deshalb immer wieder Kritik fanden, ist ihre Brauchbarkeit als Analyseinstrument und als Basis für den Vergleich von Städten anderer Kulturen doch allgemein anerkannt (NELSON 1969; BORSDORF 1989). So finden die drei Grundmuster - Kreis, Sektor, Mosaik - auch Eingang in die Überlegungen zur lateinamerikanischen Stadtstruktur.

1.2. Modellvorstellungen der lateinamerikanischen Stadtstruktur

Die spanisch-amerikanische Kolonialstadt wird von vielen Autoren als Prototyp der vorindustriellen Stadt - ein im Gegensatz zur Industriestadt von SJOBERG (1965) geprägter Begriff - bezeichnet. SJOBERG hat als erster den Versuch unternommen, weltweit für alle Städte feudaler Gesellschaften, d. h. traditioneller Agrargesellschaften[1] vom mittelalterlichen Europa über das alte China oder Indien bis zu den heutigen Ländern der Dritten Welt, gemeinsame Elemente zu identifizieren, die die traditionelle Stadt deutlich von modernen Industriestädten unterscheiden.

Nach ihm besteht ein starker Zusammenhang zwischen Technologie, Sozialstruktur und räumlichen Verteilungsmustern. Kritiker sehen zwar trotz aller Ähnlichkeiten

---

[1] vgl. die Fußgängerstadt (BOAL 1968)

innerhalb der Gruppe der vorindustriellen Städte auch erhebliche Unterschiede (MORSE 1972). BUTTERWORTH/CHANCE (1981) argumentieren mit MORSE, daß in Lateinamerika nicht unbedingt Technologie die Rolle einer Schlüsselvariablen für den Wandel der Sozialstruktur während der vergangenen Jahrhunderte gespielt hat, sondern daß außerhalb der Stadt noch nach anderen Einflußfaktoren als der Industrialisierung gesucht werden müßte. Ebenso bestehen Zweifel, ob gerade die spanisch-amerikanische Kolonialstadt dem SJOBERGschen Modell zugeordnet werden kann, da hier im eigentlichen Sinn keine klassische Feudalgesellschaft vorgelegen habe. Auf der anderen Seite aber lassen es die von SJOBERG definierten Aspekte des Flächennutzungsmusters durchaus zu, von der hispano-amerikanischen Kolonialstadt als vorindustrieller Stadt zu sprechen (vgl. SJOBERG 1965, S. 95-103):

1. Der besonders hohe Rang der zentralen Zone: Im Zentrum befindet sich der Standort der politischen und religiösen Aktivitäten, ebenso der Hauptwohnsitz der Elite; zur Peripherie hin nimmt der sozio-ökonomische Status ab. Daß im Gegensatz zur Industriestadt die wirtschaftlichen Aktivitäten den politischen und religiösen untergeordnet sind, ist visuell auch an der unterschiedlichen Stadtsilhouette abzulesen (Kirchtürme statt Geschäftshochhäuser).

2. Feinere räumliche Unterschiede bezüglich ethnischer, beruflicher und familiärer Bindungen: z. B. ist die berufliche Gruppierung (Gilden) das Ergebnis der notwendigen Konzentration von Produzent, Vermittler, Verteiler und Konsument wegen der rudimentären Verkehrs- und Kommunikationsmittel.

3. Eine geringe funktionale Differenzierung der Flächennutzung: d. h. die Vielfachnutzung der Grundstücke, Arbeiten, Wohnen, Verkaufen etc. in einer räumlichen Einheit.

Das heißt, Kompaktheit, dominantes Zentrum und ein vom Zentrum zur Peripherie fallender Sozialgradient als Umkehr des BURGESS-Modells ("reverse-Burgess Typ") charakterisieren auch die traditionelle spanisch-amerikanische Stadt.

Im Zuge der Industrialisierung und Urbanisierung findet heute ein Umformungsprozeß des alten Musters statt, der in den Großstädten schon sehr weit fortgeschritten ist. Bisherige Beobachtungen betrafen vorwiegend Aspekte der sozialräumlichen Ordnung von Großstädten. Sie weisen weniger, wie vorab vermutet werden könnte, auf eine Entwicklung in Richtung des Modells der westlichen Industriestadt hin, sondern eher auf die Regelhaftigkeiten einer lateinamerikanischen Stadtstruktur (SCHNORE 1967). Zur Frage, inwieweit allgemein gültige Gesetze das Strukturmuster und die Entwicklungsprozesse der lateinamerikanischen Stadt bestimmen, entspann sich während der letzten zwanzig Jahre besonders unter deutschen Geographen eine intensive Diskussion (BORSDORF 1982, BÄHR 1992).

Nach dem augenblicklichen Ergebnisstand läßt sich die lateinamerikanische Großstadt durch folgende charakteristische Strukturmerkmale zusammenfassend darstellen (Abb. 1.1, Modell BÄHR/MERTINS 1981):

Die bekannten Anordnungsmuster, konzentrische Zonen, Sektoren und Zellen, überlagern sich.

- Dabei ist die traditionelle konzentrische Anordnung wiederzuerkennen durch eine im Kern der Altstadt entstandene City, die von einer Mischzone (Wohnen der Mittelschicht, Geschäfte, Industrie, eventuell auch spezialisierte Bereiche, z. B. Marktzonen) umgeben ist. Es folgt ein Ring innerstädtischer Slums, häufig von der Mischzone nicht klar trennbar, und ein breites Band der Unter- und der unteren Mittelschicht.

- Sektoren überlagern dieses kreisförmige Muster: Es sind zum einen Industriegebiete, die sich entlang von Eisenbahnlinien, Ausfallstraßen und Flüssen, begleitet von Wohngebieten der Unter- und unteren Mittelschicht ausdehnen und zum anderen Wohngebiete der Oberschicht, an die sich Mittel- und obere Mittelschichtbereiche anlehnen. Ein zweites Geschäftsviertel für den gehobenen Bedarf entsteht innerhalb des Wohnsektors der Elite, auch als sich von der City aus entwickelnde Geschäftsachse, bei GRIFFIN/FORD (1980) als "commercial spine" bezeichnet.

- In der Peripherie schließlich finden sich zellenförmige Stadterweiterungen wie Siedlungen des staatlichen, halbstaatlichen und privaten Wohnungsbaus, dazu legale, semilegale und illegale Ansiedlungen, meist in Form ausgedehnter Hüttenviertel. In jüngster Zeit werden Einkaufszentren gehobenen Bedarfs losgelöst von der Geschäftsachse im äußeren Bereich oder sogar auch außerhalb des Oberschichtsektors beobachtet.

Diesem heutigen Stand gehen mehrere Entwicklungsphasen voraus. Zu ihrer Veranschaulichung sollen hier in zusammengefaßter Form die Entwicklungsmodelle von BORSDORF (1982, Abb. 1.2) und GORMSEN (1981, Abb. 1.3) angeführt werden, die beide versuchen, Etappen auf dem Wege zur Großstadt schematisch darzustellen. Die gewählten Zeitphasen beider Modelle überschneiden sich teilweise. So wählt BORSDORF in Anlehnung an die Vorgänge der Verstädterung in Lateinamerika drei Phasen vor dem heutigen Stadium der Großstadt - der Metropolisierung, die beide Autoren in die Zeit nach 1950 einordnen -, während GORMSEN zwei typische historische Querschnitte zeigt. Die zeitliche Zuordnung und Abgrenzung der Etappen, so stellen auch beide Autoren fest, sollten nur als Annäherung verstanden werden, denn Entwicklungsstand des jeweiligen Landes und Rolle der Stadt wirken auf die Art und Dynamik des Entwicklungsprozesses. So können auch einzelne Strukturelemente in unterschiedlichen Stadien gleichzeitig auftreten. Das Modell von GORMSEN bedeutet

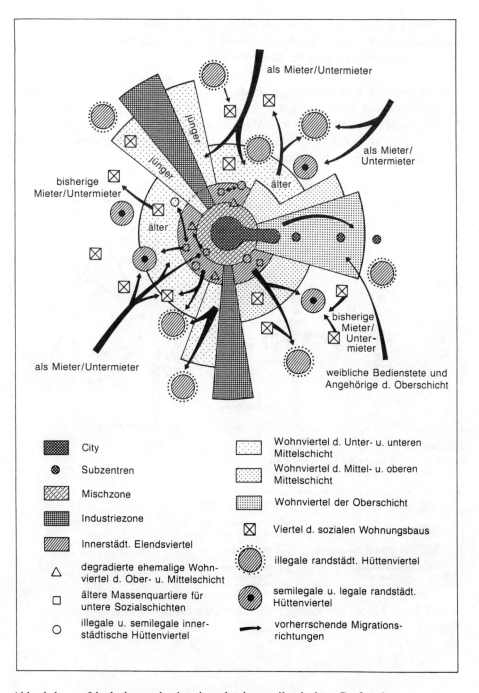

Abb. 1.1: Idealschema der heutigen lateinamerikanischen Großstadt
Quelle: BÄHR/MERTINS 1981, S. 16

auch eine gute Ergänzung durch den dargestellten Zusammenhang zwischen physiognomischem Profil und sozio-ökonomischen Aspekten wie Bodenwert, Sozialstatus und Bevölkerungsdichte über die Zeit hinweg.

- 1550-1840 Natürliches Wachstum (nach GORMSEN bis etwa 1900 Kolonialstadt), vor-industrielles Stadium: k o m p a k t e   k o n z e n t r i s c h   ausgerichtete Anlage und   d o m i n a n t e s   Z e n t r u m .
Die Kurven zu Bodenwert, Sozialstatus und Bevölkerungsdichte verlaufen parallel mit ausgesprochenem Kern-Rand Gefälle.

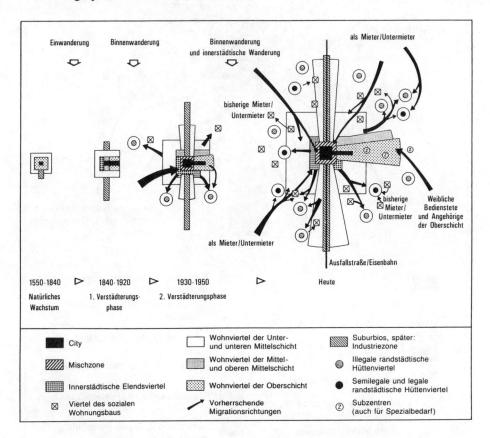

Abb. 1.2: Modell der spanisch-amerikanischen Stadtentwicklung
Quelle: BORSDORF 1982, S. 500

- 1840-1920 Erste Verstädterungsphase (europäische Einwanderung) und nach GORMSEN ab 1900 Beginnende Modernisierung: **Einseitige Öffnung der konzentrischen Struktur.**
Einige Familien der Oberschicht ziehen vom Zentrum an den Rand der Stadt in neue Villenviertel europäischen Stils (repräsentative Straßenanlage, Promenade). In der Folge findet eine leichte Ausweitung des tertiären Sektors in Richtung der Villenviertel statt, und im Zentrum sind erste Anhaltspunkte von Bereichen unterschiedlicher Bevölkerungsschichten zu erkennen, z. B. nachziehende Unterschicht in einzelne von der Oberschicht verlassene Häuser, und in der Folge das Entstehen von Elendsquartieren. An den Ortsausgängen siedeln Handwerk und Gewerbe.

- 1930-1950 Zweite Verstädterungsphase (Binnenwanderung) und nach GORMSEN etwa 1900-1950 Beginnende Modernisierung: **Asymmetrische Stadterweiterungen** und Fortentwicklung zu einer deutlich erkennbaren **Kreis-Sektor Struktur** mit Ansätzen zu außerhalb der neuen Peripherie liegenden **Zellen**.
Der Auszug der Oberschicht aus ihrem traditionellen zentralen Standort nimmt zu. Die Villenviertel, ursprünglich relativ klein am Rande der Altstadt gelegen, expandieren weiter nach außen, und neue Mittelschichtviertel suchen ihre Nachbarschaft. Entlang der Ortsausfahrten nehmen Handwerks- und Industriebetriebe zu. In der Nähe dieser Arbeitsplätze entstehen Arbeiterwohnungen geringer Qualität und Hütten an der Peripherie. Um die "Plaza" im Stadtzentrum weiten sich Handel, Verwaltung und Dienstleistungen aus, eine City beginnt sich zu bilden mit räumlichem Schwergewicht in Richtung Oberschichtviertel. Damit ist die Ausrichtung der Entwicklungsachse für die Oberschichtsgebiete und die Ansiedlung von Geschäften und Dienstleistungen des gehobeneren Bedarfs festgelegt (vgl. das Großstadtmodell). Die Umgebung der City befindet sich in einem heterogenen Übergangsstadium. Zu beobachten sind Wohnen - vorwiegend der Mittelschicht, je nach Entwicklungsstand auch noch der Oberschicht und Elendsquartiere -, Handel, Handwerk und Gewerbe. Marktzonen, eingebettet in den Randbereich des alten kolonialen Kerns, können als Übergangsbereiche zu einem sich immer stärker konsolidierenden Gürtel von Elendsvierteln gesehen werden. Als äußerster Ring schließt sich ein wachsendes Band von Mittel- und Unterschichtsgebieten an. Einzelne randstädtische Hüttenviertel und erste Siedlungen des sozialen Wohnungsbaus entstehen. Damit einher geht eine bauliche Verdichtung, die sich insbesondere in der Nähe der "Plaza" in Form einzelner höherer Gebäude ausdrückt.

Im Zuge dieser Veränderungen driften die drei Kurven zu Bodenwert, Bevölkerungsdichte und Sozialstatus der Wohnbevölkerung entsprechend der asymmetrischen räumlichen Entwicklung auseinander. Höchste Bodenwerte verlagern sich geringfügig von der "Plaza" in Richtung Villenviertel und sinken zur Peripherie relativ langsam ab.

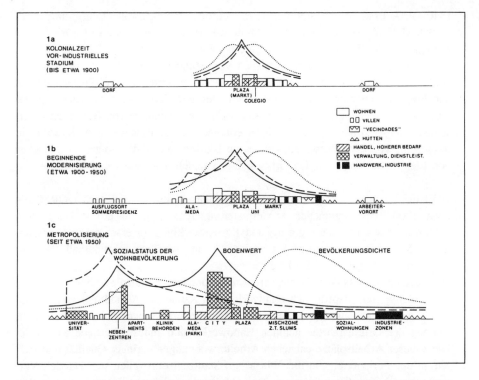

Abb. 1.3: Strukturelemente der spanisch-amerikanischen Stadt und Stadien ihrer Veränderungen in den letzten 100 Jahren
Quelle: GORMSEN 1981, S. 292

Die Bevölkerungsdichte fällt geringfügig in nächster Nähe zur "Plaza", die Höchstdichten verschieben sich an den Rand des Zentrums, wobei eine besonders starke Verdichtung in Richtung der Gewerbegebiete und um die Marktzonen zu finden ist. Die Kurve des Sozialstatus beharrt vorerst im alten Muster, bis auf ein langsameres Absinken in Richtung der Villen und dort der Bildung eines kleineren zweiten Höhepunktes.

Zum heutigen Zeitpunkt des Stadiums der Großstadt (vgl. Modell BÄHR/MERTINS, Abb. 1.1) haben sich die drei beschriebenen Kurven weiter voneinander entfernt. Die Bodenwerte finden ihren Gipfel über der "City" (Hochhäuser) und einen zweiten niedrigeren Gipfel über der Geschäftsachse und den Nebenzentren. Die höchsten Dichten der Bevölkerung liegen nicht mehr in Nähe "Plaza", sondern unter weiterer Zunahme der Werte im Bereich der Mischzone (Slums), ursprünglich der äußere Rand der vor-industriellen Anlage. Von der "Plaza" in Richtung City-Nebenzentrum steigt die Dichte an zu einem zweiten, aber etwas niedriger liegenden Höhepunkt. Generell fallen die Dichtewerte zur "Plaza" und zur Peripherie hin ab. Dem größten Wandel unterliegt die Kurve des Sozialstatus. Statt wie vormals im Zentrum erscheinen die höchsten Werte heute an der Peripherie, wo inzwischen die Elite wohnt. Allerdings jüngere Untersuchungen (van LINDERT 1991) in La Paz haben ergeben, daß neuerdings Wohnen der Oberschicht in Hochhausapartments in relativer Zentrumsnähe wieder stellenweise eine Umkehr von Dichte und Sozialstatus bringt.

AMATO (1970) schloß aufgrund seiner Arbeiten über südamerikanische Städte, daß der Zusammenbruch des traditionellen Musters durch die aus dem Zentrum ausziehende Elite verursacht wurde, und daß diese eine Schlüsselrolle spielte bei der räumlichen Entwicklung der lateinamerikanischen Stadt. Die abwandernde Elite sucht Standorte an günstigen Verkehrsachsen und mit hoher Wohnqualität. Damit beeinflußt sie die Wohnstandortentscheidungen anderer Gruppen. Der Wohnsektor der Oberschicht wächst nach außen, unter Umständen werden ungewünschte Gebiete übersprungen[2]. Auch SANDNER (1969, S.177) schreibt aufgrund seiner Kenntnisse über mittelamerikanische Hauptstädte: "In allen Hauptstädten erweist sich die Absonderungs- und Beharrungstendenz der Villengebiete jedoch als wesentliches Ordnungselement im Sinne aktiver Steuerung der sozialräumlichen Gliederung".

Die zurückgelassenen zentralen Bereiche wurden nach früheren Beobachtungen zum Auffangquartier für Zugezogene der unteren Schichten. Aus diesen Beobachtungen leitete TURNER sein seit 25 Jahren immer wieder zitiertes Konzept des "bridgeheaders", "consolidators" und "status seekers" ab[3]. Zuwanderer aus verarmten ländlichen Gebieten finden in den innerstädtischen Elendsvierteln erste Unterkunft und Gelegenheitsarbeit (vgl. Abb. 1.2, das BORSDORF Modell, Pfeildarstellung in der dritten Zeitphase). Nach Etablierung einer sichereren Existenz und bei Familiengründung zieht diese Bevölkerungsgruppe an den Rand der Stadt, um eine eigene Behausung zu erstellen. Im Laufe der Zeit wird diese immer mehr verbessert oder auch der Zutritt zu staatlich gefördertem Wohnraum erreicht. Spätere Beobachtungen ergaben dann, daß alle konsolidierteren Siedlungen der Unter- und unteren Mittelschicht inzwischen auch die Funktion der ersten Unterkunft erfüllen (z. B. bei BRÜCHER/MERTINS 1978: Bogotá; van LINDERT 1988: La Paz), so daß die Wanderungsbewegungen ein sehr komplexes Bild ergeben (vgl. Abb. 1.1 und 1.2, Pfeildarstellung in der Metropolisierungsphase), aber generell ein Trend aller Gruppen von innen nach außen zu verzeichnen ist.

Vor dem Hintergrund der in den 80er Jahren zunehmenden wirtschaftlichen Probleme in Lateinamerika haben sich weitere Änderungen des Wanderungsmusters herausge-

---

[2] Untersuchungen AMATOs über Bogotá, Quito, Lima, Santiago. Hier sieht AMATO HOYTs Sektor-Theorie bestätigt.

[3] Diskutiert z. B. bei SCHUURMAN (1986), BÄHR (1988), van LINDERT (1991).

stellt. Die bisher als zentrales Element der Stadtentwicklung wahrgenommene zunehmende sozialräumliche Differenzierung und die zentrifugale Tendenz aller Gruppen kehrt sich teilweise in das Gegenteil um (PORTES 1989). In Bogotá z. B., über das schon BRÜCHER/MERTINS (1978) schrieben, daß hier das Idealschema der Großstadt nicht mehr ganz zutrifft, nimmt die Dichte in zentralen Gebieten zu, und die ehemals deutliche räumliche Klassentrennung weicht einem eher verschwommenen Bild. Auch BÄHR (1988) beschreibt an den Beispielen Montevideo und Santiago wie sich veränderte wirtschaftliche und politische Bedingungen auf das Wohnstandortverhalten auswirken. Der Mangel an Alternativen bezahlbarer Wohnmöglichkeiten läßt den Anteil der Mieter und Untermieter in konsolidierten Hüttenvierteln und die Attraktivität der zentralen Billigunterkünfte steigen. Die Nähe zum Stadtzentrum bietet für die Armen mehr Möglichkeiten. Auch die oberen Schichten lassen teilweise eine Wanderungsbewegung Rand-Kern erkennen, wie KÖSTER (1988) für La Paz feststellte.

1.3. Fragestellung und behandelte Themen

Im vorhergehenden Kapitel wurden die innere Stadtstruktur und die Entwicklungsstadien derjenigen spanisch-amerikanischen Städte behandelt, die im Laufe mehrerer Jahrhunderte zu Großstädten wuchsen. Diese standen auch vorwiegend im Mittelpunkt der lateinamerikanischen Stadtforschung. Die unkontrollierbare Zunahme der Bevölkerung (z. B. México D.F. Agglomeration 19,4 Mill. Einwohner laut Zensus 1990), die teilweise fast völlige Überformung der alten Kolonialstadt und die dramatische Ausbreitung von Armenvierteln zogen die Aufmerksamkeit von Forschern und Stadtplanern unweigerlich auf sich.

Als Ausweg aus dem immer größeren Ungleichgewicht zwischen Metropole und Peripherie des Landes und der daraus folgenden enormen Großstadtprobleme sahen Entwicklungspolitiker und Planer die Stärkung der Mittelzentren und ihrer Einflußzonen. Das einsetzende Interesse der Forschung an den Mittelstädten kreiste aber mehr um Fragen der Wirtschafts- und Sozialpolitik, um Aspekte der Verwaltungsstrukturen und Planungsinstrumente, als um Fragen der inneren räumlichen Gliederung und deren Veränderungen der Stadt an sich - Kenntnisse, die gerade bei größerem Wachstum und neuer Rollenzuteilung der kleineren Städte in der Stadtplanung genutzt werden könnten. So liegen bis heute relativ wenig Untersuchungen zur inneren Struktur der Mittelstädte vor und darunter nur vereinzelt Analysen, die auch Modellüberlegungen mit einbeziehen (BORSDORF 1976; MERTINS 1991).

Der Begriff der Mittelstadt basiert auf keiner allgemein anerkannten Abgrenzung. Im Gegensatz zu den Großstädten mit nationaler und internationaler Bedeutung werden Städte, denen nachrangige Positionen zufallen - von der Provinzhauptstadt bis zu kleineren regionalen Polen -, den Mittelstädten oder Sekundärzentren zugeordnet. Hauptmerkmal ist somit nicht die Bevölkerungsgröße sondern die Art der Aufgaben. In Ecuador z. B. definiert die Entwicklungspolitik 16 Mittelstädte, die eine Größenordnung von ca. 30.000 bis 200.000 Einwohnern aufweisen (vgl. 2.4.1.)[4].

Viele dieser zahlreichen mittelgroßen Städte waren ebenso wie die meisten der Großstädte kolonialspanische Gründungen. Sie waren aber nicht dazu bestimmt, eine primäre Rolle in Wirtschaft und Politik zu spielen, und erfuhren kaum oder nur geringfügige Wachstumsimpulse. Perioden der Stagnation, mäßiges oder erst sehr spät einsetzendes Wachstum führten nur zu einer mittleren Größenordnung, wie sie bei kleineren Provinzhauptstädten oder regionalen Zentren zu finden ist.

Nun könnte man im Hinblick auf die Entwicklungsphasen der Großstadt folgern, daß die Mittelstädte je nach Größenordnung und Entwicklungsstadium einer der Etappen, die die Großstädte durchlaufen haben, zuzuordnen wären. Bei fortschreitendem Wachstum würden sie sich weiter in Richtung des Großstadtmodells entwickeln, so daß alle Städte einem gleichartigen Reifeprozeß unterliegen.

Die vorliegenden Untersuchungen über kleinere Städte[5] scheinen diese Annahmen in vieler Hinsicht zu bestätigen. Doch die Beobachtungen zeigen auch eine große Variationsbreite der Strukturmuster und ihrer zeitlichen Entwicklung.

Die von BORSDORF (1976) untersuchten chilenischen Städte Valdivia und Osorno (Einwohner 1974: rd. 100.000 bzw. 82.000) befanden sich Mitte der 70er Jahre noch in einem relativ "jungen" Stadium (zwar Segregationserscheinungen im Kern, aber noch kompakte Anlage, Sozialgradient von innen nach außen fallend). Aber schon seit Mitte der 50er Jahre hatten sich in beiden Städten, bei einer Größenordnung von 40.000 - 50.000 Einwohnern, die ersten Notquartiere als periphere Spontansiedlungen in Osorno und als innerstädtische Elendsviertel in Valdivia gebildet. Die Ursache lag in einem verstärkten Zuzug vom Lande, insbesondere nach einem Erdbeben um 1960, wodurch sich in beiden Städten die randlichen Unterschichtviertel vermehrten. Dagegen war das erste Vorstadtviertel der Oberschicht erst in den 70er Jahren in Valdivia entstanden.

---

[4] Zum Begriff der Mittelstadt siehe MERTINS 1991.

[5] Untersuchungen kleinerer Städte in Lateinamerika bei: WHITEFORD (1964): Popayán (Kolumbien) und Querétaro (Mexico); (1979): Popayán. BORSDORF (1976): Valdivia, Osorno (Chile). KÖSTER (1978): Santa Cruz de la Sierra (Bolivien). SCHOOP (1980): Cochabamba, Oruro und Santa Cruz (Bolivien). KLAHSEN (1983): Cochabamba (Bolivien). MERTINS (1991): Manizales und Popayán (Kolumbien).

In seiner Arbeit über die bolivianischen Departementszentren vergleicht SCHOOP (1980) die untersuchten Städte nach ihrem Entwicklungsstand. Er stellt fest, daß ein deutlicher Zusammenhang zwischen Größe der Stadt und städtischer Reife erkennbar ist, aber auch bemerkenswerte Ausnahmen bestehen. Die Stadt Santa Cruz z. B. (Einwohner 1976: 257.000; 1950: 42.000), die nach Überwindung von Isolation und Stagnation seit der Mitte dieses Jahrhunderts ein enormes Wachstum erlebte, hat zwar in den 40er Jahren schon sektorale Ausweitungstendenzen der traditionellen zentralen Oberschichtsviertel erfahren, aber erst seit 1965 begann die Oberschicht in Vororte abzuwandern. Das Gesamtbild zeigt aber noch ein deutliches Kern-Rand Gefälle des Sozialgradienten (Köster 1978). Die kleinere Stadt Cochabamba (Einwohner 1976: 205.000; 1950: 75.000) hingegen verzeichnete die Abwanderung der Oberschicht schon seit 1940 - sie war zu dieser Zeit größer als Santa Cruz. Das Zentrum wird inzwischen von der Mittelschicht bewohnt.

Weitere Varianten stellen die zwei kolumbianischen Städte Popayán und Manizales dar (MERTINS 1991). Popayán (Einwohner 1985: rd. 140.000) galt als das klassische gut erhaltene Beispiel einer spanisch-amerikanischen Kolonialstadt (WHITEFORD 1964, 1977). Erst in den 50er und 60er Jahren (Einwohner 1951: rd. 32.000) setzte langsam ein Umstrukturierungsprozeß ein. Ein Erdbeben im Jahre 1983 war der Anstoß für größere Veränderungen, die sich insbesondere durch ein starkes Wachstum peripherer Marginalsiedlungen äußerten. Als Besonderheit zu allen bisherigen Strukturmustern entstand in Popayán neben der sektorförmigen Bildung von Oberschichtvierteln auch ein Sektor der unteren Schichten mit einem entsprechenden Geschäftszentrum. Gleichzeitig ist eine starke Ringförmigkeit spürbar und ein Sozialgradient mit Kern-Rand Gefälle erhalten. Die weit größere Stadt Manizales (Einwohner 1985: rd. 295.000) weist nach MERTINS schon alle Elemente der sozial-räumlichen Struktur der lateinamerikanischen Großstadt auf, wenn auch in reduzierter Form. Dabei wurden als besondere Eigenarten eine fehlende Unterschicht im Zentrum und eine nur kreissegmentartige Mischzone beobachtet. Dazu nimmt das Industriegebiet hier im Gegensatz zum "Idealschema" die Form einer in der Peripherie liegenden Insel an.

Auch bei einigen Großstädten wurden Abweichungen vom bisherigen Idealschema festgestellt, sobald besondere Rahmenbedingungen auftraten (z. B. Montevideo: extrem langsames Wachstum und besonders umfangreiche Programme des sozialen Wohnungsbaus, Santiago: Restriktion der Hüttenviertel, siehe BÄHR 1992). Die sehr unterschiedliche relative Gewichtigkeit der auf die Stadtstruktur einwirkenden Faktoren - z. B. die physischen Gegebenheiten, die Wachstums- bzw. die Migrationsrate, das Verkehrssystem und die Größe des Stadtorganismus - und die vielen Möglichkeiten in ihrem Zusammenwirken lassen folglich ein gleichgerichtetes Verhalten der Städte doch sehr fraglich erscheinen. So nahm z. B. YUJNOWSKI (1975) eher Abstand von dem Gedanken eines typischen Modells der internen städtischen Entwicklung für Lateinamerika und spricht dagegen von einer Typologie der Städte.

Der Stand der Forschung läßt also vorläufig noch offen, inwieweit von allgemein gültigen Gesetzmäßigkeiten ausgegangen werden kann, die es erlauben Prozesse des Wandels der inneren Struktur der spanisch-amerikanischen Stadt vorauszusagen. Insbesondere fehlt eine breitere Sammlung von Fallstudien und Beobachtungen zu einem frühen Stadium der räumlichen Differenzierung und zu den den ersten Veränderungen zugrunde liegenden innerstädtischen Bewegungen. Gerade hier will die vorliegende Arbeit über die ecuadorianische Mittelstadt Cuenca einen Beitrag leisten:

Cuenca ist eine klassische spanisch-amerikanische Gründung mit Schachbrettmuster, nahm während der Kolonialzeit eine relativ bedeutende Position ein, fiel dann aber zurück und stagnierte. Das lange Verharren im kolonialen Muster brachte der Stadt den Ruf des Konservativen ein, allerdings galt sie auch als Stadt der Kultur[6]. Die Stadt bietet sich insbesondere deshalb als interessantes Untersuchungsobjekt an, da erst in den 50er Jahren dieses Jahrhunderts ein stärkeres Wachstum, das aber moderat blieb, einsetzte, und die Einflüsse der "modernen Zeit" zu ersten Veränderungen der Stadtstruktur führten. Es ist also zu erwarten, hier ein deutliches Übergangsbild studieren zu können.

Über ecuadorianische Städte liegen kaum Untersuchungen zur inneren Struktur vor. Neben der schon erwähnten Arbeit AMATOs über die Verlagerungen der Oberschichtviertel in Quito, arbeitete in jüngerer Zeit GODARD (1990) über Quito und Guayaquil. Dabei behandelte er auch Struktur und räumliche Entwicklungstendenzen der Zentren. Die Mittelstädte betreffend, wurden, soweit hier bekannt, nur über die Stadt Cuenca maßgeblichere Untersuchungen zu diesem Thema erarbeitet. Eine stadtgeographische Beschreibung von CARPIO (1979) ist zwar eine umfassende Arbeit, behandelt aber die räumliche Gliederung und ihre Veränderungen nur sehr generell. Dagegen erstellte LOWDER (1987) eine Studie zum Prozeß der Flächenexpansion auf der Basis der Analyse der Grundstücksparzellierungen und Baugenehmigungen. Sie stellt ihrer Arbeit die Hypothese voran, daß der Rhythmus des Stadtwachstums und die Formen, die in Sekundärstädten dabei angenommen werden, andere Charakteristiken aufweisen als in den Großstädten, da hier nicht die gleichen Impulse auftreten. Das Ergebnis zeige ein komplexes Stadtmosaik, das Züge aller etablierten Modelle (GRIFFIN/FORD, TURNER, MORRIS[7]) aufweist, aber mit keinem wirklich übereinstimmt. Auf diese Studie wird später noch einzugehen sein.

---

[6] Die Universität wurde im Jahre 1897 - ein Vorläufer schon 1868 - gegründet. Etwa um 1900 entstand der Begriff des "Atena del Ecuador" (das Athen von Ecuador).

[7] MORRIS (1978) prägte den Begriff der "residential resource areas", vgl. Kap. 3.4.

Die vorliegende Arbeit befaßt sich also mit der Frage, wie verändert sich das städtische Strukturmuster einer kleineren traditionellen Stadt, wenn relativ sprunghaft ein Wandel in Kultur und Wirtschaft - beide Begriffe schließen den Aspekt der Technologie mit ein - auf das Gefüge Einfluß nimmt. Es soll geprüft werden, ob traditionelle Strukturelemente beharren, welche neuen Formen auftreten, und ob das gefundene Bild Parallelen zu den Entwicklungsmodellen (Abb. 1.2 und 1.3) zeigt oder starke Abweichungen eher auf Gruppen von verwandten Städten, d. h. auf eine Typologie der Städte, hinweisen.

Hierzu behandelt die Arbeit die folgenden Themenbereiche:

- Die geschichtliche Entwicklung wird in Kapitel 2 von der Gründung im Jahre 1557 bis zur Zeit des Umbruchs um die Mitte des 20. Jahrhunderts, d. h. des Einsetzens der "modernen Zeit", aufgezeigt. Dabei wird versucht, anhand der zugänglichen Literatur nicht nur die Entwicklung von Bevölkerung und Wirtschaft zu umreißen, sondern wenigstens andeutungsweise auch Veränderungen der Binnengliederung, insbesondere der sozialräumlichen Verschiebungen, herauszufinden.

- Es folgt in Kapitel 3 die Analyse des Strukturmusters der Stadt rund drei Jahrzehnte nach dem Umbruch unter den Gesichtspunkten der Physiognomie, der sozioökonomischen Verteilung der Bevölkerung und der Standorte der wirtschaftlichen Aktivitäten. Betreffend die räumliche Verteilung der Bevölkerung kann auf zwei Zensusjahre zurückgegriffen werden, so daß hier auch Stufen des Umstrukturierungsprozesses gezeigt werden können. Die Ergebnisse dieses Kapitels führen zu Überlegungen hinsichtlich möglicher Parallelen zu den in den Modellen dargestellten Entwicklungen und zur Frage der städtischen Reife.

- Im Gegensatz zu den vorangehenden Themenbereichen, die jeweils die gesamte Stadt behandeln, konzentriert sich die Untersuchung in Kapitel 4 auf den Aspekt der peripheren neuen Wohnviertel des staatlich geförderten Wohnungsbaus. Diese zellenartigen Stadterweiterungen stellen ein ausgeprägtes Phänomen im Bild der Stadt Cuenca dar. Hier geht es um die Frage, welche innerstädtischen Wanderungsvorgänge und von welcher Bevölkerung getragen, gehen der neuen zellenförmigen Besiedelung außerhalb des Stadtrandes voran.

- Räumlich im Kontrast zu den peripheren Siedlungen des sozialen Wohnungsbaus stehen die Marginalbehausungen im Zentrum, die in Cuenca üblicherweise als "conventillos" bezeichnet werden. Sie gehören auch zu den Erscheinungen der neueren Zeit. In Kapitel 5 wird eine Befragung ihrer Bewohner analysiert und ebenfalls der Frage nach der Herkunft der Bewohner und ihrer sozio-ökonomischen Lage nachgegangen. Insbesondere soll festgestellt werden, welcher Art die Funktion dieser Quartiere ist, ob es sich um Auffangquartiere, d. h. Zwischenstation, ländlicher Zuwanderer handelt (nach TURNER), oder ob diese Wohnungen den Billigsektor des Wohnungsmarktes für Cuencaner repräsentieren.

- In einer Zusammenfassung aller Ergebnisse und ihrer Abstrahierung wird versucht, ein Strukturmodell für die Stadt Cuenca darzustellen. Hier ist es auch ein Anliegen dieser Arbeit, einen Bezug zur Planungspraxis herzustellen und die Frage anzusprechen, inwieweit Kenntnisse über die Regeln der Stadtstruktur und ihrer möglichen Veränderungen genutzt werden könnten, um Fehlentwicklungen frühzeitig zu erkennen und zu korrigieren.

Das methodische Vorgehen hinsichtlich der einzelnen Untersuchungen ist zu Beginn des jeweiligen Kapitels behandelt. Zwei Feldstudienaufenthalte in Cuenca fanden im Oktober 1985 und von Mitte Februar bis Mitte April 1986 statt.

Der erste Aufenthalt diente der eingehenden Ortsbesichtigung, der Erforschung und Beurteilung der Daten- und Informationslage sowie der Vorbereitung der geplanten Erhebungen. Dies bedeutete auch, Interesse und Unterstützung seitens der Institutionen zu finden, deren Aufgabenbereiche in Beziehung zu den Untersuchungsthemen standen, wie die örtliche Stadtplanungsbehörde, die Universität Cuenca und die Regionalstelle des Nationalen Wohnungsbaurates.

Während des zweiten Aufenthalts wurden die Daten und Informationen gesammelt und die Erhebungen durchgeführt. Letztere betrafen die Befragung der Bewohner der im Zentrum der Stadt gelegenen "conventillos" und die Aufnahme von Primärdaten über die Bewohner zweier Siedlungen des staatlichen sozialen Wohnungsbaus.

2. Entstehung und geschichtliche Entwicklung der Stadt Cuenca

2.1. Rahmenbedingungen für die Gründung und Anlage der Stadt

2.1.1. Das spanisch-koloniale Stadtsystem in Amerika

Zur gleichen Zeit, als die Katholischen Könige gegen Ende des 15. Jahrhunderts (1492) Granada eroberten und Spanien endgültig nach jahrhundertelangen Kriegen von der islamischen Herrschaft befreiten, wurde Amerika entdeckt. Mit der folgenden Eroberung Mittel- und Südamerikas begann eine der "größten Stadtplanungsbewegungen der Geschichte" (AGUILERA R./MORENO R. 1974). Ein gut organisiertes System von Stützpunkten, die über Häfen an die Metropole angebunden waren, erlaubte einer spanischen Bevölkerung, die bis Ende des 16. Jahrhunderts nicht einmal die Anzahl von ca. 30.000 überstieg, die Kontrolle und Ausbeutung eines immensen Raumes. In Verbindung mit einer einfachen und klar hierarchisierten Verwaltung dienten diese Stützpunkte der Konzentration und Verstärkung der spanischen Macht. So wurde die einheimische Bevölkerung mit Hilfe der Truppen und der Bürokratie zur Unterwerfung gezwungen oder mit Hilfe der Kirche "überredet". Es wird angenommen, daß das von den Spaniern eingeführte Instrumentarium, "encomienda"-System[1] und "reducciones"[2], zur Handhabung der ländlichen einheimischen Bevölkerung und der Ressourcen zum großen Teil dem Erbe inkaischer Organisation, das die Spanier zu nutzen wußten, entstammte (SINGER 1975; DELER u. a. 1983). Die systematische Übertragung der auf dem Lande erzielten Überschüsse in die Stadt, Sitz z. B. der Priesterklasse, bestand schon bei den Inkas. Grundsätzlich unterschied sich aber die spanisch-amerikanische Kolonialstadt - ihre erste Phase betrachtend - von der Inka-Stadt und ebenso von der europäischen mittelalterlichen Stadt: Nach MORSE (1976) entstand letztere aus der Konzentration ökonomischer Aktivitäten wie die Verteilung und Verarbeitung von Gütern mit der Folge einer zentripetalen Bevölkerungsbewegung vom Land in die Stadt. Die lateinamerikanische Stadt dagegen wurde von Städtern eingeführt, deren Interesse der Aus-

---

[1] Die Krone verlieh das Privileg, meist als Belohnung an Mitkämpfer der "Eroberer", innerhalb einer bestimmten Region die den Indianern auferlegten Tribute zu erhalten. Als Gegenleistung übernimmt der "encomendero" den Schutz und die Glaubenserziehung dieser Bevölkerung und die Verpflichtung der militärischen Hilfe für den König. Trotz klarer gesetzlicher Festlegungen artete das Encomendero-System im Laufe der Zeit in Großgrundbesitz und Zwangsarbeit für die Indianer aus.

[2] "Pueblos de Indios", Indianerdörfer und -siedlungen wurden durch Umsiedlung der verstreut lebenden ländlichen Bevölkerung gegründet, ursprünglich zum Schutz und der Christianisierung der Indianer. Spaniern war es nicht erlaubt in einem Indianerdorf zu leben oder Grundbesitz zu erwerben. Tatsächlich erleichterten diese Siedlungen die Kontrolle und das Eintreiben des Tributs und dienten der Hispanisierung und ökonomischen Integration der ländlichen Gebiete.

beutung der natürlichen Ressourcen im umliegenden Raum galt. Das Streben nach Status und Reichtum in der Peripherie bewirkte eine zentrifugale Bevölkerungsbewegung. Für die gerade gegründeten Städte bedeutete der Bevölkerungs- und Machtverlust oft eine Stagnation, wenn nicht sogar einen Rückschritt in ihrer Entwicklung.

Im Rahmen der Okkupations- und Ausbeutungsstrategie fielen den einzelnen Städten also folgende Aufgaben zu:

- Ausgangsbasis für weitere Eroberungen in der frühen Phase der Kolonisation, Verteidigung und Befestigung des Imperiums an den Grenzen
- Verbindungszentrum zur Metropole (Häfen)
- Basis für die Machtausübung (Kirche und Verwaltung / Militär)
- Sammlungspunkt für Primärprodukte (Bergbau, Landwirtschaft)
- Zentrum zur Vermarktung oder Verarbeitung der Primärprodukte
- Zentrum der Verteilung des Überschusses (Sitz der königlichen Steuerbeamten).

Diesen Aufgaben entsprechend, ergaben sich für die Stadtgründungen unterschiedliche Standortanforderungen:

Die Zentren für Verteidigung und Machtausübung entstanden an den auch ehemals strategisch wichtigen Punkten der eroberten Reiche; damit wiederholten sich unter der spanischen Herrschaft die zentralen kontinentalen Ortslagen der inkaischen Mittelpunkte. Wo Überfluß an natürlichen Ressourcen und einheimischen Arbeitskräften gefunden wurde, gründeten die Eroberer Bergbau- und Landwirtschaftszentren. Zur Aufrechterhaltung der Kommunikation und des Güterflusses waren Wegkreuzungen prädestinierte Orte für Stadtgründungen. Die Sicherung der wichtigen Verbindung mit dem Mutterland erforderte die Anlage von Seehäfen. Im Laufe des 16. Jahrhunderts wurden so etwa 200 städtische Gemeinwesen ins Leben gerufen, die wichtigsten dieser Städte sogar schon bis zur Mitte des 16. Jahrhunderts[3]. Damit war das Hauptnetz der Zentren etabliert, das ohne große Veränderung in seiner räumlichen Struktur und Hierarchie bis nach 1850, d. h. über die Kolonialzeit hinaus, bestehen blieb. Auch bis heute hat sich die Bedeutung der erstrangigen Pole erhalten.

Das heutige Ecuador entspricht in etwa der damaligen Andenregion von Pasto (Süden Kolumbiens) bis Loja (Süden Ecuadors), über die - verbunden mit dem Hafen Guayaquil - die Spanier die Hauptwege zum Amazonasgebiet kontrollierten. Zentrum dieser Region war Quito, schon bei den Inkas Stützpunkt für militärische Eroberungen und spätere Hauptstadt des nördlichen Inkareiches. Für die Spanier spielte diese Stadt ebenfalls eine wichtige Rolle während der Expansion, und sehr bald wurde Quito als Haupt-

---

[3] Quito 1534, Guayaquil 1535, Lima 1535, Buenos Aires 1536, Bogotá 1538, Santiago de Chile 1541, Valparaiso 1544.

stadt des damaligen nördlichen Perus nach Lima zweites Zentrum des spanisch-südamerikanischen Kolonialreiches. In der Hierarchie nach Quito folgten zahlreiche Stadtgründungen in den Andentälern. Diese Zentren erfüllten Verwaltungs- und kirchliche Aufgaben, und von hier aus wurde die umliegende Landwirtschaft organisiert[4]. Zu diesen Zentren mit besonderer Bedeutung zählte auch der ehemalige Sitz der Inkas, Tomebamba, Zwischenstützpunkt auf dem Wege von Cuzco nach Quito, an dessen Standort die Stadt Cuenca entstand. Das spanische Cuenca war wieder Zwischenstation, aber jetzt auf dem Wege von Lima nach Quito, und erfüllte seine Aufgabe in dem für das nördliche Peru strategischen Dreieck Quito - Cuenca - Guayaquil.

2.1.2. Das spanisch-koloniale Stadtmodell[5]

Den einzelnen Stadtgründungen lagen von der spanischen Krone aufgestellte Normen, die "Instruktionen", zugrunde. Eine erste, noch sehr vage gehaltene Anweisung, Orte auf der Insel Hispaniola zu gründen, ging im Jahr 1501 vom Katholischen König an Ovando, erster Gouverneur von Santo Domingo. Es blieb ihm überlassen, nach Erkundung der örtlichen Situation über Lage und Form der Siedlungen zu entscheiden. Viele weitere und immer präziser und ausführlicher werdende Instruktionen folgten, bis schließlich Philipp II. um 1573 den Text der "Ordenanzas de Nueva Población" verkündete. Zu dieser Zeit war die wichtigste Phase der Stadtgründungen lange überschritten. Schon etwa um 1530 dürften sich die Kriterien der Standortwahl und die Charakteristiken der physischen Struktur konsolidiert haben (YUJNOWSKI 1971, HARDOY 1968), so daß diese Gesetze wohl eher als Zusammenfassung der Ergebnisse der bis dahin gemachten Erfahrungen und als Bestätigung des über die Zeit hin ausprobierten und entwickelten Stadtmodells - das Instrument für die Operation Kolonialisierung - zu verstehen sind.

HARDOY (1973/74) charakterisiert das spanisch-amerikanische Stadtmodell als einfach in der Planung, schnell ausführbar und dem reinen Zweck angepaßt, also von einem pragmatischen Geist geprägt. Seine Grundzüge sehen folgendermaßen aus:

---

[4] Nach einer weniger erfolgreichen und deshalb kurzen Episode der Goldausbeutung erkannten die Spanier, daß langfristig Gewinne nur aus der Landwirtschaft und der Nutzung der einheimischen Arbeitskräfen zu ziehen sind.

[5] Zahlreiche Arbeiten behandeln das spanisch-amerikanische Stadtmodell, darunter z. B. MORSE (1967), BENEVOLO (1968), HARDOY (1968, 1973/74, 1980), AGUILERA/MORENO (1974), im deutschsprachigen Bereich WILHELMY/BORSDORF (1984) und ein umfassender Überblick bei MERTINS (1992).

Standortbedingungen

Nachdem der Makrostandort sich aus der Rolle innerhalb des Stadtsystems ergibt, werden für die lokale Lage Kriterien wie Klima, Bodengüte, Weideland und Wald, die Wasserversorgung für Stadt und Land, das Vorfinden von Baumaterial und die Erreichbarkeit etc. geprüft. Dazu besteht die Forderung nach dem Vorhandensein von Indianerdörfern zur Missionierung (tatsächlich waren Arbeitskräfteressourcen zum Aufbau der Städte nötig), und, nach den Gesetzen zumindest, durfte die Stadtgründung den Indianern keinen Schaden zufügen.

Die Anlage

Als Grundprinzip für die physische Struktur gilt der Schachbrettplan. Bei der Beschreibung der Auslegung der Straßen und Blöcke kommt immer wieder das Wort "a cordel" (schnurgerade) vor. Es wurde gefordert, daß hinsichtlich Ausrichtung und Breite der Straßen Klimakriterien wie Windrichtung und Sonne berücksichtigt werden. Hauptelement ist der zentrale Platz. Seine Größe sollte sich proportional zur Anzahl bzw. zur zu erwartenden Anzahl der Bürger verhalten und seine Form einem Rechteck entsprechen, möglichst in den Verhältnissen 1 : 2 und damit geeigneter für die Reiterfeste. Weiter wird angewiesen, daß in der Mitte einer jeden Platzseite eine Hauptstraße und dazu an jeder Platzecke zwei weitere Straßen abgehen. Diese Anordnung erfordert im Zentrum eine komplizierte Block-Straßen-Platz-Struktur, und bei den meisten Städten hat sich die einfachere Auslegung eines quadratischen Rasters (Schachbrettplan), dessen zentraler Block als Platz ausgespart wird, durchgesetzt. Auch baulich gesehen, stellt sich das Modell mit seinem flachen horizontalen Stadtprofil und dem zentralen dominanten Punkt der Kirche schlicht und übersichtlich dar. Arkaden, die zum Schutz gegen Regen und Sonne für die Händler und Passanten an den Seiten des Platzes und entlang der vier Hauptstraßen angeordnet werden, bilden die einzige bedeutendere Zierde.

Die Verteilung der Nutzung

Innerhalb des Schachbrettplans unterscheidet YUJNOWSKI (1971, S. 62) drei ökologische Gebiete:

1. Zentraler Punkt im Kernbereich ist der Hauptplatz (während der Eroberung auch der Waffenplatz) mit einer Vielzwecknutzung wie Markt, Feste, Prozessionen, Theater, Hinrichtungen und, unter den Arkaden, Läden und Stände. Am Platz liegen die wichtigsten Gebäude, der Regierungssitz, gegenüber das Rathaus, rechtwinklig dazu die Hauptkirche (Kathedrale) mit ihren dazugehörenden Gebäuden. Ebenso zentral finden sich der Gerichtshof, die Münze, die Universität und höhere Lehranstalten (bei fortgeschrittener Entwicklung) und, über den Kernbereich verteilt, zahlreiche Kirchen, Klöster, Seminare und die Wohnhäuser der oberen Schichten.

2. In einer Zwischenzone dominieren Wohngebäude neben Kirchen, Kapellen, Bethäusern, Klöstern und Seminaren.

3. Die Peripherie ist weniger dicht bebaut. Hier mischen sich Wohnen und produktive Aktivitäten wie Mühlen, Gerbereien, Steinbrüche, Kalkbrennereien, Ziegel- und Dachziegelherstellung, Schlachthof und Fleischerei[6], und schließlich umgibt die Stadt ein Band ländlicher Gebäude mit Gärten ("quintas"). An den Hauptzufahrten entstehen Transportstationen und Spezialmärkte.

Zur sozio-ökonomischen Gliederung

Die zentrale Macht beeinflußte entscheidend die räumliche Verteilung der sozialen Schichten. Die Krone wies an, daß die Grundstücke nach dem Verdienst eines jeden verteilt werden. So standen den "Eroberern" und prominenten Bürgern "solares" zu, das sind die Normalgrundstücke als Viertel eines Blockes, in der Nähe des Platzes. Je ärmer und unbedeutender aber ein Bürger war, um so kleiner wurde und um so peripherer lag das zugeteilte Grundstück. Ganz bewußt entsteht also zu Zeiten der Gründungen eine soziale Segregation. In der Hierarchie folgten Großgrundbesitzer (die auch den Gemeinderat stellten), hohe Funktionäre, Klerus, hohe Militärs, qualifizierte Berufe, Geschäftsleute des Im- und Exports, Händler, Meister, Handwerksarbeiter, Mischlinge, Indianer, Neger und Sklaven (AGUILERA R./MORENO R. 1974).

Die Verwaltung

Die Tradition der spanischen mittelalterlichen Stadt mit ihren von den Königen zuerkannten Privilegien und Rechten fand ihre Fortsetzung in Amerika. Besonders unter den amerikanischen Verhältnissen mit den großen Entfernungen zu König und Vizekönig war eine gut funktionierende Selbstverwaltung geradezu notwendig. Diese wurde von einem Gemeinderat wahrgenommen[7]. Gesetze legten die Aufgaben, die Zahl der Beamten und deren Rechte und Pflichten genau fest. Nach der ersten Auslegung des Stadtgrundrisses und der Verteilung der Grundstücke oblag die weitere Realisierung des Modells dem Gemeinderat.

---

[6] In den Gesetzen wegen Störung und Nähe zum Schlachtvieh am Rande der Stadt vorgesehen, aber meist in der Nähe des Hauptplatzes realisiert.

[7] Dieser agierte oft nicht sehr demokratisch, da sich seine Mitglieder aus der Großgrundbesitzergruppe, die die wirtschaftlichen Aktivitäten steuerte, rekrutierten.

2.1.3. Die Herkunft des Rasterplanes

Zahlreiche Forscher bemühten sich, den Ursprung der Idee der physischen Struktur der spanisch-amerikanischen Stadtgründungen herauszufinden. Für die Entstehung von raster- und schachbrettförmigen Städten nennt STANISLAWSKI (1947) folgende Grundbedingungen: 1. Das Vorhaben, eine neue Stadt zu erbauen, 2. eine Planung mit vorher festgesetzten Regeln, 3. eine zentrale politische Kontrolle, 4. der Wunsch einer gleichmäßigen Landaufteilung und 5. Kenntnisse des Rasters. Vorgänger des Rasterplans sind in Europa seit der Antike bei Kolonialstädten zu finden, bei deren Gründung ein zentralisierter Entscheidungsablauf einheitliche Strukturen hervorbrachte: von den antiken griechischen Städten mit dem klassischen hippodamischen Beispiel Milet in Kleinasien (um 500 v. Chr.) über die Siedlungen der römischen Kolonien bis zu den kolonialen Stadtgründungen des Mittelalters, häufig ausgelegt nach einem strengen Gitternetzplan mit einem zentralen Platz für Markt und öffentliche Versammlungen, oder aber auch den aus römischen Lagern oder Siedlungen als vor-urbane Kerne hervorgegangenen Städten.

In Spanien, so meint TORRES B. (1968), wurden die mittelalterlichen neuen Städte nicht durch Marktaktivitäten geboren wie in anderen Ländern, sondern fast immer aus militärischen Motiven gegründet, wobei sie sich später wohl zur Marktstadt entwickeln konnten. Über das Militärlager gelangte die Tradition des regelmäßigen rechtwinkligen Grundrisses bis in das Mittelalter und verlor keineswegs an Aktualität, wie die Schriften des Königs Alfonso X., der Weise, "Las siete partidas" belegen: das Heereslager sei wie eine Stadt zu behandeln, eine perfekte Ordnung sei zu wahren[8].

Die ältesten bekannten Rastergrundrisse entstanden in Navarra südlich der Pyrenäen in der ersten Hälfte des 12. Jahrhunderts (Sangüesa, Puente la Reina)[9]. Häufig wird die hier vorkommende, mit einer Mauer umgebene, rechtwinklige Anlage von den nachbarlichen südfranzösischen Festungsstädten abgeleitet. Allerdings bleibt nach TORRES B. noch ungeklärt, ob die ältesten südfranzösischen Festungsstädte erst auf die zweite Hälfte des 12. Jahrhunderts datiert werden, also später als die beiden ältesten spanischen Gründungen.

---

[8] Zitiert bei TORRES B. 1968, S. 113, aus der berühmten mittelalterlichen Gesetzgebung "Las siete partidas", von Alfonso X., der Weise, aus dem Hause Kastilien (1252-1284). Die Gesetze behandeln auch städteplanerische Aspekte, siehe bei SILVA 1957, S. 108.

[9] In dieser Region wurden von den Königen des Hauses Aragón Städte gegründet - die beiden frühesten Städte von Alfonso I., el Batallador (1104-1134) -, um mit besonderen Freiheiten und Privilegien Ausländer, meist waren es Franzosen, zum Siedeln anzureizen zur Etablierung einer bisher fehlenden Mittelklasse von Handwerkern, Händlern u. ähnl. Gleichzeitig lagen diese Städte an der Pilgerstraβe nach Santiago de Compostela, wodurch die Pilgerschaft gefördert wurde.

Weitere Beispiele entstanden im 13. und 14. Jahrhundert in Ostspanien. Die Anlage kleiner königlicher Städte diente der Umsiedlung von islamischen Bevölkerungsgruppen, mit dem Ziel ihrer besseren Kontrolle und der Nutzung ihrer Arbeitskräfte in der Landwirtschaft. Hier ist eine regelmäßigere und komplexere Anlage erkennbar: Eindeutig markiert sich der zentrale Platz, an dem Kirche, Rathaus und Gefängnis liegen (Beispiel: Castellón, Villareal).

Wohl als die umfassendste und der südamerikanischen Kolonisierung nahestehende Stadtgründungserfahrung der Spanier können die im Zuge der "Reconquista" gegründeten agro-militärischen Siedlungen gelten. Die Besiedelung diente der Verteidigung und der Stabilisierung der befreiten Gebiete. Als Schlüsselbeispiel wird Santa Fé bei Granada angesehen, gegründet 1491 als feste Stadt, nachdem das militärische Lager während der Eroberung Granadas einem Brand zum Opfer fiel. Hier dient die Stadtgründung eindeutig einem militärischen Zweck. Nach den physischen Charakteristiken wird wieder eine Verwandtschaft zu den südfranzösischen Festungsstädten und zum römischen Heereslager gesehen.

Die erste bedeutendere Stadt in der Neuen Welt, Santo Domingo, wurde von Ovando um 1502 gegründet; sie zeigte eine regelmäßige rechtwinklige Anlage. Ovando soll die Eroberung Granadas miterlebt haben, so daß vermutlich Santa Fé zum Vorbild für die erste Rasterstadt in Lateinamerika wurde, die dann als Ausgangspunkt für die folgende Entwicklung des Modells gelten könnte.

Nach dem Sieg über die islamische Herrschaft wurden auch in Spanien, zur gleichen Zeit wie in der Neuen Welt, weitere Städte mit rechtwinkligem Straßenraster gegründet, um ehemalige Grenzgebiete zu bevölkern und durch Siedlungen abzusichern. Dazu untersuchte PEREZ R. (1984) drei Beispiele, die den Weg Jaen - Granada sichern sollten. Die Autorin charakterisiert diese Städte als mittelalterliche traditionelle Marktstädte, die zugleich koloniale Gründungen sind[10]. Die in dieser Epoche des 16.Jahrhunderts aufkommenden Städtebautheorien der Renaissance und die Schriften Vitruvs seien bei diesen Beispielen zu spüren, aber aufgrund der starken Ähnlichkeiten mit den südfranzösischen Festungstädten müßten die Beispiele dem Mittelalter zugeordnet werden.

In ähnlicher Weise äußert sich MUMFORD (1980, S. 385) über die Städte der Neuen Welt. Die mittelalterliche Ordnung sei durch die Kolonisation wieder aufgenommen worden, und die Neuen Städte blickten rückwärts, da sie der traditionellen Form der französischen Festungsstädte folgen und dieses Modell noch ausbauen.

---

[10] Allerdings lag die Gründung auch im Interesse der oberen Bürgerschicht, für die die Privilegien, die zu dieser Zeit an die Städte vergeben wurden, wirtschaftliche und politische Macht bedeuteten.

Für KUBLER (1968) dagegen liegen die südfranzösischen Festungsstädte zeitlich zu fern, als daß sie als Vorbild für die spanisch-amerikanische Kolonialstadt hätten dienen können. Eine viel naheliegendere Verbindung sieht er zu den unbefestigten Rasterplanstädten - Produkte der Hochrenaissance - in Ostsüdfrankreich zwischen Grasse und Nice (Valbonne, Mouans-Sartoux, Vallauris). Diese entstanden zwischen 1501 und 1519 zum Zwecke der Besiedelung des entvölkerten Gebietes und im Hinblick auf spekulativen Gewinn. Einer der Gründer gehörte zur Familie Grimaldi, die über Monaco mit der spanischen Krone verbündet war und deren Familienmitglieder sich als Finanziers in Sevilla und Santo Domingo aufhielten.

Andere Autoren gestehen dem Einfluß der neuen Städtebautheorien und den Schriften Vitruvs auf die spanisch-amerikanischen Neugründungen große Bedeutung zu. WILHELMY/BORSDORF (1984) z. B. führen dazu an, daß eine Veröffentlichung der Schriften Vitruvs in Rom schon 1485, also vor den amerikanischen Gründungen, erschien, eine Übersetzung in spanischer Sprache im Jahre 1542, und um 1582 eine lateinische Neuauflage König Philipp II. gewidmet wurde. Weiter wird auf die erstaunliche Ähnlichkeit zwischen den Texten der "Ordenanzas de Nueva Población", erlassen 1573, und denen der vitruvianischen Schriften hingewiesen. Es sei zu folgern, daß man nicht nur Vitruvs Schriften sehr gut kannte, sondern auch seine städtebaulichen Ideen umsetzen wollte.

MARKMAN (1968, 1975), der sich mit dominikanischen Siedlungsgründungen in Mexiko beschäftigte, fand in den zeitgenössischen Chroniken keinerlei Hinweise darauf, daß die Planer bewußt das antike Vorbild vor Augen hatten. Seiner Meinung nach ist die Einführung des Schachbrettplans keine Wiederbelebung eines antiken Prototyps, sondern die Nutzung einer Idee, die im 16. Jahrhundert gut genug bekannt war.

Nach GARCIA F. (1986, 1987) dürfte das spanisch-amerikanische Stadtmodell weder auf den direkten Einfluß der vitruvianischen Schriften noch auf die französischen Festungstädte oder die Stadt Santa Fé de Granada zurückzuführen sein. Aufgrund seiner Untersuchungen über Form und Größenordnung von Block, Grundstücken und Straßenbreite rechtwinkliger mittelalterlicher Städte Spaniens vermutet er, daß die quadratische Stadtanlage der Spanier in Amerika nur auf zwei Vorbildern basieren könne. Alle bisher als Vorbilder zitierten Beispiele zeigen erheblich kleinere Grundstücke, sehr viel bescheidenere Straßenquerschnitte, folglich auch sehr viel höhere Dichten und - als wichtiger Punkt - zwar rechtwinklige, aber keine quadratischen Anlagen. Dagegen entstand schon um 1300 unter dem mallorkinischen König Jaime II. eine Städtebauordnung, die, in starkem Gegensatz zur bisherigen mittelalterlichen Stadt Spaniens, eine quadratische Anlage und größere Dimensionen in ihrer Aufteilung ähnlich dem amerikanischen Stadtmodell festlegt, und die in den Neugründungen der zwei mallorkinischen Städte Petra und Sa Pobla umgesetzt wurde. Noch im selben Jahrhundert um 1383 - 1386 entwickelte der zu seiner Zeit allgemein bekannte katalanische Theologe EXIMENIS, ein Franziskanermönch, seine Theorie über die Idealstadt, inspiriert von den griechischen Philosophen und den Schriften des Hl. Thomas[11] und vermutlich in Kenntnis der beiden mallorkinischen Städte aufgrund seiner Beziehungen zu Mallorka (unter anderem auch befand sich hier ein wichtiges Franziskanerkloster). Seine Stadt zeigt die Form eines perfekten Quadrats mit entsprechender Aufteilung, wobei vier Hauptviertel entstehen und ein zentraler Platz mit den wichtigsten Gebäuden wie Kathedrale und Bischofspalast. Sehr genau wurden die Wohnviertel für die unterschiedlichen Bevölkerungsgruppen und die Standorte der weiteren Nutzungen bestimmt, wobei die Windrichtung eine große Rolle spielte. Im Gegensatz zu den mittelalterlichen Rastergründungen dient hier die Ordnung - insbesondere des Quadrats - nicht nur den praktischen Zwecken, sondern ganz bewußt auch der Bequemlichkeit und der Schönheit. EXIMENIS kann als früher Vorreiter der Renaissance bezeichnet werden.

Für die Anwendung des quadratischen Modells in Amerika scheinen vorwiegend praktische Gründe zu sprechen: Neben der einfachen Ausführung eines so klaren Musters diente, so überlegt GARCIA F., der große Grundrißzuschnitt der Möglichkeit, das Vieh geschützt in der Stadt unterzubringen, da vermutlich die Viehwirtschaft in Amerika von ebenso großer Bedeutung war wie bekanntlich zur selben Zeit auf Mallorka.

Nun muß davon ausgegangen werden, daß die bei der Eroberung und Kolonisierung maßgeblichen Spanier nicht nur einfache Eroberer und Kaufleute waren, sondern auch Männer von hoher Kultur und Bildung, die sich mit gelehrten geistlichen Persönlichkeiten umgaben. Eine besondere Rolle spielten die Franziskaner als Begleiter der Eroberer und erste Missionare. Franziskaner und Dominikaner galten sogar als die Städtebauspezialisten (MARKMAN 1968). Von Don Antonio de Mendoza, erster Vizekönig von Neuspanien, ist bekannt, daß er die Lehre der Franziskaner großzügig unterstützte. Die Gründung der Stadt Cuenca wurde von seinem ehemaligen engen Mitarbeiter Gil Ramirez Dávalos nach den Anordnungen des Vizekönigs von Peru Don Andrés Hurtado de Mendoza, Marqués de Cañete, ausgeführt, beide hochgebildete Persönlichkeiten. Die Anordnungen des Marqués seien von den Werken des Hl. Thomas inspiriert, so VARGAS (1957).

Damit ist das Gedankengut jener Zeit, nämlich das Wissen aus den Erfahrungen praktizierter Stadtgründungen - wie z. B. die Erfahrungen der Franziskaner auf Mallorka, während der "Reconquista" und in Südostfrankreich - und die Städtebautheorien zur Idealstadt und "modernen Stadt" nach Amerika übertragen worden. Auf dem Experimentierfeld der jeweils örtlichen und politischen Gegebenheiten hat sich im Laufe von etwa zwei Generationen das spanisch-amerikanische Stadtmodell entwickelt, das dann

---

[11] EXIMENIS gehörte zu den spanischen "tratadistas" des Mittelalters, deren Werke von den "preceptos aristotélicos" des Hl.Thomas und seiner Ethik der Idealstadt (die perfekteste soziale und wirtschaftliche Einheit) beeinflußt sind.

rund 400 Jahre Bestand hatte. Nach BENEVOLO (1968) hat die Kultur der Renaissance in Europa keinen neuen Typ der Stadt hervorgebracht, nur teilweise oder gelegentlich wurden die Ideen im Städtebau angewandt. In Amerika dagegen konnten die Europäer im riesigen Raum operieren. Für ihn bedeutet diese Freiheit und Neuheit die überragende Charakteristik des 16. Jahrhunderts auf der anderen Seite des Ozeans, und das entstandene Stadtschema das einzige Modell einer Neuen Stadt der Renaissance.

Nun bleibt noch die Frage, ob die Städtebautradition der vorgefundenen Hochkulturen keinerlei Einfluß auf das spanische Modell ausgeübt hat. Zwar übernahmen die Spanier viele der Standorte des Städtenetzes der Eingeborenen, aber das Stadtmodell selber blieb wohl unbeeinflußt. In den Fällen, in denen eine spanische Stadt eine vorkolumbinische überlagerte, wurde die Geometrie des Ortes, soweit möglich, respektiert. So haben sich in einigen Städten bis heute Straßenachsen (Beispiel México-Stadt), Platzgrenzen und sogar Mauern (Beispiel Cuzco) erhalten (HARDOY 1965, 1973/74, 1980). LOZANO C. (1991) fand heraus, daß der Grundriß von Cuenca sehr genau mit der symbolischen Geometrie des alten Tomebamba harmoniert. Der Schachbrettplan stimme mit den inkaischen Achsen, der Viererteilung und den Plätzen überein, und noch heute liege die Altstadt innerhalb der Umrisse der Symbolfigur des Pumas. Nicht respektiert allerdings haben die Spanier die Verteilung der Funktionen. Die vorkolumbinische Stadt diente vorwiegend als Zentrum für Dienstleistungen, Kult und Repräsentation, die spanische Stadt dagegen vorwiegend als Wohnort.

2.2. Die erste Anlage der Stadt Cuenca und ihre Entwicklung während der Kolonialzeit

2.2.1. Gründungsmotive

Die Stadt Cuenca wurde im Auftrag des Vizekönigs von Peru, Hurtado de Mendoza, um 1557 gegründet. Zu diesem Zeitpunkt waren die kriegerischen Eroberungen, insbesondere in den Anden des Regierungsbereiches Quito, beendet, und die Kräfte und Initiativen der Spanier konzentrierten sich mehr auf zivilisatorische und geistige Ziele, d. h. auf die Kolonisierung.

Der Gedanke, an der Stelle des ehemaligen berühmten Inkazentrums Tomebamba eine Stadt zu errichten, war keinesfalls neu. Noch bevor der Zwist der Inkabrüder bekannt war, so wird vermutet, hatte Pizarro diesen Standort schon als Ausgangspunkt für nördliche Eroberungen im Auge. Um 1529 beschlossen die "Cortes de Toledo" die Genehmigung zur Errichtung des "pueblo cañare Tumiponga"[12] als erste städtische Zelle der Eroberung, von der aus die ganze "zivile Macht, das Heldentum und die Tugenden der Krone" ausstrahlen sollten. Später änderte sich die Konstellation, und die Eroberer orientierten sich von Quito aus.

Ein tatsächliches Klima zur Gründung einer Stadt entstand aber erst, als die Goldminen der Cañaris viele Siedler des Reiches Quito und Peru aufmerksam werden ließen. Die Entstehung der Stadt zögerte sich aber wieder hinaus, als weitere Eroberungen östlicher Gebiete (Amazonas) potentielle Siedler abzogen, und andere Standorte mit Goldfunden konkurrierten. So entwickelte sich vorläufig nur ein bescheidener "asiento"[13] und eine geringfügige landwirtschaftliche Aktivität.

Die Realisierung wurde schließlich von Hurtado de Mendoza vorangetrieben, um das Gebiet der Cañaris, die gegen die Unterdrückung durch einen "encomendero" rebellierten, zu befrieden. Vielleicht spielte hierbei auch eine Rolle, daß viele Zeitgenossen, die den Ort Tomebambas und die Umgebung erleben konnten, diese paradiesische Gegend rühmten.

2.2.2. Die erste Anlage der Stadt

Mit der Anordnung, als Vorlage solle die Stadt Lima dienen, wurde Don Gil Ramirez Dàvalos vom Vizekönig mit der Stadtgründung (1557) beauftragt. Als Standort entschied man sich für den seit etwa schon 12 - 15 Jahren bestehenden spanischen "asiento". Die Lage dieses Ortes war ideal: auf einer leicht abfallenden seitlichen Terasse eines breiten, von drei Flüssen bewässerten Tales und in einer Höhe von 2.500 - 2.600 m, die in diesen tropischen Breiten ein immerwährendes Frühlingswetter bedeutet.

Die Anlage entsprach den spanisch kolonialen Stadtplanungsregeln. Mit Hilfe des überlieferten Gründungsprotokolls (bei CORDERO P. 1971) und einer von CORDERO P. danach erstellten Rekonstruktion der Stadtanlage während der ersten Gründungszeit entsteht zusammengefaßt folgendes Bild (Abb. 2.1 und Abb. 2.2):

---

[12] Die Cañaris, Ureinwohner der Region um Cuenca, waren bekannt als ein tapferer Stamm. Erst kurz vor der Ankunft der Spanier wurden sie nach einem kriegerischen Gemetzel, das zur starken Reduzierung des Volkes führte, von den Inkas unterworfen. Daher stammt auch das von den Spaniern vorgefundene völlig zerstörte Tomebamba.

[13] Eine Bergbausiedlung

Abb. 2.1: Die erste Anlage der Stadt Cuenca (Rekonstruktion, CORDERO PALACIOS)
Quelle: SILVA 1957, S. 140/141

1. Straßen- und Blocksystem entsprechen dem Schachbrettplan[14], ein freigelassener Block im Zentrum ergibt den Hauptplatz mit Galgen und Schandpfahl zur Demonstration der Rechtsgewalt des Königs.

2. Den vier am Platz liegenden Blöcken wurden zugeordnet: Hauptkirche mit Friedhof und Vikarshaus; Gemeinderat, Gießerei[15] und, vom Platz abgewandt, Gefängnis und Fleischerei; Läden zum Vermieten als Einkommensquelle der Gemeinde; der Gründer hatte vom Vizekönig das Anrecht auf zwei Blöcke erhalten und nahm sich das "vornehmste" Grundstück am Platz.

---

[14] Um ein quadratisches Raster aufzumessen wird eine gewisse Vermessungstechnik benötigt, die hier noch nicht so weit fortgeschritten war, so daß ein etwas schiefwinkliges Muster mit unregelmäßigen Straßenbreiten (etwa 10 m) und Blocklängen (um 90 - 100 m) entstanden ist.

[15] Die Gießerei funktionierte seit 1559 - damit hatte die Gemeinde die Kontrolle über die Bergbauaktivität und die Einnahmen des "quinto legal".

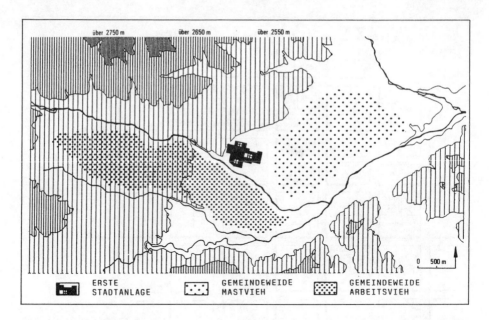

Abb. 2.2: Räumliche Situation der ersten Stadtanlage
Quelle: Rekonstruktion nach Angaben des Gründungsprotokolls (bei CORDERO P.) auf der Grundlage der Karte 1:10.000 (1980) des IGM (Quito)

3. Die ersten 18 Bürger erhielten Anteile an weiteren Blöcken. Normalerweise wurde ein Block in vier Teile geteilt, so daß die Grundstücksgröße pro Familie[16] in etwa 2.500 qm betrug. Einzige Bedingung bei der Vergabe der Grundstücke war eine Baupflicht innerhalb von zwei Jahren. Einige Jahre später allerdings waren auch Gebühren zu zahlen.

4. Am Rande dieser ersten Ansiedlung wurde je ein Block für die Franziskaner und für das Krankenhaus (für Spanier und Indianer) reserviert.

5. Außerhalb der Siedlung bestimmte der Gründer den größten Teil des Tales zur Gemeindewiese, unterteilt für Arbeitsvieh (südlich der Siedlung zwischen den Flüssen bis westlich an den Fuß der Berge) und für das Mastvieh (östlich bis zur Flußgabelung).

Schon diese erste Anordnung der Nutzungen zeigt den Ansatz zu einer Standorthierarchie mit den hochrangigen Standorten am Platz, wobei hier vier verschiedene Nut-

---

[16] Der "Bürger" war das Familienoberhaupt, und man rechnete pro Bürger fünf Personen.

zungsarten um diesen Standort konkurrieren: Kirche, Regierung, Geschäfte und Wohnen, was tatsächlich bis heute noch der Fall ist - nur mit unterschiedlicher Ausprägung. Danach folgen die Grundstücke der sogenannten Bürger, d. h. Spanier. Von Zeitgenossen genannte Zahlen über die Bevölkerungsgrößen bis zu Beginn des 17. Jahrhunderts beziehen sich immer nur auf Spanier, d. h. in Spanien Geborene oder direkte Nachkommen. Vermutlich ließen sich doch sehr bald Indianer an den Rändern der Siedlung nieder, denn für ihre christliche Unterrichtung wurden zwei Pfarrkirchen gegründet, etwa 1575 San Blas im Osten und 1578 San Sebastian im Westen, beide sechs Blöcke von Hauptplatz entfernt. Die Hauptkirche dagegen diente nur den Weißen und Mestizen.

Aus der Art der Nutzungen kann auf die wesentlichen wirtschaftlichen Aktivitäten der Bürger geschlossen werden, nämlich Land- und Viehwirtschaft und der Bergbau. Zwar hatte der Bergbau in dieser Region nie eine große Bedeutung, obwohl die Vorkommen von Gold, Silber, Kupfer und Eisen um die Gründungszeit herum doch Fremde anlockten, die in der Hoffnung kamen, sich durch die Ausbeute des Metalls zu bereichern. Aber schon relativ kurz nach der Gründung der Stadt (1565) wird der Bergbau eingeschränkt, wobei als Grund der Arbeitskräftemangel, d. h. der Mangel an Indianern, angegeben wird. Das Volk der Cañari Indianer war schon im Verlauf des Bruderkrieges der Inka stark reduziert worden, und um eine weitere Reduzierung durch die unmenschliche Arbeit im Bergbau zu verhindern, wurden zum Schutze der Indianer immer wieder Gesetze herausgegeben.

2.2.3. Die Entwicklung während der Kolonialzeit

Die ersten Bürger beklagten den Arbeitskräftemangel. Man benötigte Hilfe für den Aufbau des Ortes. Neben der Landwirtschaft entwickelte sich langsam das Handwerk und die Fabrikation von Dachziegeln für die eigene Versorgung. Zu Beginn des 17. Jahrhunderts ist bekannt, daß landwirtschaftliche Produkte an die Küste und besonders nach Guayaquil geliefert werden: Rinder, Mehl, Gebäck, Käse und Schinken. Auf der anderen Seite entsteht die Textilproduktion. Leinwand, wollene Decken und Tücher finden Absatz in Guayaquil und an anderen Orten. Berühmt sind dann in der Provinz von Lima die Flanelle, die die Frauen in Heimarbeit herstellen.

In einem Zeitraum von gut 200 Jahren entwickelt und konsolidiert sich die Stadt langsam, aber stetig. Im Jahre 1789 schreibt der Jesuitenpriester Don Juan de Velasco über die Zeit um 1760 (ALBORNOZ 1959/60 Bd.2, S. 173, übersetzt): "Die zwei Kirchen der Viertel San Sebastián (am Westrand) und San Blas (am Ostrand) sind wenig angemessen und sehr klein, obwohl es sich um Pfarreien sehr zahlreicher Indianer handelt. ... Die Häuser aller drei Stadtteile[17] sind allgemein aus Lehm oder ungebrannten

---

[17] Damit dürften die drei Kirchen mit ihren zughörigen städtischen Bevölkerungsgruppen gemeint sein.

Lehmziegeln, außer hier und da einige aus Kalk, Stein oder gebrannten Ziegeln. Diese (Häuser) sind geräumig, bequem, von mittlerer Ausstattung und alle ohne Ausnahme gedeckt mit Dachziegeln vortrefflicher Qualität ... Neben dem Beschriebenen gibt es eine endlose Fortsetzung von Häusern und Landhäusern verstreut über alle die großen ebenen Flächen zwischen den drei Flüssen ...".

Und in bezug auf den letzten Punkt schreibt er (ders., S. 175): "Es gibt keine Stadt im Königreich, die so wie diese ein derartig gewachsenes Stammvermögen oder öffentliche Einnahmen hat. Dies kommt daher, daß sie über das hinaus, was sie schon besaß, die große Gemeindeweide auf der anderen Seite des Flusses stückweise verkauft hatte. So hat sie (die ehemalige Gemeindeweide) sich in eine neue Stadt verwandelt, die man Jamaica zu nennen pflegt, und die voll von Obst-, Gemüse- und Ziergärten und Bauernhäusern ist. Im Jahre 1754, während der Bischof von Quito in Cuenca weilte, ordnete er die Zählung der Personen an, die hier fest wohnen[18], und es ergaben sich mehr als 4.000, die als geistige Weide nicht mehr als einen Stellvertreter des Priesters haben ... deshalb versuchte man, ihnen einen eigenen Priester zu geben..." So entstand die vierte Pfarrei San Roque, auf der anderen Seite des Flusses.

Juan de Velasco berichtet von einer Zählung im Jahre 1757 mit dem Ergebnis, ohne das Stadviertel Jamaica, von über 40.000 Personen aller Klassen und Altersgruppen. Man könne diese Bevölkerung in drei Teile teilen: Einen geringeren Teil machen die Spanier von noblem bis niedrigem Rang aus, einen größeren die Mestizen, wobei hier auch ab und zu ein Neger oder Mulatte vorkommt, und einen ebenso großen oder sogar größeren Teil von reinen Indianern.

Betrachtet man die Kurve der Bevölkerungsentwicklung (Anhang), dann fällt auf, daß dieses Zählergebnis bis in die 20er Jahre des 20. Jahrhunderts das höchste ist. Leicht wird vermutet, daß diese Zahl übertrieben sei, obwohl eine Schätzung von 1764 eine ähnlich hohe Tendenz aufweist. Aber andere Schätzungen und Zählungen aus der Zeit liegen deutlich tiefer. Dazu muß allerdings beachtet werden, daß die Abgrenzungen der Zählzonen nie klar und eindeutig beschrieben sind[19]. Zu Ende der Kolonialzeit wurden Bevölkerungszahlen zwischen 14.000 (1785) und 19.000 (1804) genannt, so daß zusammenfassend für die Zeit der Gründung bis zum Beginn der Befreiungskriege, das ist eine Zeitspanne von rund 250 Jahren, eine Entwicklung von den ersten 19 spanischen Bürgern bis zu einer Bevölkerung aus Indianern, Mestizen und Weißen von etwa 20.000 Einwohnern festgestellt werden kann.

---

[18] Später ist bekannt, daß die Spanier in der Stadt ein Haus, auf ihrer Hazienda eines und manchmal auch vor der Stadt eine Art Wochenendsitz besaßen.

[19] Hinweise zur Erklärung der ausgesprochen hohen Werte von rund 40.000 E. um die 50er und 60er Jahre des 18. Jahrhunderts wurden nicht gefunden. (1760 zerstörte ein Erdbeben einen großen Teil der Stadt).

2.2.4. Ansätze zu einer sozialräumlichen Gliederung

Eine größere vom König angeordnete Volkszählung brachte Ergebnisse für das Jahr 1778[20], untergliedert nach Pfarrgemeinden und innerhalb der Stadt Cuenca nach einer West- und Ostseite (wobei leider die Abgrenzung der Bezugszonen nicht klar ist) sowie insbesondere auch nach Rassen. Danach stellt sich nach ESPINOZA folgendes Bild dar:

Tab. 2.1: Bevölkerung von Cuenca 1778 nach ESPINOZA

Stadtteile	Gesamt abs.	Weiße u. Mestizen %	Indianer %	Neger u. Mulatten %	Negersklaven %
Cuenca [1]	7.076	63,0	33,7	2,3	1,0
Ejido [2]	2.032	45,6	52,5	1,9	-
San Blas und Annexe [3]	3.708	11,7	88,2	(0,03)	(0,03)
Rückseite von San Blas [4]	1.116	20,0	72,7	7,3	-
San Sebastián [5]	4.101	71,9	24,7	2,9	0,5
Gesamt [6]	18.033	49,9	47,4	2,2	0,5

Quelle: ESPINOZA 1984, S. 30
Anmerkungen:
(1) Vermutlich vorwiegend aus der ersten spanischen Anlage bestehend, bzw. aus den Blöcken, die zur Hauptkirche gehören.
(2) Dieses Gebiet entspräche dem Viertel "Jamaica".
(3) Annexe von San Blas dürfte die Dörfer im östlichen Umkreis der Stadt, die zur Pfarrei San Blas gehören, betreffen; nicht klar ist, ob noch ein anderer Teil von San Blas und wenn ja welcher, dazugezählt wurde.
(4) Dies scheint das Gebiet zwischen der Kirche San Blas bis etwa zur Mitte der östlichen ehemaligen Gemeindewiese (wurde auch verkauft) zu sein, ob weitere Gebiete einbegriffen wurden, kann nicht ersehen werden.
(5) Vermutlich die zur Pfarrei San Sebastián gehörenden Gebiete, d. h. der Teil der Stadt westlich von "Cuenca".
(6) Die Gesamtzahl der Bevölkerung ergibt nach HAMERLY 18.919, nach WASHBURN 18.044.

---

[20] Interpretationen bei HAMERLY (1970), ESPINOZA (1984), WASHBURN (1982) und ALBORNOZ (1959/1960, Bd.2).

Die Hälfte der Bevölkerung zählt zur Gruppe der Weißen und Mestizen, knapp die Hälfte zur Gruppe der Indianer, und eine geringe Minderheit setzt sich aus Mulatten und Negern zusammen. Überwiegend wohnen die Weißen und Mestizen in dem "Cuenca" genannten Gebiet und San Sebastián (63 % und 72 % von der Gesamtzahl des jeweiligen Viertels). Nur in diesen beiden Vierteln sind Sklaven erwähnt, wobei von insgesamt 89 Sklaven 71 in "Cuenca" gezählt werden. Danach wird vermutet, daß in "Cuenca" vorwiegend die weiße Bevölkerung lebt, wenn angenommen wird, daß nur die Spanier Sklaven hielten. Die indianischen Bewohner sind sehr stark vertreten im Gebiet der Pfarrei San Blas, aber auch im Viertel "Cuenca" repräsentieren sie ein Drittel und in San Sebastián ein Viertel der Bevölkerung. Betreffend das südliche Gebiet Ejido (auch Jamaica), so herrscht fast Gleichgewicht zwischen Indianern (53 %) und der Gruppe der Weißen und Mestizen. MERISALDE Y SANTISTEBAN (1765) erwähnt, daß hier besonders viele Mestizen lebten, also wären die Weißen als in der Minderheit zu betrachten. Nach ALBORNOZ ergibt sich bei einer Gliederung in eine West- und Ostseite folgende Bevölkerungsverteilung (Tab. 2.2):

Tab. 2.2: Bevölkerung von Cuenca 1778 nach ALBORNOZ

Stadtteile (1)	Gesamt abs.	Weiße %	Mestizen %	Indianer %	Mulatten u. freie Neger %	Mulatten u. Negersklaven %
Westseite	4.434	29,1	44,9	23,1	2,5	0,4
Ostseite	7.052	62,9	-	33,8	2,3	1,0
Gesamt	11.486	49,8	17,4	29,7	2,4	0,7

Quelle: ALBORNOZ 1959/1960, Bd. 2, S. 153
(1) Eine Nord-Süd-Achse in Höhe des Platzes unterteilt die Stadt in West- und Ostseite.

Bei der Gegenüberstellung von Tabelle 2.1 und 2.2 können zwar die verschiedenen Bezugszonen nicht direkt verglichen werden - es ist anzunehmen, daß die zentrale Zone "Cuenca" (Tab. 2.1) teils in der Ost- und Westseite liegt und die ländlichen peripheren Gebiete nicht mit eingeschlossen sind -, aber die Tendenz der aus der Tabelle 2.1 hervorgehenden Struktur wird bestätigt. Interessant ist die Unterscheidung in Weiße und Mestizen. Demnach setzt sich die städtische Bevölkerung zur Hälfte aus Weißen, zu einem knappen Drittel aus Indianern und zu einem kleineren Teil aus Mestizen zusammen, wobei letztere nur auf der Westseite leben. Die Gruppen der Indianer und der Weißen sind dagegen stärker auf der Ostseite vertreten.

Die für die Kolonialzeit gültige strenge Hierarchie der städtischen Gesellschaft entspricht einer Gruppierung, bei der sich Rasse, wirtschaftliche Lage und kulturelle Zugehörigkeit decken und hier als sozialer Rang bezeichnet werden (LLORET 1985). Das sind:

Sozialer Rang[21]	Ökon. Rang	Kultur	Rasse
1. Adlige, Großgrundbesitzer	1.	spanisch	weiß
2. Kaufleute, erfolgreiche Unternehmer	2.	spanisch	weiß
3. Mestizen	3. (2., 4.)	angestrebt spanisch	Mischlinge
4. Cholos	4. (5.)	akulturiert indianisch	Indianer
5. Indianer	5.	indianisch	Indianer

Die beschriebenen Ergebnisse lassen ein grobes räumliches Verteilungsbild der sozialen Gruppen zu: Die Oberschicht, Spanier, konzentriert sich im Zentrum entsprechend dem Stadtmodell (vgl. 2.1.2), eine Art Mittelschicht, die Mestizen, sind vorrangig im Westen der Stadt und in der südlichen Peripherie vertreten. Die auf der untersten Stufe stehenden Indianer nehmen in allen Gebieten einen sichtbaren Prozentsatz ein, aber ihr übergroßes Schwergewicht liegt in der östlichen ländlichen Peripherie der Stadt und im Süden zusammen mit den Mestizen.

Die statistisch erkennbaren Schwergewichte verschiedener Bevölkerungsgruppen innerhalb des Stadtbereichs geben keine Aussagen über eine räumlich detailliertere soziale Differenzierung. Eine gewisse Mischung der Bevölkerungsschichten wird vermutet. Hierfür spräche das bei ALBORNOZ angeführte Zählergebnis für die Westseite (leider wird die Ostseite nicht erwähnt) von 533 Häusern und 406 "tiendas"[22]. Demnach leben doch relativ viele ärmere "tienda"-Bewohner in den Häusern besser gestellter Familien.

---

[21] Nach LLORET, 1985, S.82:
- die Adligen, d. h. die Ausbeuterklasse der Spanier mit dem Leben des Müßiggangs
- die Kaufleute, vermögende Leute und Abenteurer (vielleicht auch im Sinne von Unternehmer)
- die Mestizen (spanisch-indianische Mischlinge)
- die "cholos" ("zivilisierte" und akulturierte Indianer)
- Indianer

vgl. auch ESTRADA, 1977, S. 200

[22] Das spanische Wort "tienda" (Laden) wird hier als Spezialausdruck unübersetzt gebraucht. Eine "tienda" ist ein Raum im Erdgeschoß der Gebäude, der sich zur Straße öffnet und als Laden/Werkstatt und Wohnung dient und von den Hausbesitzern vermietet wird. Dieses Konzept besteht bis heute, siehe auch Abb. 3.1.

2.3. Unabhängigkeit und Republik

2.3.1. Bevölkerungsentwicklung[23]

Die hier behandelte, der Kolonialepoche folgende Periode umfaßt den Zeitraum von um 1800 bis etwa in die 40er Jahre des 20. Jahrhunderts. Die Darstellung der Bevölkerungsentwicklung (Anhang) zeigt für diese Zeitspanne eine fast stagnierende, nur unbedeutend zunehmende Bevölkerungszahl. Die Werte der Bevölkerungszahlen halten sich zwischen 20.000 und 30.000 Einwohnern, bis auf zwei Einschnitte um 1825 und nach 1850.

Die Ursache des Bevölkerungstiefstandes um 1825 liegt nach HAMERLY (1970) bei Geschehnissen und Veränderungen im gößeren Umfeld: die wirtschaftliche Depression (Niedergang des Textilmarktes), Naturkatastrophen wie Trockenheit und Unwetter, die Unruhen von Indianern, die Unabhängigkeitskriege[24] und Epidemien. Dies führte zu einem niedrigen natürlichen Wachstums und dem Beginn einer größeren Bevölkerungsverschiebung von der Gebirgsregion an die Küste, als dort der Export von Kakao, Tabak und Tropenfrüchten im großen Maßstab begann. Den Distrikt Cuenca, der eine ausgeglichenere wirtschaftliche Struktur hatte und vom Textilabsatz nicht so abhängig war wie die Nordregion (Quito), trafen wohl mehr Naturkatastrophen, die die landwirtschaftliche Basis dezimierten, und Epidemien (Pocken).

Nach Beendigung der Freiheitskriege und im Zuge der Konsolidierung der neuen Republik[25] entstehen auch in Cuenca gewisse wirtschaftliche und politisch-administrative Grundlagen, die zu einer sichtlichen Erholung und Wiederbevölkerung[26] führen, wie in Tabelle 2.3 zu erkennen.

Aus den Untersuchungen von PALOMEQUE (1990) geht hervor, daß nun ein ruhiger und stetiger Wachstumsprozeß einsetzt, wobei ländliche Bevölkerung aus der Region

---

[23] Mit großer Vorsicht müssen die geschichtlichen Daten beurteilt werden, da weder Zähl- bzw. Schätzmethoden noch insbesondere die Bezugszonen genauer bekannt sind. In den ersten Jahrhunderten umfaßte das Gebiet der Stadt Cuenca sicherlich einen größeren Bereich als später (Gründung städtischer und ländlicher Pfarrgemeinden), da die vier Pfarrgemeinden, die auch die in der Umgebung liegenden Dörfer mitversorgten (die Annexe von San Blas z.B.) den Zählbezirken zu entsprechen scheinen.

[24] 1822 Unabhängigkeit der Stadt (General Sucre), von Cuenca aus bereitete Sucre die Schlacht bei Pichincha (Quito) vor, und Bolivar die Beendigung der Befreiungskämpfe für Peru. 1829 letzte entscheidende Schlacht, Großkolumbien.

[25] 1830 Abtrennung Kolumbiens, Republik Ekuador.

[26] Die ersten republikanischen Zählungen empfiehlt HAMERLY mit Vorsicht zu behandeln; er vermutet unter Umständen bewußte Fälschungen wegen der Wahlen.

Tab. 2.3: Bevölkerungsentwicklung Stadt Cuenca 1778 - 1864

Stadtteile	1778	1804	1814?	1825	1826	1830	1838	1857	1861	1864
Sagrario (1)	7.076			6.040		1.820	4.300		14.661	
San Blas	4.824			1.910		1.255	5.048		2.352	
San Sebastián	4.101			1.392			4.251		1.509	
San Roque	2.032			1.639		1.915	3.485		2.287	
Gesamt	18.033	19.000	15.000	10.981	9.279		17.084	8.941	20.809	17.045
Intramuros	12.936			9.342	7.630		13.599		18.522	
Extramuros (2)	5.983			1.639	1.649	1.915	3.485		2.287	

Quelle: Zusammengestellt nach HAMERLY (1970) und ESPINOZA (1984)
(1) Betrifft Stadtteil der Hauptkirche.
(2) Bezieht sich auf die Pfarrgemeinde San Roque.

langsam in die Stadt Cuenca einwandert. Als Ursache für den zweiten oben erwähnten Entwicklungseinbruch um 1855/57 (Tab. 2.3) hält sie neben einem Erdbeben von 1856 wirtschaftliche und soziale Probleme der Stadt: Übervölkerung, katastrophale sanitäre Verhältnisse, hohe Preise der Lebensmittel[27] mit der Folge von Hunger, Epidemien und der Abwanderung an die Küste.

Für die zweite Hälfte des 19. Jahrhunderts und den Beginn des 20. Jahrhunderts bestehen wenige und unsichere Bevölkerungsschätzungen. Laut PALOMEQUE läßt eine langsame Erholung (gute Ernten, relativ gesunde Wirtschaft) die Bevölkerung wieder wachsen. Obwohl um 1882 nochmals eine Existenzkrise mangels billiger Nahrungsmittel entsteht, wird davon ausgegangen, daß für das Ende des Jahrhunderts und bis in das 20. Jahrhundert hinein eine Konsolidierung und schließlich eine leichte Zunahme auf rund 25.000 Einwohner angenommen werden kann.

Das erste Viertel des 20. Jahrhunderts ist weiter durch ein langsames Ansteigen der Bevölkerungszahl gekennzeichnet. Dann setzt um die 30er Jahre eine starke Bevölkerungsdynamik ein. Allerdings liegen die Schätzungen der 30er und der 40er Jahre (45.000 - 57.000 Einwohner)[28] erheblich über dem Ergebnis der ersten systematischen nationalen Großzählung von 1950 (ca. 40.000 Einwohner). Sicherlich muß ein einsetzendes starkes Bevölkerungswachstum als realistisch angesehen werden, das als Vorbote einer neuen Entwicklungsphase zu deuten ist.

---

[27] Eine Auswirkung des Geldrückflusses durch die inzwischen in großem Maßstabe stattfindenden Exporte der Chinarinde.

[28] Vermutlich liegen den Zählungen unterschiedliche Bezugszonen und Zählmethoden zugrunde.

2.3.2. Wirtschaftliche Entwicklung

Die wirtschaftliche Entwicklung während der Kolonialzeit hat, wie viele zeitgenössische Autoren kommentieren, der Stadt zwar keinen Reichtum, aber dennoch einen bescheidenen Wohlstand gebracht. Als Basis bleibt weiterhin die Landwirtschaft, wenn auch mit Krisen, und der Export von landwirtschaftlichen Produkten vorwiegend an die Küste (Guayaquil) und nach Lima, weniger auch nach Quito. Der um 1850 einsetzende Chinarindenhandel wird zum wichtigen Wirtschaftsfaktor für Cuenca, erreicht in den Jahren 1875/80 seinen Höhepunkt und verliert dann aber gegen Ende des Jahrhunderts an Bedeutung.

Die größte Veränderung zur Kolonialzeit betrifft die Textilproduktion und das Textilgeschäft, die, bis auf den lokalen Bedarf, verschwinden. Das Handwerk entwickelt sich der örtlichen Nachfrage entsprechend. Immer wieder erwähnt wird die Ziegelproduktion[29], die Herstellung von Leder und auch das Weben von Stoffen.

Eine neue wirtschaftliche Aktivität, die nationales Gewicht erlangte, war die Herstellung der Panamahüte. Diese wurde ab 1845 systematisch unterstützt[30] und breitete sich in der ganzen Region aus. Die Möglichkeit eines Nebenerwerbs als Hutflechter sicherte das Überleben der verarmten Landbevölkerung. Um 1862 hatte der Panamahut nach dem Kakao, dem übermächtigen ersten Exportprodukt der Nation, die zweite Position erreicht. Die Hüte machten gut 10% der ecuadorianischen Exporte aus und stellten das einzige Exportgut der Gebirgsregion dar (CARPIO V. 1983).

Den Handel betreffend, meint HAMERLY (1970), daß das damalige Geschäftsleben als intensiver zu beurteilen sei, als von den meisten Historikern angenommen. Er zitiert einen französischen Kaufmann, der um 1817 von der Hauptstadt des Distrikts als "sehr kommerziell" sprach. Aber bis in das 20. Jahrhundert hinein litt der Handel unter den mangelhaften Straßenverbindungen. Auf Reitwegen zu Pferd und Maulesel wurde transportiert. Zum Glück, so CARPIO V. (1983), war die Mehrheit der Verkaufsgüter leicht, wie Strohüte und Chinin, einige importierte Waren dagegen oft sehr schwierig zu transportieren[31]. Mit zunehmenden geschäftlichen Beziehungen zur Küste entwickel-

---

[29] Bis heute in stadtnahen Dörfern im Norden Cuencas als handwerklich kleine Betriebe zu sehen.

[30] Am nördlichen Rand der Stadt wird eine Schule für die Herstellung der Strohhüte gegründet, und in diesem Viertel genannt "El Chorro" lassen sich die ersten Hutflechter nieder.

[31] Das erste Auto z.B. kam noch 1911 in alle Teile zerlegt "a hombros de indio" (auf "Indianerrücken", figurativ gemeint) nach Cuenca und konnte nur auf den wenigen festen Straßen fahren (SARMIENTO A., 1981).

te sich das Transportgewerbe zu einer wichtigen Aktivität, in der besonders die Mestizen Fuß faßten und die Indianer als Träger beschäftigt wurden.

Cuenca verliert nach der Unabhängigkeit mehr und mehr seinen großräumigen Einfluß und ist schließlich nur noch Hauptstadt von Azuay, einer der zwanzig Provinzen des Landes. Über den Zeitraum von 1910 - 1936 schreibt SARMIENTO A. (1981), daß Cuenca nur eine sehr kleine Stadt, von der Republik isoliert und völlig rückständig gewesen sei, und der alles fehle bis hin zu den unentbehrlichsten Einrichtungen (damit meinte er z. B. die mangelnden sanitären Einrichtungen).

Die Stadt hat also ihren Charakter, der während der Kolonialzeit in seinen Grundzügen gebildet wurde, bis auf wenige Änderungen innerhalb der Wirtschaft und den Verlust ihrer größeren Gebietshoheit bis weit in das 20. Jahrhundert erhalten. Das Eintreffen eines Automobils um 1911, der um 1913 erstmals erzeugte Strom - wenn auch in sehr bescheidenen Maßen, gerade ausreichend für die Beleuchtung in der Stadt -, der Beginn eines regulären Flugverkehrs im Jahre 1939 und die Entstehung von Kleinindustrie sind erste Anzeichen des großen Umschwungs. Und schließlich um die Mitte des 20. Jahrhunderts bei einer Bevölkerung von 52.651 Einwohnern konnte Cuenca folgende Potentiale aufweisen (CARRASCO/CODERO 1982):

Industrie	Handel
1 Textilfabrik	7 wichtige Läden für Importgüter (vom caterpillar-Traktor über Stoffe, Farben bis zu Kosmetikartikeln)
1 Panamahutfabrik	10 nationale Exporthäuser (Panamahüte)
Elektrizitätswertk (250 KW)	5 ausländische Exporthäuser
viele illegale Schnapsbrennereien	
geplant: 1 Reifenfabrik 1 Zementfabrik	
Verkehr	Kultur/Unterhaltung
1 Landstraße nach Guayaquil	Universität
Flugfeld	6 Kinos
geplant: 2 Landstraßen nach Quito und Machala 1 Eisenbahn	1 Café, 2 Restaurants (Bar) 1 Hotel Hahnenkampfplatz

2.3.3. Räumliche Entwicklung

Die nur langsamen Veränderungen von Bevölkerung und Wirtschaft und die schwachen, kaum nachhaltig wirkenden Entwicklungsschübe während des 19. Jahrhunderts bis gegen Ende der ersten Hälfte des 20. Jahrhunderts spiegeln sich auch in der räumlichen Erscheinung der Stadt wider. Das Prinzip der Stadtanlage, entstanden zur Zeit der Gründung und ausgebaut im Laufe der Kolonialzeit, wurde ohne Veränderungen bis in die Zeit des Umbruchs Mitte des 20. Jahrhunderts beibehalten. So ist nur ein bescheidenes Flächenwachstum und eher ein innerer Verdichtungsprozeß zu erkennen.

Schon während der Kolonialzeit hatte sich die Hauptausdehnungsrichtung Ost - West, bestimmt von den beiden Pfarrkirchen - San Blas im Osten und San Sebastián im Westen - abgezeichnet. Diese Achse bleibt erhalten, aber inzwischen geht das Wachstum im Westen über die Kirche hinaus, seitdem der Westausgang der Stadt wegen des wichtigen Handelsweges zur Küste Bedeutung erlangt (vgl. 2.3.2). Im Süden erreicht die Stadt zu Ende des 19. Jahrhunderts den Fluß, und die ersten Einrichtungen (darunter ein Krankenhaus, 1872) auf dem anderen Ufer entstehen sowie eine parallel zum Fluß laufende Straße, die später als sonntäglicher Promenadenweg dient (Abb. 2.3).

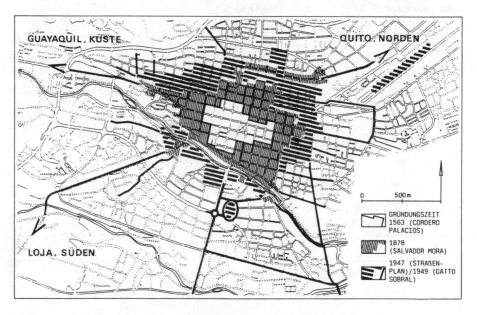

Abb. 2.3: Flächenentwicklung der Stadt bis kurz vor der Mitte des 20. Jahrhunderts
Quelle: Eigene Bearbeitung und Entwurf

Über die innere Struktur der Stadt läßt sich nur annähernd eine Vorstellung entwickeln, da die Hinweise in der Literatur kaum räumliche Interpretationen erlauben. Im Prinzip aber gab es keine Änderung seit der Gründung. CARPIO (1983) hat den Versuch einer räumlichen Gliederung der Stadt nach sozialen Gruppen für das 19. Jahrhundert unternommen; dies sei im folgenden kurz dargestellt:

- Die Oberschicht wohnt am Platz und in den nächstgelegenen Blöcken, d. h. am selben Standort wie die von ihr repräsentierten Institutionen der Verwaltung, des Militärs, der Kirche und des Handels.

- Mestizen und arme Weiße, Handwerker und kleine Angestellte, wohnen im Umkreis der beiden Pfarrkirchen San Blas und San Sebastián.

- Bäuerliche Mestizen leben als Kleingrundbesitzer (Anbau: Gemüse und Obst) im sogenannten Gebiet El Ejido, d. h. auf der anderen Seite des Flusses im Tal zwischen den Flüssen.

- Die Indianer leben vorwiegend in den rein ländlichen Gebieten, völlig außerhalb der Stadt.

Obwohl CARPIO schreibt, daß diese Gliederung nur Prädominanz der jeweiligen Gruppe bedeutet, so scheint die sehr starke Verallgemeinerung das Bild etwas zu verfälschen. Betrachtet man die Statistiken, die ESPINOZA (1984) für 1861 aufstellt (Tab. 2.4), dann sind die Anteile der indianischen Bevölkerung, bezogen auf das Zentrum der Stadt (31 %), den Stadtrand und die Vorstadtbereiche (40 - 65 %), doch von bemerkenswerter Bedeutung. Wenn also außer im Bereich der Hauptkirche in allen anderen Pfarreien ca. 40-65 % Indianer lebten, dann kann von Dominanz der Mestizen und armen Weißen in diesen Gebieten nicht gesprochen werden. Eher ist eine Bevölkerungsmischung als charakteristisch zu sehen. Dabei dürften monostrukturierte Standorte innerhalb dieser doch großen Zonen nicht auszuschließen sein.

Der Vergleich mit der Bevölkerungsverteilung zur Zeit der Kolonie im 18. Jahrhundert (Tab. 2.1 und 2.2) zeigt eine Verlagerung der Gruppen innerhalb der Stadt: Das Schwergewicht der indianischen Bevölkerung hat sich von Osten (San Blas) auf den Westen (San Sebastián) verschoben. Aufgrund der neuen Rolle, die dem Westteil der Stadt mit seinen Ausgängen im Westen zur Küste und im Süden über Loja nach Nordperu im interregionalen Handel zufiel, entwickelte sich hier das Transportgewerbe. Als Folge entstanden Arbeitsplätze für die Indianer als Lastträger und Transportarbeiter.

Tab. 2.4: Bevölkerungsverteilung in der Stadt Cuenca 1861 nach ESPINOZA

Stadtteile	Gesamt abs.	Weiße u. Mestizen %	Indianer %
Sagrario [1]	14.661	69,0	31,0
San Roque [2]	2.287	35,6	64,4
San Blas	2.352	61,6	38,4
San Sebastián	1.509	45,7	54,3
Gesamt	20.809	62,8	37,2

Quelle: ESPINOZA 1984, S. 3
Anmerkungen:
(1) Zentraler Bereich
(2) entspricht "Ejido" (auch "Jamaica" genannt)

Für eine starke Mischung der Bevölkerungsgruppen, sei es rassisch oder später sozio-ökonomisch gesehen, spricht die Existenz des Systems der "tiendas" (vgl. 2.2.4), das sogar bis heute erhalten ist[32]. CARPIO meint, gerade im 19. Jahrhundert habe die Anzahl der "tiendas" sehr zugenommen, da sich das den Bedarf der Haushalte deckende Handwerk stark erweitert hatte, und die "tiendas" insbesondere als Werkstatt - Laden - Wohnung genutzt wurden. SARMIENTO A. (1981) schreibt für den Beginn des 20. Jahrhunderts (übersetzt): "Da die Mieten sehr niedrig waren, pflegte die Mehrheit der Familien, die ein Landgut oder eine ländliche Villa besaßen, wo sie drei Monate Ferien verbrachten, keine Miete für die "tiendas" zu nehmen, unter der Bedingung, daß das Haus während ihrer Abwesenheit von der Stadt gehütet wurde."

Zur räumlichen Verteilung der wirtschaftlichn Aktivitäten, die sich nicht auf die zentralen Funktionen am Platz beziehen, geben nur wenige mehr informelle Informationen aus Literatur und Gesprächen mit älteren Bürgern Hinweise. Demnach hat sich eine Gruppierung typischer Berufe[33] in bestimmten Stadtvierteln herausgebildet, wie annähernd in Abbildung 2.4 dargestellt. Auch wird von einer bescheidenen "Hauptgeschäftsstraße" gesprochen, ein 4-Block langer Abschnitt der Straße Bolívar (heutiger Name) an der Nordseite des Platzes. SARMIENTO A. (1981, S. 103) schreibt dazu in seinem Bericht über die Zeit von 1910 - 1936, für denjenigen, der in einer anderen Straße als dieser ein Geschäft aufmachen wollte, wäre dieser Fehler der Ruin gewesen.

---

[32] Siehe Befragung in "conventillos": Einige Befragte hatten den Wohnwunsch nach einer "tienda".

[33] Laut CARRASCO/CORDERO (1982): Panamahutflechter, Bäcker, Töpfer, Gerber, Schmiede, Schnapsschmuggler, Schokoladenverkäufer und Feuerwerker.

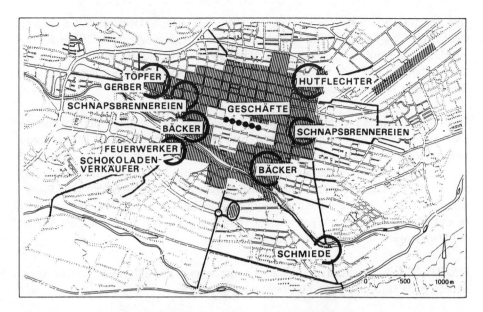

Abb. 2.4: Räumliche Verteilung typischer Berufsgruppen kurz vor der Mitte des 20. Jahrhunderts
Quelle: Erarbeitet nach Angaben aus CARRASCO/CORDERO (1982) und Befragung älterer Bürger

Auch städtebaulich gesehen, nimmt die Straße Bolívar, obwohl das quadratische Raster aufgrund seines Prinzips keiner Straße Priorität einräumt, die Vorrangstellung einer Hauptachse ein. Den Platz im Norden tangierend, bildet sie dazu die Achse, auch Blickachse, von der Kirche San Blas im östlichen bis zur Kirche San Sebastián im westlichen Extrem der Stadt. Mit der Betonung der Ost - West - Richtung erhält die Stadt, trotz quadratischer Anlage, eine Längsausrichtung in etwa parallel zum Fluß.

Die bisher beschriebene Situation stellt annähernd den Stand der Stadtentwicklung bzw. Stadtstruktur vor dem Umbruch zum "modernen Zeitalter", der Industrialisierung dar. In den 40er Jahren beginnt man, im Zusammenhang mit den genannten Vorboten einer neuen Entwicklungsphase, sich mit den modernen Ideen für Stadterweiterungen zu beschäftigen.

Um 1942 wurde ein Plan[34] entwickelt, der offenbar einen späten, aber merkbaren Ein-

---

[34] Plano de la Ciudad de Cuenca con el Proyecto de Ensanchamiento de la Red Urbana (Plan der Stadt Cuenca mit dem Erweiterungsprojekt des Straßennetzes), 1942.

fluß der französischen postbarocken Stadtbaukunst zeigt[35]. Der Entwurf sieht vor, stellenweise das alte Raster fortzusetzen und große Erweiterungszonen - "El Ejido" und am Nord- und Nordwestrand - ohne Rücksicht auf die Topographie mit einem quadratischen, aber die Richtung wechselnden und von diagonalen Mustern durchbrochenen Straßenraster zu überziehen.

Um 1949 entsteht ein weiterer Plan (GATTO S. 1947), der Einflüsse der Gartenstadt-Idee und der Philosophien um die Charta von Athen[36] spüren läßt. GATTO S. trennt sich vollends von der straffen Rasterstruktur. Ein nördlich der Schachbrettstadt geplantes Erweiterungsgebiet wird von parallel zum Hang laufenden Straßen erschlossen, so daß sich längliche und unregelmäßige Blöcke bilden. Im Süden ("El Ejido") strahlen Achsen vom Stadtkern aus, sanft gebogene Ringstraßen verbinden diese. Dazu ist eine Umgehungsstraße vorgesehen, die von Osten kommend, im Norden und Westen die Stadt tangiert und zum Südwesten führt.

GATTO S. teilt die Stadt in funktionale Zonen ein, bewußt strebt er eine sozio-ökonomische Gliederung für die Erweiterungsgebiete an:

- eine Wohnzone mittleren Niveaus für Angestellte, Händler
- eine Wohnzone für Arbeiter (in der Nähe der geplanten Eisenbahn und der geplanten Industriezone)
- eine Wohnzone hoher Kategorie wegen "der wirtschaftlichen Möglichkeiten seiner Besitzer" im Westen, in der wenige "Minifundios" bestehen
- und relativ nahe am Zentrum (auf der anderen Seite des Flusses) eine Zone für Apartment-Blöcke.

Auch diese Planung hat man in ihrer Gesamtheit nicht umgesetzt. Einzelne Elemente aber leiten eine neue Struktur der Besiedelung ein und sind heute noch am Stadtgrundriß zu erkennen. Dazu gehören insbesondere die Radialen und Ringstraßen im Süden und die Idee der Umgehungsstraße. Die Vorstellungen über unterschiedliche Zonen wurden aber, bis auf die Lokalisierung eines Mittelklassengebietes im Norden und einer Oberschichtzone im Westen, im Zuge der weiteren Entwicklung der Stadt nicht verwirklicht.

---

[35] Der kulturelle Einfluß aus Europa ist nicht zu unterschätzen: Innerhalb der finanzkräftigen Oberschicht pflegte man zu Bildungszwecken oder zum Vergnügen nach Europa, insbesondere auch nach Paris, zu reisen. Elegante und moderne Gegenstände aller Art wurden aus Europa importiert (z. B. bemalte Wandverkleidungen aus geprägtem Blech aus Frankreich, heute noch in einigen vornehmen Häusern zu finden).

[36] Le Corbusiers besuchte 1929 Südamerika. In den 30er Jahren übten seine Arbeiten einen großen Einfluß auf die südamerikanischen Architekten und Stadtplaner aus.

2.4. Der Beginn der Neuzeit (1950 - 1985) - Sozio-ökonomischer Hintergrund zur Zeit der Untersuchung

2.4.1. Stellung im Städtesystem und Bevölkerungsentwicklung

Im Vergleich zu seiner im 18. Jahrhundert doch bedeutenden Position als zweitgrößte Stadt nach Quito, Verwaltungszentrum des gesamten Südens des Landes und Bischofssitz einschließlich Guayaquil, mußte Cuenca einen erheblichen Abstieg hinnehmen.

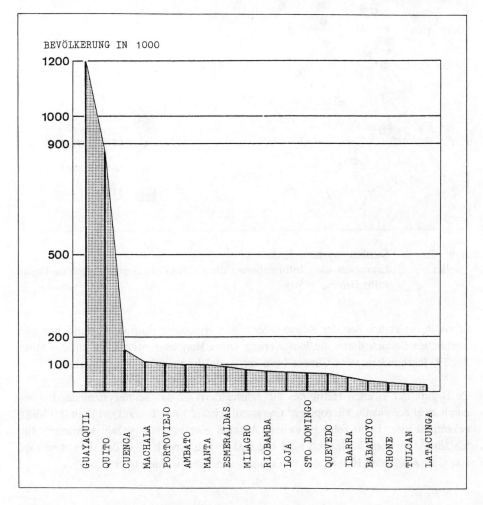

Abb. 2.5:   Rangordnung der Städte nach Bevölkerungszahl
Quelle: Erarbeitet auf der Grundlage der Volkszählung 1982

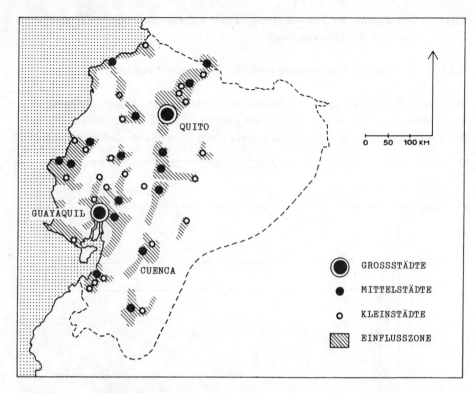

Abb. 2.6: Siedlungssysteme Ecuadors
Quelle: Erarbeitet nach Informationen der CONADE (Departamento de Desarollo Urbano 1980)

Schon in der ersten Zeit der Republik sinkt sein regionaler Einfluß im weltlichen und kirchlichen Bereich durch die Reduzierung seiner Hoheitsgrenzen. Und um die Mitte des 19. Jahrhunderts wird Cuenca bevölkerungsmäßig von Guayaquil überholt.

Zu Beginn der zweiten Hälfte des 20. Jahrhunderts ist das Städtesystem des Landes durch zwei dominante Metropolen, Guayaquil mit 1,2 Mill. E und Quito mit 0,9 Mill. gekennzeichnet. Dann folgt in weitem Abstand eine größere Anzahl kleinerer Mittelstädte[37], die von Cuenca mit rund 152.000 E - das sind 12,7 % der Einwohnerzahl von Guayaquil oder 16,9 % der von Quito - angeführt werden (Abb 2.5).[38]

---

[37] Nach Definition von CONADE sind es 16 Mittelstädte.

[38] Bevölkerungszahlen: Zensus 1982.

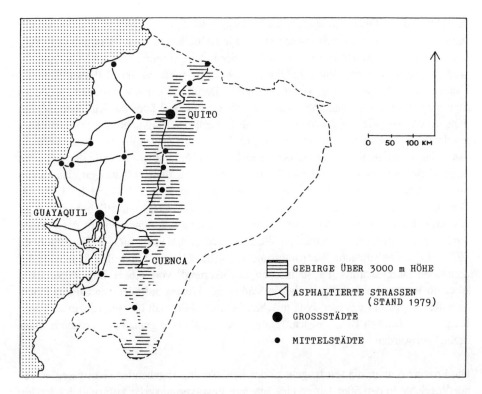

Abb. 2.7: Lage und verkehrliche Anbindung der Stadt Cuenca
Quelle: Erarbeitet nach Informationen des M. O. P. (Direccion de Programación 1980)

Die Mittelstädte haben die Aufgaben regionaler Zentren zu erfüllen, allerdings mit sehr unterschiedlich großen Einflußbereichen. Die Betrachtung der räumlichen Verteilung dieser kleineren Siedlungssysteme und ihrer Anbindung an das Straßennetz zeigt deutlich die isolierte Lage der Stadt Cuenca und der ihr zugehörigen Orte (Abb. 2.6 und 2.7).

Neben der schwierigen Topographie[39] des Landes und der räumlichen Entfernung zu

---

[39] Ecuador wird in drei große Landschaftsregionen geteilt: costa (Küste) - 48 % der Bevölkerung, sierra (Gebirge, bestehend aus zwei Andenketten mit dazwischen liegendem Hochtal) - 45 % der Bevölkerung, oriente (das im Osten zu Füßen der östlichen Andenkette beginnende Amazonasbecken) - 2,5 % der Bevölkerung.

den Metropolen Quito (Hauptstadt) und Guayaquil (Hafen- und Wirtschaftshauptstadt)[40] trägt auch der ungünstige Straßenanschluß zur "Abseitslage" bei. Während die "Panamericana", von Kolumbien im Norden kommend, den gesamten nördlichen Bereich des ecuadorianischen interandinen Korridors durchläuft, führt sie im südlichen Teil des Landes an der Küste entlang weiter nach Peru. Damit hat Cuenca, von der nördlichen Siedlungsachse des interandinen Korridors abgetrennt, nur über die Küstenstraße Zugang zu den wichtigsten Punkten des Landes. Auch der Flughafen der Stadt mit dem regelmäßigen Angebot mehrerer Flüge pro Tag nach Guayaquil und Quito bedeutet zwar eine wichtige Verbesserung der Erreichbarkeit, kann alle Nachteile der isolierten Lage allein aber nicht ausgleichen[41]. Im Gegensatz zu dem 400jährigen, langsamen und zuweilen stagnierenden Bevölkerungswachstum (vgl. Kap. 2.2.3. und 2.3.1.) ist der Beginn der Neuzeit für Cuenca von einer starken Bevölkerungsdynamik bestimmt (vgl. Anhang). Nach einem in den 50er Jahren unterdurchschnittlichen und in der Periode 1962 - 1974 überdurchschnittlichen Wachstum zeigt die Stadt für die Zensusperiode 1974 - 1982 eine jährliche Wachstumsrate von 4,83 %[42], die damit über dem Wert des nationalen Durchschnitts der städtischen Bevölkerung[43] von 4,6 % liegt (Tab. 2.5). Aber im Vergleich mit den wichtigsten Städten des Landes befindet sich Cuenca innerhalb der Gruppe der weniger dyna-mischen Gebirgsstädte, hält hier jedoch einen oberen Rang inne[44]. Danach kann Cuenca, relativ gesehen, als eine gemäßigt wachsende Stadt bezeichnet werden.

Die Provinz Azuay, die seit langem zu der Bevölkerung abgebenden Gebirgsregion gehört[45], erlebte in den 50er Jahren eine schwere Bevölkerungskrise aufgrund der großen wirtschaftlichen Probleme der Region (vgl. folgendes Kapitel 2.4.2). Zielgebiet der Abwanderung war die Küste, wo die Wirtschaft durch den "Bananen-Boom" einen großen

---

[40] Quito 472 km, Guayaquil 243 km

[41] Die Eisenbahn Ecuadors hat auf allen Landesstrecken stark an Bedeutung verloren. Die Trasse nach Cuenca wurde zur Zeit der Untersuchung nicht mehr regelmäßig genutzt.

[42] Siehe Anmerkung zu Tafel 2.5

[43] Die städtische Bevölkerung definiert der Zensus als die Bevölkerung, die in der Cabecera Cantonal, unter Umständen ein kleines Dorf, wohnt.

[44] Die Wachstumsraten (1974-82) der Gebirgsstädte liegen unter 4,5 %, Ausnahmen neben Cuenca sind Loja (5,22 %) und Quito (4,70 %), die der Küstenstädte über 4,5 % (Guayaquil 4,82 %) bis 10,78 % (St. Domingo).

[45] Seit Ende des 18. Jahrhunderts verliert die Gebirgsregion Bevölkerung vorwiegend an die Küste, Ausnahme ist die Provinz Pichincha mit der Hauptstadt Quito.

Tab. 2.5: Jährliche Wachstumsraten der Bevölkerung im Vergleich Stadt Cuenca, Provinz Azuay, städtische Bevölkerung Ecuador und Ecuador, 1950 - 1982, in %

	Stadt Cuenca	Provinz Azuay	Städt. Bev. Ecuador	Ecuador
1950 - 1962	3,44	0,75	4,73	2,95
1962 - 1974	4,75	2,52	4,47	3,10
1974 - 1982	4,83 (1)	2,19	4,60	2,62

Quelle: INEC 1985, S. 32 Tab. P-3 und 1984, Annex Tab. 2 u. 7
(1) Dieser Wert beruht auf eigener Berechnung (wie auch LARREA 1986), INEC: 4,46

Tab. 2.6: Bevölkerungsentwicklung der Stadt Cuenca, der Provinz Azuay und ihre jeweiligen Anteile an der Provinz Azuay und Ecuador, 1950 - 1982

Jahre	Stadt Cuenca abs.	Provinz Azuay abs.	Anteil Stadt Cuenca an Prov. Azuay %Anteil Prov. Azuay an Nation %
1950	39.983	250.957	15,97,8
1962	60.402	274.642	22,06,1
1974	104.470	367.324	28,05,6
1982	152.406	442.019	34,55,4

Quelle: INEC 1984, Annex Tab. 1, 2, 7 und eigene Berechnungen

Aufschwung erlebte. Daher wies ihre jährliche Wachstumsrate mit 0,75 % einen extrem niedrigen Wert im Gegensatz zum Land mit 2,95 % auf. Die Stadt Cuenca wurde zwar auch, aber geringfügiger von der Krise betroffen, wie aus dem Vergleich ihrer Wachstumsrate von 3,44 % zu 4,73 % der städtischen Bevölkerung des Landes folgt.

Im Zensusintervall 1974 - 1982 verzeichnete die Provinz Azuay aber mit einem negativen Wanderungssaldo von nur 10,3 % den zweitniedrigsten Wert aller Gebirgsregionen, deren Werte zwischen ca. 10 % und 35 % lagen[46]. Trotz einer Verringerung der Abwanderung läßt sich aus Tabelle 2.6 eine kontinuierliche, relative Entleerung der Provinz bei einem zunehmenden Gewicht der Stadt Cuenca und ein kontinuierlich abnehmendes Gewicht der Provinz innerhalb des Landes erkennen.

Die Politik der "Substitution der Importe" (seit 1950 und im Zusammenhang mit der Industrieförderung seit 1964) und die Agrarreform (1964) führten zu einer Ausweitung der regionalen Disparitäten. Auf dem Lande, besonders in Regionen, in denen der Kleingrundbesitz vorherrschte, wie auch im Umland Cuencas, verarmte die Bevölkerung, während das Kapital sich in den Städten konzentrierte. Die Industrieentwicklung und die Einkünfte aus dem wachsenden Erdölexport ("Erdöl-Boom" 1972) förderten den Urbanisierungsprozess des Landes. So wandelt sich Cuenca zu einem Anziehungspunkt für Zuwanderer, insbesondere aus seinem ländlichen Einflußgebiet (BORRERO 1992).

2.4.2. Wirtschaftliche Grundlagen

Auch in seiner wirtschaftlichen Bedeutung nimmt Cuenca im nationalen Vergleich eine geringe Stellung ein, ist aber Entwicklungspol für die gesamte südzentrale Region des Landes; hier konzentrieren sich Handel, Industrie, Bankwesen, öffentliche Verwaltung, Infrastruktur und Kultur.

Während der 50er Jahre litten die Stadt und die Region unter einer schweren wirtschaftlichen Depression, die sich auch in den Bevölkerungszahlen widerspiegelt (vgl. Tab. 2.5). 1955 wurden nur 53 % des Wertes des nationalen Bruttoinlandproduktes pro Kopf - der niedrigste Wert aller Regionen des Landes, das damals eines der ärmsten Lateinamerikas war - erreicht. Grund für den wirtschaftlichen Niedergang war der plötzliche Rückgang der Panamahutproduktion, die 1944-46 noch einen Anteil von rund 20 % des gesamten ecuadorianischen Exports und etwa 40 % des regionalen Einkommens[47] ausmachte, aber 1955 kaum mehr 1 % des Gesamtexports erreichte (vgl. Kap. 2.3.2.). Dies geschah vor dem Hintergrund einer schon lange währenden landwirtschaftlichen Krise, verursacht durch eine Besitzstruktur der extremen Kleinparzellierung[48], eines "microfundismo", wie CRESPO (1980, S. 55) es ausdrückt, einer gra-

---

[46] INEC, 1985, S. 40, Tafel P-11

[47] Die Produktion von Panamahüten in Heimarbeit 1950: Azuay 26.635 hauptberufliche Weber, Azuay und Cañar 47.280 als Nebenarbeit und 1961: Azuay und Cañar 5.000 (SALGADO, 1980, S.249).

[48] 1974 bewirtschafteten in der Provinz Azuay 47 % aller Betriebe - das sind Betriebe mit einer Flächengröße von weniger als 1 ha - 4 % der gesamten landwirtschaftlichen Fläche und 0,3 % der Betriebe - mit Größen von über 100 ha - bewirtschafteten

vierenden Bodenerosion, einer starken Tendenz zur Monokultur von Mais und Zuckerrohr, eines niedrigen Stands der landwirtschaftlichen Technologie sowie einer ungenügenden Infrastruktur an Straßen, Wegen und Bewässerung. Hinzu kommt ein ebenso stagnierendes Handwerk, das ursprünglich vorwiegend die Rolle einer ländlichen Komplementäraktivität der Kleingrundbesitzer spielte[49].

Diese Krise wird als Auslöser für die ersten Schritte zur Industrialisierung und für den Beginn einer neuen Ära der Stadt Cuenca gesehen. CARRASCO/CORDERO (1982) nennen die Periode zwischen 1950 und 1960 den Übergang von einer patriarchalischen Gesellschaft zu einer Gesellschaft des Bürgerstandes. Die sozialen präkapitalistischen Beziehungen lösen sich auf, um kapitalistische Beziehungen reifen zu lassen. Die bisher dominante Gruppe der Landbesitzer und Exporteure, Mitglieder der alten noblen Familien, wurde langsam verdrängt von einem neuen, wohlhabenden Mittelstand, der sich aus modern gesinnten Geschäftsleuten und Industriellen zusammensetzte (WHITEFORD 1964 u. 1977). Diese neue Gruppe forderte die Überwindung der Isolierung und damit Straßenanschlüsse, einen verbesserten Flughafen und neue wirtschaftliche Aktivitäten.

Um der Wirtschaftskrise entgegenzuwirken, wurde das "Instituto de Recuperación Económica del Azuay y Cañar" gegründet (1952) und später (1959) ersetzt durch die Regionalplanungsorganisation "Centro de Reconversión Económica del Austro" (CREA). Diese Institution übernahm die Planung und teilweise auch Durchführung von Maßnahmen zur Arbeitsbeschaffung und wirtschaftlichen Förderung vorrangig im ländlichen Bereich und kanalisierte die öffentlichen Investitionen. Die Maßnahmen betrafen vorwiegend die Verbesserung der Infrastruktur (Bewässerungskanäle, Straßen) und die Förderung von Landwirtschaft (Aufforstung, Obstanbau), Handwerk (Umschulung von Hutflechtern) und Kleinindustrie (Weiterbildung). Neben den Initiativen des CREA haben auch die in den 60er Jahren einsetzende Dezentralisierungspolitik und die folgenden Industrieförderungsgesetze[50] zur Verbesserung der Situation der Region beigetragen. Etwa um 1978 erreichte der Wert des BIP pro Kopf der Provinz Azuay die Höhe des nationalen Durchschnitts. Dies bedeute aber nur eine Verbesserung der wirtschaftlichen Lage der Region innerhalb Ecuadors, das, so SALGADO (1980, S. 2) weiterhin ein äußerst armes Land sei.

---

39 % der Fläche. Für 1985 ist diese Situation fast unverändert gültig. (VAZQUEZ, 1985, S. 57).

[49] Eine ausführliche Beschreibung der Lage der Region bei SALGADO (1980), dazu auch ESPINOZA (1985), MORRIS (1981).

[50] Der Provinz Azuay wurde die mittlere Stufe der Industrieförderung zuerkannt (UMMENHOFER 1983), Gründung des Industrieparks in Cuenca 1973.

Wie allgemein für die Gebirgsregion gültig, erreichte die Landwirtschaft des Hinterlandes nur eine niedrige Produktivität und war wesentlich auf Selbstversorgung und den lokalen Markt, mit einigen Ausnahmen auch auf andere Märkte des Landes, insbesondere Guayaquil, ausgerichtet. Nun sind Ansätze zu einem leichten Wachstum ihrer Produktivität zu vermerken[51]. Lokale Beobachter wie SALGADO (1980) und CARRASCO (1985) sehen hier eine gegenseitige Stimulierung von Landwirtschaft und Industrialisierungsprozeß. So argumentiert CARRASCO, daß die Industrieentwicklung in der Provinz Azuay vor allem der Wiederbelebung der traditionellen Aktivitäten, wie dem ländlichen Handwerk (z. B. das Flechten der Strohhüte) und der Agrarproduktion (z. B. Schnaps- und Obstprodukte) zu verdanken sei. Auf der Basis des traditionellen handwerklichen Könnens und der örtlichen Rohmaterialien konnte sich der Übergang zur Industrie anbahnen, deren Entwicklung in den 70er Jahren eine starke Dynamik entfaltete[52].

Tab. 2.7: Vergleich des Industrialisierungsgrades der Provinz Azuay mit den Metropolen 1976/79 (in % der gesamten Industrie des Landes)

Provinz	Industriebeschäftigte	Industriebetriebe	Wertschöpfung
Azuay	4,6	4,8	4,6
Guayas	41,5	41,5	50,0
Pichincha	37,2	38,1	33,2

Quelle: UMMENHOFER 1983, S. 42, Tab. 8.

Tab. 2.8: Entwicklung der Industrie der Provinz Azuay 1970 - 1976 (in % der gesamten Industrie des Landes)

Jahr	Industriebeschäftigte	Wertschöpfung
1970	5,3	5,4
1976	4,6	3,9

Quelle: CONSULPLAN 1980/82, Vol. V, S. 15

---

[51] Nach SALGADO (1980): Das Wachstum betrifft Weizen, Viehzucht (Rinder, Schweine) und Geflügelzucht. In fruchtbaren Tälern statt Zuckerrohr mehr Obst und Gemüse, das in das ganze Land, besonders nach Guayaquil, exportiert wird.

[52] Eine Industriebefragung der Jahre 1956 und 1957 ergab 851 in der Industrie Beschäftigte (SALGADO 1980, S. 10), nach der EAMM 1970: 2.552 und 1976: 3.726 Beschäftigte (CONSULPLAN 1980/82, Vol.V, 16).

Tab. 2.9: Erwerbspersonen nach Wirtschaftsbereichen im Vergleich Ecuador, städtische Bevölkerung Ecuador, Provinz Azuay, Stadt Cuenca, 1974 - 1982, in %

Wirtschaftsbereiche	1950 Ecuador (1)	1962 Ecuador (1)	1974 Ecuador (2)	1974 Ecuador Städte (2)	1974 Provinz Azuay (3)	1974 Stadt Cuenca (4)	1982 Ecuador (2)	1982 Ecuador Städte (2)	1982 Provinz Azuay (3)	1982 Stadt Cuenca (4)
Land/Forstwirtschaft Jagd und Fischfang	53,2	55,6	46,2	7,5	40,5	3,6	33,5	5,2	35,2	2,5
Bergbau	0,4	0,3	0,3	0,3	0,2	0,1	0,3	0,2	0,2	0,1
Verarbeitendes Gewerbe	19,4	14,6	11,7	16,2	25,2	23,2	12,2	15,8	20,0	21,8
Strom, Gas und Wasser	0,1	0,3	0,4	0,7	0,3	0,5	0,6	0,8	0,9	0,9
Baugewerbe	2,2	3,3	4,4	6,9	4,6	4,9	6,7	8,4	6,9	5,3
Handel	6,2	6,7	9,8	18,4	6,4	15,9	11,6	18,4	8,1	16,4
Verkehr	2,3	3,0	2,8	5,1	1,9	4,3	4,3	6,2	3,1	4,9
Banken und Versicherungen	-	-	1,0	2,3	0,5	1,6	1,9	3,5	1,0	2,5
Andere Dienstleistungen	11,7	13,2	17,0	33,1	15,6	38,8	23,6	35,4	20,3	39,5
Nicht definierte Tätigkeiten	4,5	3,0	6,4	9,5	4,7	7,1	5,1	6,1	4,3	6,1

Quelle: (1) 1950 und 1962 liegen für kleinere Bereiche noch keine Strukturdaten vor. (2) INEC 1985, Tab. P-27. (3) INEC, 1984, Tab. 14. (4) Eigene Berechnungen auf der Basis der Zensusergebnisse von 1974 und 1982.

Diese Dynamik hat sich nicht gehalten und CONSULPLAN (1980/82, Vol. V) sprechen nur noch von einem "vegetativen" Wachstum der Industrie. So spielt die Stadt Cuenca/ Provinz Azuay als drittgrößtes Industriezentrum des Landes[53] nach Tabelle 2.7 nur eine geringe industrielle Rolle. Nach den offiziellen Statistiken der "Encuesta Annual de Manufactura y Minería" (EAMM) verliert die Provinz sogar an Gewicht (Tab. 2.8). Die Betrachtung der Gesamtstruktur der aktiven Bevölkerung nach Wirtschaftsbereichen (Tab. 2.9) läßt folgendes erkennen:

Der Anteil der Erwerbspersonen in der Landwirtschaft ging im Landesdurchschnitt von über 50 % im Jahre 1950 auf nur noch 33 % im Jahr 1982 zurück. Für die Provinz Azuay dagegen zeigte sich im Zensusintervall 1974/82 zwar die gleiche Tendenz, aber weniger stark ausgeprägt, so daß die Landwirtschaft im nationalen Vergleich ein leicht überdurchschnittliches Gewicht behält. Der Anteil des verarbeitenden Gewerbes der Provinz Azuay übertrifft jedoch deutlich den Durchschnittswert des Landes sowie auch den der städtischen Gebiete, obwohl er 1982 an Gewicht verlor, während der tertiäre Sektor an Bedeutung zunahm.

Für die Stadt Cuenca ergibt sich nach jahrhundertelanger, vorwiegend landwirtschaftlicher Aktivität der Bevölkerung nun nur noch ein Anteil von nicht einmal 3 % der in der Landwirtschaft Beschäftigten. Diese Strukturverschiebung fand zugunsten der Dienstleistungen, mit einem Anteil von rund 40 %, und des verarbeitenden Gewerbes, mit 22 %, statt. Beide Bereiche liegen deutlich über dem nationalen Durchschnitt der städtischen Bevölkerung. Als drittstärkste Aktivität ist der Handel zu nennen, der zwar schon immer eine gewisse Rolle spielte, ohne aber eine überdurchschnittliche Bedeutung zu erhalten. Die schnelle Ausweitung des tertiären Sektors betrifft insbesondere die öffentlichen Dienstleistungen, die im Zuge der Dezentralisierungspolitik der Regierung, und seit CREA in der Region aktiv wurde, eine enorme Erweiterung erfahren und Cuenca auch hier zum dritten Pol des Landes gemacht haben.

Obwohl die Anzahl der in der Industrie, bzw. dem verarbeitenden Gewerbe, Beschäftigten um gut 40 %[54] zwischen 1974 und 1982 stieg, hat sich das Gewicht dieses Bereiches innerhalb der Gesamtwirtschaft Cuencas sogar geringfügig gesenkt. Da der Zensus das Handwerk und die Industrie in einer Gruppe zusammenfaßt, wird verdeckt, daß das für die Stadt und Provinz so gewichtige "verarbeitende Gewerbe" weniger auf Industrie, sondern auf eine breite handwerkliche Basis hinweist. Laut CONSULPLAN (1980/82,

---

[53] Nach UMMENHOFER (1983, S.218) wird Cuenca als wichtiger Industriestandort eingeordnet. Dabei soll darauf hingewiesen werden, daß die Industrie Ecuadors noch schwach entwickelt ist und 1976 nur 11,3 % des BIP ausmachte (Banco Central bei UMMENHOFER, S. 20).

[54] 1974: 7.595 Beschäftigte in der Industrie, 1982: 10.704 Beschäftigte in der Industrie.

Vol. V, S. 16) würde sich nach Korrekturen auf der Basis der EAMM für 1974 der Anteil der Industrie am "verarbeitenden Gewerbe" folgendermaßen darstellen:

Tab. 2.10: Verteilung der Beschäftigten im verarbeitenden Gewerbe nach Handwerk und Industrie, Provinz Azuay im nationalen Vergleich 1974, in %

	Handwerk	Industrie	Anteil Indust. an verarb. Gewerbe
Provinz Azuay	22,5	2,7	10,9
Prvinz Guayas	6,0	6,2	50,7
Provinz Pichincha	7,8	7,7	49,9
Ecuador	8,2	3,4	29,3

Quelle: (1) CONSULPLAN 1980/82, Vol. V. S. 16 und eigene Berechnung

Aus Tabelle 2.10 und Tabelle 2.9 geht hervor, daß 63 % der aktiven Bevölkerung der Provinz Azuay in der Landwirtschaft und im Handwerk tätig sind, d. h. das Schwergewicht der wirtschaftlichen Aktivität liegt im traditionellen Bereich. Die städtische Wirtschaft von Cuenca jedoch absorbiert die Arbeitskräfte, die von diesen traditionellen Sektoren freigesetzt werden. Sie finden Beschäftigung beim Bau, Verkehr, im Handel und Dienstleistungen, aber nur geringfügig in der Industrie (CONSULPLAN 1980/82, Vol. V). Der industrielle Sektor ist bisher zu schwach, um den Rückgang der Landwirtschaft und des Handwerks aufzufangen. Auf Grund der Untersuchungen von CONSULPLAN (1980/82 Vol. IV und Vol. V) wird dazu als problematisch festgestellt, daß zwar der Industrialisierungsprozeß durch Anknüpfung an traditionelle Aktivitäten (z. B. Textil, Leder, Nahrungsmittel, Keramik) in Gang kam, aber daß später etablierte Industrien kaum noch örtlichen Bezug aufweisen, weder zu Rohstoffen noch zum Markt (z. B. Holz, Chemie, Metall)[55], so daß ein möglicher und wünschenswerter Multiplikationseffekt ausbleibt. Ausnahme ist hier die Baustoffindustrie, die ihre Rohstoffe vor Ort und einen wachsenden Markt in der seit den 70er Jahren stark expandierenden Bauwirtschaft findet.

---

[55] Gründungsmotive: billige Arbeit und Industrieförderung.

2.4.3. Die Stadt Cuenca und ihre Subregion

Innerhalb ihres näheren Umlandes nimmt die Stadt Cuenca die Stellung des absoluten Zentrums ein, alle ökonomischen Potentiale konzentrieren sich hier. Das Land entleert sich, und kein weiteres Zentrum nimmt am Urbanisierungsprozeß teil[56]. Die Verbesserung der Kommunikationssysteme (Verbindungsstraßen und Wege zu und zwischen den Dörfern und Buslinien) begünstigt die Emigration der Landbevölkerung und das Pendeln. Letzteres repräsentiert eine ganz spezifische Situation der Stadt in bezug auf ihr Umland. Die benachbarten ländlichen Gemeinden zeichnen sich aus durch gute Bodenqualität, eine extreme Kleinparzellierung, eine große Diversifizierung der Kulturen, eine nicht industrialisierte Nahrungsmittelproduktion - der kommerzialisierbare Teil der landwirtschaftlichen Produktion trägt zur Versorgung der Stadt bei und dient in geringem Maß auch dem Export an die Küste (Guayaquil) - und durch überschüssige Arbeitskräfte. Es wird geschätzt, daß etwa 2/3 der Arbeitskräfte, die das "minifundio" der Umgebung Cuencas freigibt, auf dem Arbeitsmarkt der Stadt Beschäftigung findet, der Rest emigriert zur Küste und in andere Teile des Landes (VAZQUEZ 1985).

So konsolidiert sich das Stadtgebiet und eine direkte Einflußzone als "Basisterritorium der Wirtschaft"[57] (CONSULPLAN 1980/82, Vol. IV): In den ländlichen Gebieten wohnen handwerkliche Produzenten, die Mehrheit der Bauarbeiter[58], ein Teil der Industriearbeiter[59] und Arbeiter des Dienstleistungssektors. Diese Bevölkerung bleibt wei-

---

[56] MORRIS (1981) bemerkt hierzu, daß zwar CREA sich zu einer Politik der integrierten ländlich-städtischen Entwicklung hinbewegt, aber daß die polarisierende Funktion Cuencas von der städtisch-industriellen Politik für Mittelstädte gefestigt wird und Gegengewichte zur Stärkung der ländlichen Entwicklung fehlen.

[57] Hieraus ergab sich das Bedürfnis, eine "Area Metropolitana" zu bilden und eine Entwicklungsplanung aufzustellen: Ilustre Municipalidad de Cuenca, Plan de Desarollo Urbano del Area Metropolitana de la Ciudad de Cuenca, 1982, erarbeitet von CONSULPLAN, Quito.

[58] Nach einer Untersuchung von 1974 (CONZALO B., Istituto de Investigaciones Sociales de la Universidad de Cuenca) wohnten 63 % der befragten Maurer in ländlichen Gebieten. 59 % verrichteten andere Arbeiten bei Arbeitslosigkeit und zwar hiervon 66 % in der Landwirtschaft und 19 % im Handwerk. Zitiert bei CONSULPLAN, 1980/82, Vol. V, S. 90-91).

[59] Nach einer Befragung von CONSULPLAN (1980/82, Vol.V) wohnten 28 % der festangestellten Arbeiter (28 Betriebe mit 5.613 Arbeitern, davon 3.883 festangestellte Arbeiter) außerhalb der Stadt und 26,6 % in der Peripherie. 62,5 % von allen außerhalb lebenden Arbeitern wohnten im Norden und Nordosten der Industriezone der Stadt. Diese Orte haben eine ärmliche Landwirtschaft aufzuweisen. Dagegen weniger Einfluß übt das Industriearbeitsplatzangebot auf Orte mit besser entwickelter landwirtschaftlicher Basis, wie z. B. San Joaquín und Tarqui (Westen und Südwesten) aus.

terhin verknüpft mit ländlichen Aktivitäten an ihrem Wohnsitz[60]. Aber die Arbeit in der Stadt oder Heimarbeit für Betriebe in der Stadt, die Produktion auf der Kleinparzelle und das Wohnen auf ihr verdecken Unterbeschäftigung und einen großen Teil der Marginalität. Das heißt auch, daß der Wohnungsmarkt der Stadt bedeutend entlastet ist, oder, anders gesehen, da es sich hier um die Bevölkerungsgruppe der niedrigsten Einkommen handelt, daß in den Dörfern der näheren Umgebung die heimlichen peripheren Hüttenviertel der Stadt liegen.

---

[60] Hier beobachten CORDERO/ACHIG (1985), daß das Proletariat der Arbeiter Azuays noch dabei ist sich zu bilden; noch ist nicht endgültig mit der Landwirtschaft gebrochen, solange das Wohnhaus in der Peripherie Cuencas und den nahegelegenen Dörfern beibehalten wird.

3. Die bauliche und funktionale Gliederung der Stadt Cuenca

3.1. Die bauliche Struktur - Ein Überblick

Das Gebaute, insbesondere das Straßennetz, stellt im Gegensatz zum Nutzungsmuster, das schneller auf verändernde Kräfte reagiert, ein sehr beständiges Element dar. Daher spiegelt sich die geschichtliche Entwicklung in räumlich abgrenzbaren Wachstumsphasen wider, die hier die Ausgangsbasis für eine bauliche Gliederung der Stadt Cuenca bilden.

Ein Blick auf das Luftbild Cuencas läßt deutlich zwei sehr unterschiedliche Strukturen erkennen, die die in Kapitel 2 beschriebene Geschichte reflektieren: die Periode der über die Jahrhunderte bewahrten kolonialen Stadtanlage des Typs "Schachbrettplan" und die mit dem wirtschaftlichen und kulturellen Umbruch um die Mitte dieses Jahrhunderts eingeführten neuen Ideen des Städtebaus und der Beginn eines ausgedehnten Flächenwachstums (vgl. Kap. 3.2.1.).

Von diesen zwei Hauptphasen ausgehend, wurde das städtische Gebiet nach Stadtgrundriß und Bebauungsform in sechs charakteristische große Zonen - neben den Sondergebieten und Übergangszonen - gegliedert, wie in Abbildung 3.2 dargestellt. Als Informationsgrundlage dienten Teile der Bestandsaufnahme von 1979/80 des "Plan de Desarollo

Urbano del Area Metropolitana de Cuenca"[1], Luftbilder von 1979[2] und die eigene Anschauung aus dem Jahre 1986. Es schien vertretbar, das von CONSULPLAN definierte "städtische Gebiet"[3] zugrunde zu legen, da größere Veränderungen zwischen 1980 und 1986, die die Gliederung hätten beeinflussen können, nicht vorlagen. Die eigenen Beobachtungen aus dem Jahre 1986 trugen zur Vervollständigung der älteren Information bei und kamen als Hinweise zu Veränderungen und Trends zum Zeitpunkt der Untersuchung zum Tragen.

Innerhalb der e r s t e n   P h a s e liegen die geschichtlichen Wurzeln des kolonialen Kernbereichs (Zone 1) und der hier als traditionelle Siedlungskonzentrationen (Zone 2) bezeichneten Gebiete:

Zone 1: Der koloniale Kernbereich

Wegen ihrer besonders malerischen Lage auf dem Hochufer des Tomebamba Flusses (Foto 8) und ihres noch heute deutlich spürbaren kolonialen Charakters gilt Cuenca, nach der Altstadt von Quito, als die sehenswerteste Stadt Ecuadors[4]. Trotz enormer flächenmäßiger und baulicher Veränderungen wird die Gestalt der Stadt immer noch (Ausnahmen beginnen zusehends dieses Bild zu stören) in eindrucksvoller Weise durch die typisch koloniale Stadtsilhouette - eine horizontale bauliche Entwicklung im Kontrast zu dem dominierenden Körper der Kathedrale - und die im quadratischen Muster verlaufenden, schnurgeraden, vegetationslosen, geschlossenen und oft kahl wirkenden Straßenräume geprägt (Foto 6, 9 u.4).

---

[1] CONSULPLAN 1980/82. Die Planungsgruppe CONSULPLAN (Quito) wurde von der Gemeinde Cuenca mit der Bearbeitung eines Entwicklungsplanes für den Großraum Cuenca beauftragt. Das Planungswerk umfaßt rund 40 Bände, die sich auf eine umfassende Bestandsaufnahme, die Einrichtung eines Katastersystems und Entwicklungsstrategien beziehen.

[2] Instituto Geográfico Militar (IGM)

[3] CONSULPLAN 1980/82, Vol.X, S.4-5: Als städtisch zu bezeichnen sind folgende Eigenschaften (übersetzt)
a) Vorhandensein eines festgelegten Wegenetzes mit städtischen Charakteristiken
b) Vorhandensein eines Hauptnetzes der Trinkwasserversorgung, der Kanalisation und Elektrizität
c) Vorhandensein von Gebäuden, nach denen das Maß der Flächennutzung bestimmt wird
d) die Gebietseinheit muß im Verhältnis zum gesamten Untersuchungsgebiet eine genügend bedeutende Größe aufweisen

[4] 1982 zum "Patrimonio Cultural del Estado" (Nationales Kulturgut) erklärt

Ebenso klar, wie aus der Vogelschau das Schachbrettmuster der Straßen zu erkennen ist, markiert sich auch die kompakte Bebauung dieser Zone (vgl. Luftfoto der Gesamtstadt). Bis in das 20. Jahrhundert galt die koloniale Gebäudeanlage als Vorbild. So überwiegt auch heute noch das spanisch-amerikanische Innenhofhaus als Grundeinheit der gebauten Struktur (Abb. 3.1). Seit den 40er Jahren gewannen dann Vorstellungen über die innere und äußere Organisation der Gebäude westlicher Industrieländer an Einfluß, und die noch nicht konsolidierten Teile der quadratischen Straßenanlage, vorwiegend die Ränder, wurden in moderner Bauweise aufgefüllt. Aber der Blockrand blieb weiterhin geschlossen (Foto 10).

Im Laufe der Jahrhunderte fand eine extreme Verdichtung statt (vgl. Kap. 3.2.1.). Von den ursprünglich vier Grundstücken pro Block (vgl. Kap. 2.2.2.) können nach wiederholten Grundstücksteilungen nun bis zu rd. 40 Grundstücke pro Block gezählt werden (Foto 7). Entsprechend hoch sind folglich die Werte der Grundflächenzahl (GRZ) und Geschoßflächenzahl (GFZ) der einzelnen Blöcke. Nach Erhebungen für den Entwicklungsplan Cuencas von 1982 treten die höchsten Werte der GRZ und GFZ von über 0,8 bzw. über 2,0 um den Hauptplatz und um die zwei zentral gelegenen Märkte im Südwesten und Nordosten des Hauptplatzes auf. Die GRZ-Werte der restlichen Blöcke schwanken zwischen 0,6 - 0,8. Die Stockwerksanzahl der Gebäude liegt in diesen extrem dichten Bereichen punktweise erheblich höher als 2,4 Stockwerke, dem städtischen Durchschnitt. Gebäude mit 3 Stockwerken sind in der gesamten Zone zu finden, wenn auch an den Rändern vereinzelter. Gebäude mit 4 und mehr Stockwerken dagegen, an

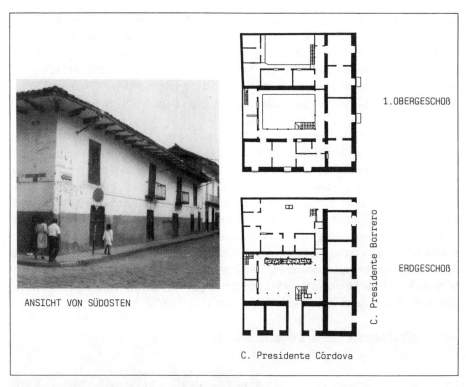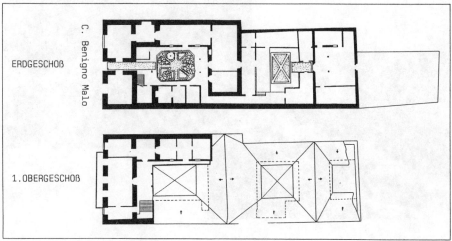

Abb. 3.1: Die koloniale Gebäudeanlage, zwei Beispiele (i. M. 1:500)
Quelle: Instituto Nacional de Patrimonio Cultural (Cuenca) und eigene Aufbereitung

den Rändern nur sehr selten vorkommend, konzentrieren sich auf den inneren Bereich mit einer Tendenz nach Südwesten (Markt "10 de Agosto") und Nordosten (Markt "9 de Octubre" und Kernbereichsausgang), wobei ihre Häufigkeit zum Hauptplatz hin zunimmt (Foto 2). Die höchsten Gebäude mit bis zu 7 Stockwerken wurden in bisher noch begrenzter Zahl vorwiegend 1 - 2 Blöcke vom Hauptplatz entfernt (Foto 1 u. 5) und wiederum in Nähe der oben genannten Märkte (vgl. Kap. 3.3.) errichtet.

Zum Zeitpunkt der Untersuchung ist der Stadtgrundriß bzw. die Blockanordnung bis auf eine Ausnahme (Foto 3) vollständig erhalten, während die Bebauung schon einem, wenn auch langsamen Veränderungsprozeß unterliegt. Die Flächen sind bis zur "Übersättigung" verbraucht, die Gebäude beginnen in die Vertikale zu wachsen und drohen den historischen Charakter der Stadt zu zerstören. Seit 1983 versucht die Gemeindeverwaltung zur Erhaltung des historisch wertvollen Bereichs der kolonialen Altstadt - touristischer Anziehungspunkt - diesem Prozeß mittels gesetzlicher Maßnahmen entgegenzuwirken[5]. Eine zu diesem Zwecke gegründete Kommission überwacht Neubauten, Abrisse und Restaurierungsmaßnahmen. Damit wird das freie Spiel der Veränderungskräfte in baulicher Hinsicht eingeschränkt. Die Konsequenzen für die Nutzungsentwicklung allerdings finden dabei keine Berücksichtigung (vgl. Kap. 3.3. u. 5.).

Zone 2: Traditionelle Siedlungskonzentrationen

---

[5] 1983 Veröffentlichung der "Ordenanzas para el control y administración del Centro Histórico".

Wie in Kapitel 2.2.3. beschrieben, entstanden an den Stadtausgängen kleine Ansiedlungen als Folge standortspezifischer wirtschaftlicher Aktivitäten (z. B. Lastträger, Schmiede). Diese zeigen eine lineare Entwicklung entlang der alten Ausfallwege, wobei am Ausgangspunkt durch ein oder zwei kurze Nebenstraßen ein kleiner Kern gebildet wird. Die Bebauung ist bescheiden, teilweise geschlossen (Kernbildung), teilweise in Gruppen aneinandergereiht oder auch freistehend. Die Gebäude bestehen aus 1 oder 2 Geschossen, ihr Stil dürfte als traditionell oder auch als ländlich beschrieben werden (Fotos 11 - 14).

Der z w e i t e n P h a s e , der Phase des Aufbruchs in eine neue Epoche wurden alle übrigen städtischen Gebiete zugeordnet. Schon ist in einem Plan von 1920[6] die Idee einer breit angelegten Achse im Süden der Stadt auf der anderen Seite des Flusses zu erkennen - also ein Bruch mit dem Rastersystem. Aber erst 1949 nimmt sie in der Planung von GATTO S. (vgl. Kap. 2.3.3.) konkretere Formen an, indem diese Prachtstraße (Avenida Fray Vicente Solano) die Hauptachse in einem radialen Straßensystem bildet, das sich, auf den Hauptplatz gerichtet, südlich des Flusses erstreckt. Ebenso sieht sein Plan eine weitere Achse vor, die nordöstlich an das Schachbrettsystem anknüpft und parallel zum Flughafen eine neue Ausfallstraße bilden sollte. Diese beiden Teilsysteme, beruhend auf Achsen mit großzügiger Blockaufteilung, machen bis Mitte der 60er Jahre, etwas abweichend von GATTOs Planung, aber im Prinzip wiedererkennbar, die vorwiegend realisierten Erweiterungsgebiete aus, neben bescheideneren, einfachen Verlängerungen einiger Straßen des Schachbrettsystems im Norden und Osten.

Ausschlaggebend für die weitere Entwicklung des Stadtgrundrisses ist der Bau einer Umgehungsstraße in, für damalige Verhältnisse, recht großem Abstand zum bebauten Stadtgebiet. In der Folgezeit - und dieser Prozeß ist bis zum Zeitpunkt der Untersuchung noch nicht abgeschlossen - füllt sich diese Zwischenzone mit einer Struktur, die keine Planungsidee erkennen läßt, sondern eher ein Kompromiß zwischen bestehendem Straßennetz, altgewohnten Wegen und der Notwendigkeit der Zugänglichkeit zu sein scheint. Ähnlich ohne erkennbares Ordnungsprinzip wächst die Stadt im Osten und Süden, anknüpfend an die Fragmente des Plans von GATTO S. bzw. im Osten an die aus dem Schachbrettraster verlängerten Parallelen. So entsteht ein breites Netz vorwiegend aus mehr oder weniger rechteckigen Blöcken unterschiedlicher Größe und Richtung.

Obwohl die Fragmente der Planung von GATTO S. innerhalb dieses Netzes erkennbar sind, lassen sich kaum unterschiedliche Grundrißbereiche isolieren. Auch in der Höhenentwicklung tendiert die Bebauung zur niedrigen 1-2-Geschossigkeit. Nur nach Kriterien der Art der Bebauung wie geschlossene, offene Bebauung, Größenordnung der Einhei-

---

[6] Plano de Cuenca, Lithographie von A. SARMIENTO (Sohn), 1920.

ten, Dichte und Qualitätsstandard können vier Gebiete gegeneinander abgegrenzt werden.

Zone 3: <u>Der Süden, freistehende Einfamilienhäuser</u>

In diesem Gebiet dominiert das freistehende Einfamilienhaus (Foto 15 u. 17). Insbesondere die älteren Bereiche in der Nähe des Flusses zeigen große Villen mit üppigen Gärten. Mit zunehmender Entfernung vom Stadtzentrum werden die Luxusvillen seltener. Als jüngste Entwicklung, zwar noch sehr vereinzelt, entstehen auch mehrgeschossige Etagenhäuser (Foto 16). Ebenso in jüngster Zeit nehmen weit außerhalb des städtischen Gebiets, oft auch außerhalb der Übergangszone, d. h. also in den noch ländlichen Bereichen, kleinere Siedlungsanlagen in flächensparender, aber eleganter Bauweise zu (Foto 18).

Zone 4: <u>Der Nord-Osten, Mischgebiet</u>

Das Rückgrat dieser Zone bildet die Ausfallachse Richtung Norden. Auf der Basis einer großzügigen Blockaufteilung entwickelt sich eine extrem heterogene Baustruktur, von der meist etwas älteren freistehenden Villa bis zum großflächigen Gewerbebau.

Zone 5: <u>Der Norden, Mischgebiet</u>

Hier werden unterschiedliche Baustrukturen, die auf relativ kleinem Raum nebeneinander vorkommen, zusammengefaßt. Straßenzug- und/oder blockweise können abwechseln: freistehende Einfamilienhäuser (Foto 19) und geschlossene, aber zurückgesetzte Bebauung, sowie Größe und Ausführung von klein und sehr bescheiden (Foto 22) bis größer und mit gehobenerem Standard und ebenso, aber mehr als Ausnahme, kleinere Mehrfamilienhäuser. Einbegriffen ist auch ein kleineres Gebiet nördlich der Umgehungsstraße, das in Folge der schwierigen Topographie natürlichere Straßentrassierungen zeigt, z. T. in Anlehnung an alte ländliche Wege und eine den Hang entlang führende Bebauung, die wohl mehr zu einer geschlossenen Form hin tendiert (Foto 20 u. 21).

Zone 6: <u>Der Osten, geschlossene Bebauung</u>

Ausgehend von den aus dem Schachbrettsystem verlängerten Parallelen nach Osten, entwickelte sich hier ein Gebiet mit dichterer Bauweise als im Süden und durchweg geschlossener Straßenfront (Foto 26), aber, im Gegensatz zum Kernbereich, mit zurückgesetzter Bauflucht, oft als Vorgarten gestaltet (Foto 24). Weiterhin erscheinen am Rande oder auch außerhalb des zusammenhängend bebauten Bereiches und sogar außerhalb der Übergangszone (wie bei Zone 3) mehr und mehr inselförmig eingelagerte kleinteilige, dichte Bebauungsstrukturen, meist in Form von Reihenhäusern, Siedlungen des sozialen Wohnungsbaus (Foto 25). Als neues, jüngst in Erscheinung getretenes Strukturelement läßt sich wiederholt das mehrgeschossige (etwa 4 - 7 Geschosse) Solitärgebäude (Foto 23) beobachten.

Übergangszonen

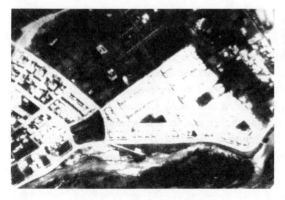

Erwähnt werden sollen auch die Übergangszonen in der Peripherie, Gebiete, die sich in einem Entwicklungsstadium zwischen ländlich und städtisch befinden (Foto 27, 28 u. 29) und deren Neubebauung den Strukturtypus der jeweiligen nachbarlichen städtischen Zone aufnimmt. Das heißt, die Stadt wächst in der Fläche und behält vorerst die dargestellte segmentartige Gliederung bei.

Sondergebiete

Der Flughafen und der Industriepark bilden im Nordosten der Stadt (vgl. das Luftbild der Gesamtstadt) auffällige Strukturelemente. Auf dem Gelände des Industrieparks begann die Industrieansiedlung im Jahre 1976[7]. Zur Zeit der Untersuchung kann von einer fast kompletten Belegung gesprochen werden. Das Bild zeigt eine homogene Struktur flacher großer Fabrikhallen (Foto 30).

Flächenmäßig unbedeutender, aber als bauliche Sonderform großer Dimension stellen sich das Fußballstadion und ein Amphitheater südlich des Tomebamba dar. Beide Einrichtungen bilden einen starken Kontrast zur umgebenden Einfamilienhausstruktur. Das

---

[7] Konstitution der Industrieparkgesellschaft 1973.

große Oval des Fußballstadions (vgl. Luftfotoausschnitt zu Zone 3) geht auf die Planungsidee GATTO S. zurück.

Von den für die südamerikanischen Groß- und Mittelstädte so typischen peripheren Hüttenvierteln kann für Cuenca zur Zeit der Untersuchung (1986) nicht gesprochen werden. Allerdings sind schon ab Mitte der 60er Jahre erste Ansätze zu Spontansiedlungen - zwar auf gekauftem Boden, aber nicht immer mit Besitztiteln und ohne Baugenehmigung in zur jeweiligen Zeit ländlichem Gebiet - zu beobachten. CASTILLO (1987a u. b) lokalisierte mehrere Gruppen im Norden und Osten zwischen Übergangszone und Gemeindegrenze in abgelegenen, unzugänglichen und schwer bebaubaren Gebieten. Die sehr heterogene Bebauung, 1- bis 2-geschossig, freistehend oder in Reihen, reicht von der Hütte über das Lehmhaus bis zur modernen Bauweise (Ziegel und Beton - hier auch 3-geschossig).

Das Bild der Stadt der ersten Phase steht in ausgeprägtem Kontrast zum Bild der zweiten Phase:

- eine in höchstem Grade dichte gegenüber einer weitläufigen (in einigen Fällen fast schon als extensiv zu bezeichnen) Bebauung
- ein straff organisiertes Grundrißmuster (Raster, auch Achse) gegenüber überwiegender Formlosigkeit.

Gemeinsam ist den alten und neuen Stadtteilen ein flaches Profil, so daß die Kathedrale traditionsgemäß den dominanten Blickpunkt bildet. Auch der Charakter der Bebauung kann in beiden Stadtgebieten als von vornehm bis bescheiden beschrieben werden. Als homogenste Gruppierungen treten die großzügigen Wohngebäude der ehemaligen Elite im Zentrum der Altstadt und die Luxusvillen südlich des Kernbereiches in Erscheinung. Mittlere und bescheidenere Gebäudequalität befindet sich häufig in nächster Nachbarschaft.

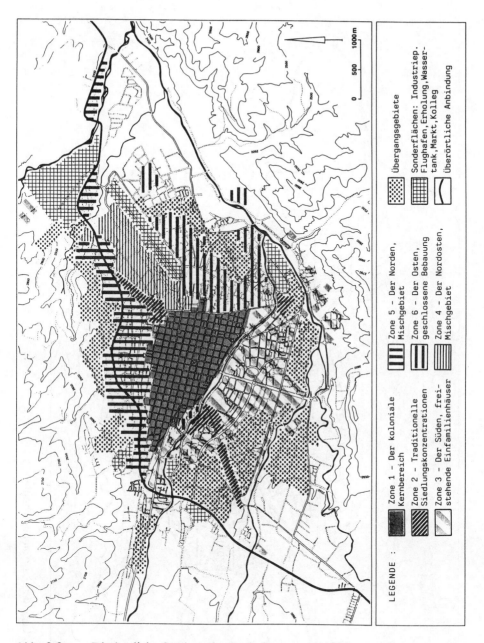

Abb. 3.2a: Die bauliche Struktur der Stadt Cuenca um 1986

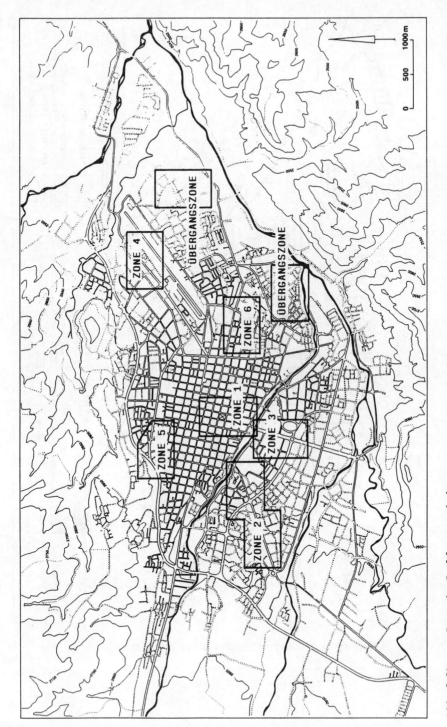

Abb. 3.2b: Lage der Luftfotoausschnitte

1 - Der zentrale Hauptplatz, dahinter die ersten Hochhäuser

2 -   und   3 - Traditionelle und moderne Bauweise, ein Block vom Hauptplatz entfernt

4 - Markt "10 de Agosto"   5 - Erste Ansätze zur Citybildung

6 - Traditionelle Bauweise

7 - Bauliche Verdichtung

8 - Hochufer des Flusses Tomebamba

9 - Randzone : traditionelle, bescheidene Bauweise

10.- Randzone : moderne Bauweise

11 - Nordostausgang,
erneuerter Straßenbelag und Straßenmöbilierung

12.- Südostausgang 13.- Südostausgang, Werkstatt

14.- Südwestausgang, kleiner Kernbereich (San Roque)

15.- Villa an der "Prachtstraße" (Avenida Solano)

16.- Wohnblock an der "Prachtstraße", noch Einzelerscheinung

17.- Villengruppe abseits am zweiten Fluß im Tal

18.- Reihenhaussiedlung weit im Süden auf der anderen Talseite, jüngste Entwicklung

19.- Einfamilienhäuser nördlich des traditionellen Kernbereichs

20 - und 21.- Bebauung an der Nordseite der Umgehungsstraße

22 - Ältere Siedlung des sozialen Wohnungsbaus gegenüber dem Industriepark

23 - Achse des ersten östlichen Erweiterungsbereichs
neu : 4- bis 7gesch. Solitärgebäude

24 - Achse des ersten östlichen Erweiterungsbereichs

25 - Neuere Reihenhaussiedlung des staatlichen Wohnungsbaus

26 - Wachsener Stadtrand

27 - Gebiete ländlicher Prägung

28 - Konflikt alt - neu   29 - Altes Hazienda-Gebäude kurz vor dem Abriß

30 - Industriepark

3.2. Die Bevölkerungsverteilung und die Wohngebiete nach ihrer sozialen Differenzierung

3.2.1. Bevölkerungsdichte

Wie bereits ausgeführt, bewahrte die Stadt bis gegen Ende der 40er Jahre mit geringen Flächenerweiterungen ihren kolonialen Charakter. In welcher Weise nun das mit dem wirtschaftlichen und gesellschaftlichen Umbruch einhergehende enorme Bevölkerungswachstum die bisherige Dichte beeinflußt hat, wird im folgenden untersucht.

Einen Überblick über die Bevölkerungsdichte im letzten Stadium der traditionellen Stadt geben die Schätzungen von GATTO S. um 1947 (Tab. 3.1).

Tab. 3.1: Bevölkerungsdichten der Stadt Cuenca 1947

Zonen	Dichte E/ha	Einwohner abs.	Fläche ha
Zentraler Bereich (ca. 75 Blöcke)	250	19.000	76
Kernstadt (Abb. 3.4) ohne zentralen Bereich	150	24.000	160
Außenbereich, vorwgd. entlang Straßenachsen	25	14.000	561
Gesamtstadt	71	57.000	797

Quelle: GATTO S. 1947, S. 15

Aus der Bebauungsweise leitet er seine Bevölkerungsschätzungen ab, und damit ergeben sich drei Dichtezonen:

Die Kurve der Bevölkerungsdichte verläuft ähnlich, wie GORMSEN (1981) sie in seinem Modell der "Strukturelemente der spanisch-amerikanischen Stadt und Stadien ihrer Veränderungen in den letzten hundert Jahren" für das vorindustrielle Stadium der Kolonialzeit darstellt (Abb. 1.4): höchster Punkt der Kurve (d. h. höchste Dichte) in der Nähe des zentralen Platzes, von dort sinkende Dichte zum Stadtrand hin, zum Platz hin ebenfalls eine leichte Senkung. Zwar gibt Tabelle 3.1 keine detaillierte Auskunft über die Dichte im Zentrum, es kann aber aufgrund der bekannten Nutzungen am Platz und der großräumigeren Häuser in Platznähe davon ausgegangen werden, daß auch im Fall Cuenca die leichte Senkung der Kurve zum Platz hin zutrifft. Tabelle 3.2 zeigt nun für die Gesamtstadt die Veränderungen von Bevölkerung, Fläche und Dichten zwischen 1947 und 1982:

Tab. 3.2: Wachstum der Stadt Cuenca 1947 - 1982 (Bevölkerung und Fläche)

Jahr	Bevölkerung		Fläche		Dichte
	abs.	Zunahme %	ha	Zunahme %	E/ha
1947	57.000		797		
1974	104.667	84	2.107	164	50
1982	152.406	46	3.763	79	41

Quelle: Die Zahlen für 1947 sind Schätzungen von GATTO S. (Tab. 3.1). Die Flächen von 1974 und 1982 wurden auf der Basis der statistischen Karten des INEC planimetriert und berechnet. Ungenauigkeiten dürften enthalten sein, da die Karten große Verzerrungen aufwiesen. Dichten und Veränderungen wurden auf der Basis der Zensusergebnisse von 1974 (provisorische Ergebnisse) und 1982 berechnet.

Im Vergleich zu rund 400 Jahren langsamen Wachstums hat sich innerhalb von nur 35 Jahren die Bevölkerung verdreifacht und die Fläche fast verfünffacht bei sinkender Dichte für die Gesamtstadt. Der Vergleich der Dichten und entsprechender Flächen während des Wachstumsprozesses läßt die schubweise Expansion der Stadt gut erkennen (Tab. 3.3, Abb. 3.3): Obwohl zwischen 1947 und 1974 die Fläche erheblich zunimmt, füllt sich weiterhin der Kernbereich an (wachsende Dichte). Nach 1974 muß der Kernbereich seinen Saturationspunkt erreicht haben, denn 1982 ist hier eine Abnahme der Bevölkerungzahl festzustellen (schwindende Dichte). Dagegen hat sich in dieser Zeitspanne der nächstgelegene Ring zum Kerngebiet verdichtet und das restliche Gebiet des Gesamtstadtbereichs 1974 einen ganz besonders starken Zuwachs erfahren, obwohl die durchschnittliche Dichte noch einen recht niedrigen Wert zeigt. Bis 1982 wurden dem Stadtgebiet weitere Flächen hinzugefügt, die, wie im Vergleich mit Abbildung 3.2 zu erkennen, noch weit außerhalb des Baugebietes liegen und eine entsprechend extrem niedrige Dichte aufweisen, so daß für die Gesamtstadt 1982 ein niedriger Durchschnittswert von 41 E/ha entsteht.

Ein differenzierteres Bild ergibt die Analyse von unveröffentlichten Zensusergebnissen von 1974[8] und 1982, die sich auf eine niedrigere Aggregationsebene, die Sektoren[9],

---

[8] Nur die unbereinigten Volkszählungsergebnisse.

[9] Die Volkszählungen von 1974 und 1982 arbeiten für die städtischen Gebiete auf drei Aggregationsebenen: 1.) Der Zählbezirk, die kleinste Zone, entspricht im Rasterbereich etwa einem Block; diese Daten sind nicht aufbereitet bzw. für 1974 nicht mehr existent. 2.) Die Sektoren: 78 Sektoren 1974, 206 Sektoren 1982. 3.) Die Zonen:

beziehen. Da die Bezugsflächen der beiden Volkszählungen nicht übereinstimmen und auch größere Verzerrungen der Zensuskarten die exakte zeichnerische Aufarbeitung der Analysekarten und damit die Genauigkeit der Planimetrierung der Flächen erschweren, läßt die Interpretation der Ergebnisse insbesondere beim zeitlichen Vergleich nur indikative Schlüsse zu.

Für 1974 resultiert eine relativ gleichmäßige Verteilung der Sektoren über alle Dichtewerte, max. bis knapp unter 400 E/ha, aber eine Häufung der Sektoren mit Dichten unter 50 E/ha. 1982 dagegen nimmt die Anzahl der Sektoren mit fallender Dichte ab, wobei Höchstwerte in vier Fällen zwischen 400 und 500 E/ha auftreten.

Zum Zweck der kartographischen Darstellung wurden Dichtestufen mit Abständen von 50 E/ha, eine den Interpretationsmöglichkeiten für angemessen gehaltene Größenordnung, eingeführt. Für die großen Gebiete der niedrigsten Dichten im Außenbereich schien ausnahmsweise eine Zwischenstufe angebracht, sowie für die wenigen Sektoren mit extrem hohen Dichten eine übergroße Stufe für 350 - 500 E/ha zu genügen.

Nach Abbildung 3.4 und 3.5 läßt sich feststellen:

1. Die Beobachtungen aus Abbildung 3.3 werden bestätigt: eine von der Tendenz her konzentrische Abnahme der Dichte von innen nach außen und, im Zuge des Stadtwachstums, eine Verlagerung der höheren Dichte ebenfalls von innen nach außen.

2. Hierbei sind allerdings innerhalb des Kernbereichs, am Platz, niedrigere Werte zu erkennen, die sich zwischen 1974 und 1982 tendenziell leicht verstärken. Diese Entwicklung weist auf den Beginn der Verdrängung von Wohnbevölkerung zu Gunsten des Tertiären Sektors hin (vgl. Abb 1.3: GORMSEN: Modellkurve der beginnenden Modernisierung), wie auch aus den beobachteten baulichen Veränderungen im Zentrum des Kernbereiches geschlossen werden darf.

3. Die höchsten Dichten finden sich in den Randzonen des Kernbereiches in Form eines annähernd konzentrischen Musters. Besonders auffallende "Dichtepole" - das sind insbesondere ein Gebiet im Nordosten mit Dichten bis zu 500 E/ha, das auch in das nordöstliche Erweiterungsgebiet hinein tendiert, und ein Gebiet im Südwesten, das auf die andere Flußseite überlappt - decken sich mit Bereichen intensiver wirtschaftlicher Aktivitäten wie Handel, Märkte, Transportgewerbe, Handwerk und Gewerbe (vgl. Kap. 3.3.). Demnach spielt die Verflechtung der Funktionen Wohnen und Arbeiten für einen großen Teil der Bevölkerung (im Kernbereich leben knapp 1/3 der Gesamtbevölkerung) noch eine wichtige Rolle. Die Konzentration bestimmter wirtschaftlicher Aktivitäten scheint eine entsprechende

---

15 Zonen 1974, 22 Zonen 1982.

Konzentration von Wohnbevölkerung zur Folge zu haben, so daß sogar, relativ gesehen, von Kernbildung gesprochen werden könnte. Inwieweit zwischen 1974 und 1982 eine Verlagerung dieser besonders dicht bewohnten Gebiete stattgefunden hat, läßt sich wegen der unterschiedlichen Bezugsflächen nicht genauer feststellen. Die Standorte der "Hauptpole" bleiben in etwa erhalten, im übrigen können leichte Verschiebungen vermutet werden.

Tab. 3.3: Vergleich der Bevölkerungsdichten nach Wachstumsringen, Stadt Cuenca 1974 und 1982

Bezugszonen (Abb. 3.3)	Fläche ha	Jahr	Bevölkerung abs.	Veränderung %	Dichte E/ha
Kernstadt [1]	236	1947	43.000		182
Nur zentr. Bereich	76	1947	19.000		250
Kernbereich	219	1974	53.000		242
		1982	46.600	-12	213
Erweiterungsring	321	1974	21.800		68
		1982	29.900	+37	93
Kernbereich und Erweitungsring	540	1974	74.800		139
		1982	76.500	+ 2	142
Gesamtstadt 1974 abzügl. Kernbereich u. Erweiterungsring	1.567	1974	29.867		19
		1982	58.100	+95	37
Gesamtstadt 1974	2.107	1974	104.667		50
		1982	134.600	+29	64
Gesamtstadt 1982 abzügl. Gesamtstadt 1974	1.656	1982	17.806		11
Gesamtstadt 1982	3.763	1982	152.406		41

Quelle: Eigene Berechnungen basierend auf den Volkszählungen 1974 und 1982 (unveröffentlichte Ergebnisse). Da die statistischen Zonen von 1974 und 1982 nicht deckungsgleich sind, mußten teilweise Bevölkerungszahlen geschätzt werden, so daß die Ergebnisse nur als indikativ zu betrachten sind.
(1) Schätzungen von GATTO S., Tab. 3.1

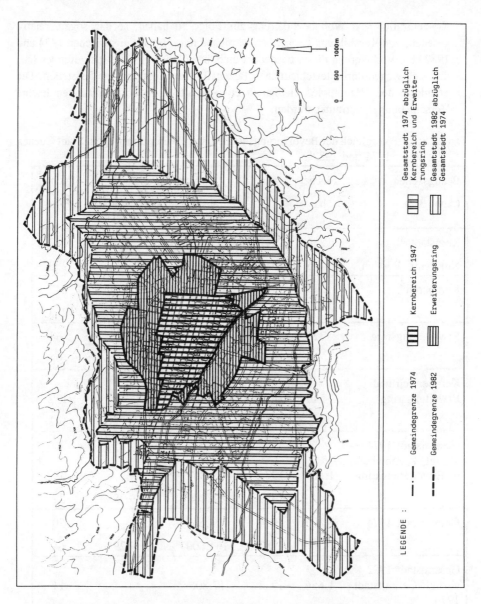

Abb. 3.3: Große Wachstumsringe der Stadt Cuenca, 1947 - 1974 - 1982

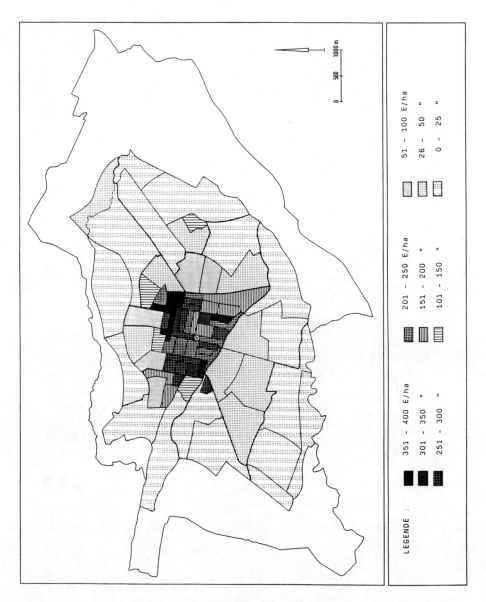

Abb. 3.4: Die Bevölkerungsdichte (E/ha) auf Sektorenebene, Cuenca 1974

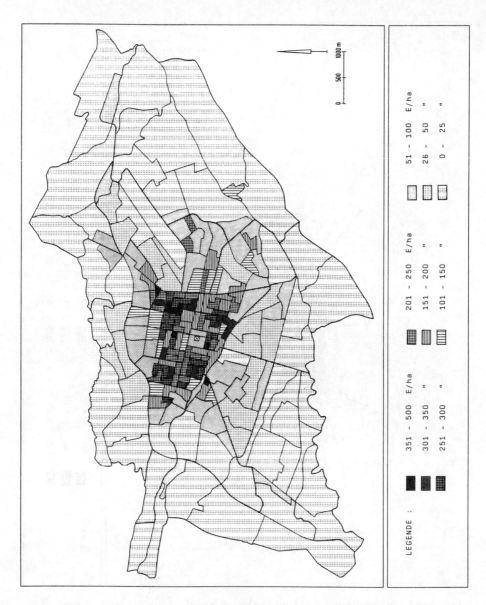

Abb. 3.5: Die Bevölkerungsdichte (E/ha) auf Sektorenebene, Cuenca 1982

3.2.2. Sozio-ökonomische Struktur

Auch in Cuenca begannen die Familien der Oberschicht gegen Ende der 1. Hälfte des 20. Jahrhunderts ihr zentral gelegenes Stadthaus zu verlassen (vgl. Kap. 1.2.). Einige Familien zogen ganz auf ihren in Stadtnähe liegenden Landsitz (manche heute innerhalb des Stadtgebietes), die Mehrheit aber strebte ein freistehendes Einfamilienhaus mit Garten in größtmöglicher Nähe zum Zentrum an. So entstand als erstes größeres Erweiterungsgebiet das Villenviertel südlich auf der anderen Seite des Flusses an der schon erwähnten Prachtstraße (Av. Solano, vgl. Kap. 2.3.3.).

Als Basis für eine Untersuchung der damit beginnenden Neugruppierung der Wohnbevölkerung stehen, außer sehr allgemein gehaltenen Beschreibungen, nur die Ergebnisse des Zensus 1982 über Beschäftigungsgruppen auf Sektorenebene zur Verfügung. So muß auf eine Beobachtung der Veränderungen über die Zeit verzichtet werden. Dennoch soll vorweg als Anhaltspunkt CARPIOs (1979) Beschreibung der Wohngebiete in der zweiten Hälfte der 70er Jahre kurz zitiert werden. Er teilt die Stadt in drei große Zonen (Abb. 3.6):

1. Der Kernbereich, ein Gebiet verschiedenster Charakteristiken, da hier alle Volksschichten vertreten sind: die große breite Masse der Unterschicht, eingeschlossen die Ärmsten, die Mittelschicht und ein kleinerer Teil der gut Situierten.

2. Der periphere nördliche und östliche Bereich mit überwiegender Mittelschicht, erkennbar an der geschlossenen Bauweise mit 2-geschossigen Einfamilienhäusern.

3. Der periphere südliche und westliche Bereich mit dominierender Oberschicht, erkennbar an der Einzelhausbebauung mit größeren Gärten.

Für Zone 2 und 3 gilt als Ausnahme das Vorkommen kleiner Enklaven der Unterschicht an Ausfallstraßen[10].

Obwohl die Tendenz zur Segregation im Gegensatz zur kompakten Stadt vor dem Umbruch erkennbar ist, ist CARPIOs Untergliederung noch sehr grob und läßt auch die Frage offen, nach welchen Kriterien die Bevölkerungsschichten definiert sind.
Der Versuch einer detaillierten Analyse der sozio-ökonomischen Struktur zu Beginn der 80er Jahre basiert auf folgendem Vorgehen:

1. Als Indikator für die Schichtenzugehörigkeit bietet sich die vom Zensus 1982 erhobene "Beschäftigungsgruppenzugehörigkeit" an.

---

[10] Nach Süden (Avenida Loja), zur Küste und nach Norden (Avenida Quito), nach Westen (Convención de 1845), nach Süden (Calle de las Herrerías).

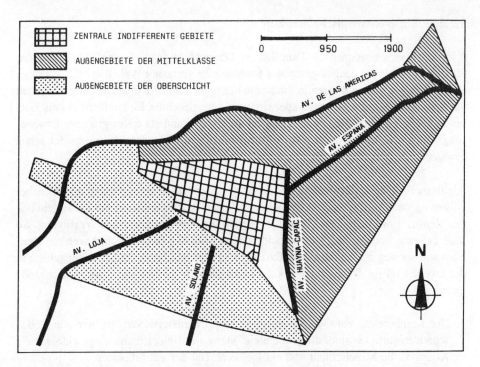

Abb. 3.6: Wohngebiete in Cuenca nach CARPIO (1979)
Quelle: Entnommen aus CARPIO, Cuenca: su geografía urbana, Cuenca 1979

2. Die Beschäftigungsgruppen werden zu nationalen städtischen Einkommensebenen und damit zu sozio-ökonomischen Rängen in Beziehung gesetzt.

3. Die räumliche Zuordnung findet auf der kleinstmöglichen Aggregationsebene, für die die Zensusergebnisse vorliegen, d. h. für die Sektoren (wie bei der Bevölkerungsdichte) statt.

4. Für jeden Sektor werden die prozentualen Anteile der Bevölkerungsgruppen, bezogen auf die aktive Bevölkerung des Sektors, berechnet.

5. Diese Werte lassen sich nach dem Kriterium der Standardabweichung für jede Beschäftigungsgruppe fünf Stufen zuordnen, so daß eine Beschäftigungsgruppe normal (Durchschnitt der Gesamtstadt plus/minus 1 σ), stärker (Normalbereich plus 1 σ), sehr stark (Normalbereich plus 2 σ) oder schwächer (Normalbereich minus 1 σ) oder sehr schwach (Normalbereich minus 2 σ) vertreten sein kann.

Definition der sozio-ökonomischen Gruppen

Die oberste Planungsbehörde CONADE empfiehlt eine Klassifizierung der Bevölkerung nach Einkommensniveau in Relation zum staatlich festgesetzten monatlichen Minimallohn[11]:

1. Untere Klasse: ein bis zwei Minimallöhne (ML)
2. Mittlere Klasse: zwei bis vier Minimallöhne (ML)
3. Obere Klasse: über vier Minimallöhne (ML)

In Tabelle 3.4 werden diesen sozialen Klassen die bei den Volkszählungen gebräuchlichen Berufsgruppen nach ihrem monatlichen Einkommen zugeordnet. Um für die Stadt Cuenca für 1982 die soziale Rangordnung aus Tabelle 3.4 abzuleiten, müssen folgende Annahmen gemacht werden:

1. Da, wie aus der Studie PEEKs (1980) ersichtlich, die Rangfolge der Beschäftigungsgruppen nach Einkommensniveau zwischen 1968 und 1975 sich nicht verändert hat, wird davon ausgegangen, daß diese auch für 1982 gültig ist.

2. In Tabelle 3.5 ist die Struktur der Beschäftigungsgruppen der Stadt Cuenca im Vergleich mit der städtischen Bevölkerung der Nation für 1974 und 1982 dargestellt. Da die Klassifizierung der Gruppen zwischen 1974 und 1982 geändert wurde, wird angenommen, daß sich die einzelnen Gruppen erhalten haben und durch Zusammenfassung auf einen gemeinsamen Nenner gebracht werden können[12].

3. Die Gruppe der Beschäftigten in der Land- und Forstwirtschaft wird vernachlässigt, da sie nur einen geringfügigen Prozentsatz (vgl. Tab. 3.5) ausmacht und ihr vermutlich anderes Standortverhalten[13] nicht empfiehlt, sie mit der vom Einkommen fast gleich liegenden Gruppe der Händler und Verkäufer gemeinsam zu behandeln.

---

[11] Der gesetzliche Minimallohn wird den Lebenshaltungskosten angepaßt. 1985 lag er bei 8.500 s/. In Relation dazu verdient in sucres:
- ein Bauarbeiter (Maurer) rd.   8.500,--
- ein techn. Zeichner rd.   12.000,-- bis 15.000,--
- eine Sekretärin rd.   15.000,--
- ein Universitätsprofessor rd.   45.000,-- und mehr.

[12] Hierbei muß allerdings in Kauf genommen werden, daß die für 1975 genannte eigenständige Gruppe der Beschäftigten im Transportgewerbe, die ein relativ hohes (zweithöchstes) durchschnittliches Monatseinkommen aufwies, für 1982 nicht mehr separat ausgegliedert werden kann.

[13] Ihre Standorte wurden aber analysiert, und es stellte sich wie zu erwarten heraus, daß die ländliche Bevölkerung vorwiegend an den Rändern der Stadt lebt, in den Gebieten, die noch nicht urbanisiert sind oder sich im Stadium einer Übergangszone befinden.

Tab. 3.4: Zuordnung der Beschäftigungsgruppen nach ihren mittleren monatl. Einkommen zu sozialen Gruppen nach dem Minimallohn (Ecuador städt. Bevölkerung)

Beschäftigungsgruppen	Städt. Aktive %	Mittl.monatl. Einkommen sucres	Soziale Gruppen nach Minimallohn ML 1975: 1.250 sucres
Akademiker, Manager und Verwalter		7.638	
			über 4 ML:
Gesamt	14		OBERSCHICHT
Transportbeschäftige	6	4.221	
Verwaltungspersonal und ähnlich Beschäftigte	10	3.127	
Händler und Verkäufer	21	2.854	
Beschäftigte in der Landwirtschaft	5	2.741	
			2 - 4 ML
Gesamt	42		MITTELSCHICHT
Handwerker und Facharbeiter	26	2.074	
Tagelöhner und Gelegenheitsarbeiter	3	1.833	
Beschäftigte in persönlichen Dienstleistungen	15	1.458	
			unter 2 ML
Gesamt	44		UNTERSCHICHT
Gesamt	100	2.844	

Quelle: Eigene Zusammenstellung auf der Basis der Haushaltsbefragungen des INEC 1975, bei PEEK 1980, S. 8

Tab. 3.5: Aktive Bevölkerung nach Beschäftigungsgruppen, Stadt Cuenca und städt. Bevölkerung Ecuador, 1974 und 1982

Nr.	Beschäftigungsgruppen	1982 Ecuador, städt. Bevölkerung Abs.	%	1982 Stadt Cuenca Abs.	%	1974 Ecuador, städt. Bevölkerung Abs.	%	1974 Stadt Cuenca Abs.	%
1	Akademiker,Techniker und ähnl. Beschäftigungen	156.180	12,9	7.537	15,4	82.887	10,2	3.821	11.7
2	Direktoren und höhere Beamte	10.319	0,9	381	0,8	13.834	1,7	605	1,8
3	Verwaltungspersonal und ähnl. Beschäftigungen	118.317	9,8	4.370	8,9	64.306	7,9	2.234	6,8
4	Geschäftsleute und Verkäufer	168.808	14,0	6.331	12,9	117.759	14,5	4.209	12,9
5	Beschäftigte im Dienstleistungsbereich	146.580	12,1	5.896	12,0	114.070	14,1	5.543	17,0
6	Beschäftigte in der Land- u. Forstwirtschaft,Fischerei	62.532	5,2	1.264	2,6	60.557	7,5	1.110	3,4
7	Bergarbeiter,Spinner,Weber, Schneider und Arbeiter (Metall,Holz,Chemie)	80.442	6,7	3.817	7,8	35.857 (1)	4,4	1.193	3,7
8	Schuster,Tischler,Uhrmacher, Mechaniker,Elektriker,Radio-, Fernseh-,Kinotechniker,Klempner,Juweliere,Glaser u. andere	106.195	8,8	6.891	14,1	164.109	20,3	9.081	27,8
9	Kraftwagenfahrer,Grafikgewerbe, Packer,Arbeiter (Gummi,Papier, Karton) und andere	214.303	17,7	6.538	13,3	36.582	4,5	1.583	4,8
						38.541	4,8	867	2,7
0	Nicht klassifizierbare und	98.677	8,2	4.911	10,0	66.555	8,2	1.947	6,0
	neue Beschäftigte	44.501	3,7	1.104	2,2	15.629	1,9	472	1,4
	Gesamt	1.206.854	100,0	49.040	100,0	810.686	100,0	32.665	100,0

Quelle: INEC, Volkszählungen 1974 u. 1982; eigene Berechnungen
Anmerkung: (1) 1974 andere Gruppeneinteilung
- Kraftfahrzeugfahrer u. dazugehörige Beschäftigte
- Handwerker u. Facharbeiter (Spinnerei, Schuhwerk, Bau etc.)
- Andere Handwerker und Facharbeiter
- Arbeiter und Tagelöhner

Tab. 3.6: Zuordnung sozio-ökonomischer Ränge zu Beschäftigungsgruppen, Cuenca 1982

Sozio-ökonomischer Rang		Aktive in %	Beschäftigungsgruppen (nach Tab. 3.5)
Oberschicht (über 4 ML)	1.	16	Direktoren u. höhere Beamte, Akademiker, Techniker und zugehörige Beschäftigungen (Gruppen 1, 2)
Mittelschicht (2-4 ML)	2.	9	Verwaltungspersonal und zugehörige Beschäftigungen (Gruppe 3)
	3.	13	Händler und Verkäufer (Gruppe 4)
Unterschicht (unter 2 ML)	4.	35	Alle Handwerker und Arbeiter (Gruppen 7, 8, 9)
	5.	12	Beschäftigte im Dienstleistungsbereich (Gruppe 5)
		15	Nicht klassifiziert

Danach ergeben sich für Cuenca aus Tabelle 3.4. und Tabelle 3.5 fünf sozio-ökonomische Ränge, wie in Tabelle 3.6 aufgestellt. Im Vergleich zum Landesdurchschnitt der städtischen Bevölkerung fällt auf, daß in Cuenca die Oberschicht einen relativ großen Sektor an der Gesamtbevölkerung bildet und auch im Zensusintervall 1974 - 1982 stärker zugenommen hat. Ursache hierfür wird sein, daß Cuenca neben seiner Funktion als administratives Zentrum (Provinzhauptstadt, Standort von Regionalbüros staatlicher Institutionen) mehrere kleinere Universitäten beherbergt, sowie durch die Gründung des Industrieparks einige größere Industriebetriebe gewonnen hatte. Die Mittelschicht dagegen nimmt einen sehr unterdurchschnittlichen Anteil ein, erklärbar teilweise durch die Gruppeneinteilung der Statistik. Die Gruppe der Beschäftigten im Transportgewerbe gehört laut Monatseinkommen sogar zur oberen Mittelschicht, kann hier aber nicht aus der Unterschicht ausgegliedert werden, da sie der Zensus 1982 nicht mehr separat aufführt. Der hingegen relativ größere Anteil der Unterschicht ist, neben dem genannten statistischen Problem, auf eine traditionsmäßig starke Gruppe der Handwerker zurückzuführen.

Die sozial-räumliche Verteilung der Bevölkerung

Auf der Grundlage von Tabelle 3.6 wurden die Zensusdaten ausgewertet und die räumliche Verteilung der jeweiligen Beschäftigungsgruppen in Abbildung 3.7 - 3.10 dargestellt. Die Interpretation beansprucht nur Aussagen über Tendenzen, denn die statistischen Zonen decken sich nicht unbedingt mit sozio-ökonomisch homogenen Gebieten, ebensowenig, wie sich Beschäftigungsgruppen und Einkommensniveau scharf abgegrenzt gegenüber stehen.

Zu Abb. 3.7:

Die Beschäftigungsgruppen 1, 2, 3 bzw. sozio-ökonomische Ränge 1 und 2 wurden hier zusammengefaßt, da sich bei der Einzelbetrachtung herausstellte, daß zwar Variationen einzelner Sektoren vorkamen, aber die großräumige Tendenz gleich blieb. So verteilt sich die Ober- und obere Mittelschicht im Anschluß an den Kernbereich auf den ersten Erweiterungsring, zwar nicht in einem kontinuierlichen Band, so doch aber, bis auf den Nordosten, in alle Himmelsrichtungen. Alle Gebiete liegen günstig an den Hauptstraßenachsen und / oder am Fluß und stimmen im südlichen und im Flußbereich mit den Villengebieten überein (Abb. 3.2). Dazu zeigen vereinzelte Sektoren des Kernbereichs, meist zum Rand hin, und periphere Sektoren im Nordosten und Osten einen starken Anteil oberer Schichten. Dabei besteht das nordöstliche periphere Gebiet aus Siedlungen des staatlichen sozialen Wohnungsbaus und Kooperativen, allerdings älteren Datums, so daß der gehobene Status, auch nach eigener Anschauung, schwer erklärbar ist. Das östliche Gebiet gehört zur noch nicht verstädterten Peripherie mit sehr dünner Besiedelung (vgl. Abb. 3.5), enthält aber, neben einer Siedlung des staatlichen Wohnungsbaus, einige Ansätze zu gehobenerem Wohnen.

Zu Abbildung 3.8:

Die Gruppe der Geschäftsleute und Verkäufer (Gruppe 4) tendiert aufgrund des Durchschnittseinkommens zur unteren Mittelschicht. Vorwiegend wohnt diese Bevölkerung im Kernbereich, insbesondere im Nordosten und Südwesten, beides Gebiete extremer Dichten (vgl. Abb. 3.5) und intensiver wirtschaftlicher Aktivitäten, dabei auch im informellen Sektor (vgl. Kap. 3.3.). Beides sind Standorte innerstädtischer Marginalquartiere, den "conventillos" (vgl. Kap. 5.), so daß geschlossen werden kann, daß auch ein Teil der Ärmsten in dieser Gruppe einbegriffen ist. Außerhalb des Kernbereichs markieren sich zwei einzelne kleine Sektoren, beide ältere Gebiete an traditionellen Ausfallachsen mit bescheidener Bebauung (vgl. Kap. 3.1.). Gemeinsam ist so dieser Gruppe der Standort in Altbaugebieten.

Zu Abbildung 3.9:

Die Bevölkerungsgruppe des 4. sozio-ökonomischen Ranges (Gruppen 7, 8, 9), der o b e r e n U n t e r s c h i c h t entsprechend, faßt leider Handwerker, Facharbeiter und Arbeiter, Tagelöhner und die im Transportgewerbe Beschäftigten zusammen, so daß vermutlich erhebliche Standortunterschiede verdeckt werden. Überrepräsentiert ist diese Gruppe in den peripheren Gebieten mit Ausnahme des Südostens, der, wie aus Abbildung 3.7 hervorgeht, mehr von den oberen Schichten bewohnt wird. Die Höchstwerte finden sich im Nordosten (Industriepark), im Norden (vgl. Kap. 3.1., Spontansiedlungen) und im extremen Südwesten. Ob einzelne periphere Industriestandorte im Osten und Süden (einige davon am Fluß) - für den Industriepark wird dies angenommen - zum sozialen Charakter dieser Gebiete beigetragen haben, kann hier nicht geklärt werden. Wie aus Abbildung 3.2 und 3.5 zu ersehen ist, handelt es sich um noch ländliche Gebiete mit sehr geringen Dichten. Vermutlich arbeiten hier jetzt ehemalige Kleinstbauern in den städtischen Wirtschaftsbereichen (vgl. Kap. 2.4.3.). Der minimale Prozentsatz der in der Landwirtschaft Aktiven hat ebenfalls, wie kontrolliert wurde, in der Peripherie das stärkste Gewicht. Weitere Standorte finden sich näher zum Zentrum auf einem, stark durchbrochenen Ring im Anschluß an die Zonen der Ober- und oberen Mittelschicht, wobei der Westen und Südosten völlig ausgenommen bleibt. Dagegen zeigt der Nordosten im Anschluß an den Kernbereich, ausgespart von der Ober- und oberen Mittelschicht, einen stärkeren Anteil dieser Gruppe, insbesondere der Gruppen 8 und 7, zu denen alle Handwerker gehören. Bei Einzelbetrachtung charakterisieren diese Gruppen auch einzelne Sektoren des Kernbereichs, allerdings mit gewissem Abstand zum Platz (vgl. Kap. 3.3.).

Zu Abbildung 3.10:

Als letzte Gruppe im untersten Rang, u n t e r e U n t e r s c h i c h t , geht es um die Beschäftigten im Dienstleistungsbereich. Sie sind stark und sehr stark vertreten im Zentrum und auffälligerweise in Gebieten mit starker Repräsentanz der Bevölkerung der Oberschicht. Im Zensus von 1974 wird diese Gruppe als "Arbeitende in persönlichen Diensten" bezeichnet. Unbekannt ist, ob mit der Änderung dieser Bezeichnung im Zensus 1982, nämlich "Arbeitende in Diensten" eine Erweiterung dieser Gruppe stattgefunden hat. Unter dem Aspekt der Dienstleistungen für Haushalte können diese letzteren Standorte verständlich sein (vgl. BÄHR/MERTINS, 1981, Abb. 1.1), wobei es im Zentrum wahrscheinlich weniger um die Haushalte, als um Dienstleistungen für Büros, Geschäfte und ähnliches geht.

Nach Zusammenfassung aller Einzelanalysen der Beschäftigungsgruppen ergibt sich in Abbildung 3.11 der Überblick über die schichtenspezifische, räumliche Verteilung der Bevölkerung. Das Makrobild zeigt weder einen "BURGESS-Typ" noch einen "Reverse-BURGESS-Typ". Es scheinen Anzeichen für einen Sozialgradienten zu sprechen, der konzentrisch - aber in unterbrochener Form - von innen nach außen ansteigt und dann wieder fällt. Ausnahmen bilden der Südostsektor und eine schmale Achse entlang des Flusses nach Westen: Nach Ansteigen des Sozialgradienten (obere Schichten) bleibt diese Höhe auch in der Peripherie erhalten (vgl. Abb. 1.3).

Die detailliertere Betrachtung ergibt für den Kernbereich und die älteren konsolidierteren Erweiterungsgebiete ein Bild der Vielfalt, eine Art Mosaik aus allen Schichten und Schichtmischungen. Daraus läßt sich in etwa herausschälen:

Im Zentrum des Kernbereichs wohnen weiterhin Mitglieder der Ober- und oberen Mittelschicht, aber sie dominieren nicht mehr. Kaum vertreten ist die obere Unterschicht (Handwerker), vorherrschend dagegen die untere Unterschicht und untere Mittelschicht. In etwas weiterer Entfernung vom Hauptplatz (ca. 2 - 3 Blöcke) formt sich ein Halbkreis (Südost-Nordost-Nordwest) aller Bevölkerungsschichten. In enger Nachbarschaft, fast blockweise, dominiert mal die eine oder andere Bevölkerungsgruppe. Diese Vielfalt ist aber nicht ganz gleichmäßig verteilt; es bildet sich die Tendenz zu einer diagonalen Betonung heraus: An der Achse Nordost-Südwest, das entspricht der Verbindung der zwei bereits erwähnten Marktgebiete mit der Fortsetzung der Achse in Richtung Industriepark, häufen sich die Sektoren der untersten Schichten. So könnte für den innersten Bereich der Altstadt von einer konzentrischen Anordnung mit Dominanz der Unterschicht und für die anschließenden Gebiete bis zum Rand der Alstadt von einer Überlagerung von Sektoren der Unterschicht und einem Kreissegment aller Schichten gesprochen werden.

Außerhalb des Kernbereichs setzt sich in den Erweiterungsgebieten das heterogene Bild fort, wobei aber die oberen Schichten überwiegen. Auffällig ist ein Kranz von indifferenten Sektoren. Hier handelt es sich teilweise um noch wenig konsolidierte Zonen und um Gebiete, die, wie z. B. an der Nordseite der Umgehungsstraße (vgl. Kap. 3.1., Foto 20 und 21), in der Dekade vor 1982 eine Verdichtung der bis dahin noch ländlichen Struktur erfahren haben.

Der weite sehr dünn besiedelte Rand des Gemeindegebietes bildet im Gegensatz zu den dichter bebauten Gebieten einen relativ homogenen peripheren Ring mit dominanter oberer Unterschicht. Dieser Ring wird zweimal unterbrochen durch jüngere Ober- und obere Mittelschichtviertel, die dem Flußlauf folgen. Hier zeigt sich das von AMATO (1970) dargestellte Verhalten der oberen Schichten, landschaftlich attraktive Wohnstandorte zu suchen.

Aber in Cuenca hat sich die Oberschicht nicht nur Richtung Fluß orientiert. Einige Viertel entstanden auf der flußabgewandten Seite der Stadt (vgl. Abb. 3.7). Familiäre bodenpolitische Entscheidungen z. B. konnten zum Entstehen eines solchen Viertels führen: Die Erben eines stadtnahen Landgutes an der Umgehungsstraße im Norden unterteilen das Land, um sich Einfamilienhäuser zu errichten und die verbleibenden Grundstücke zu verkaufen. Der Standort liegt sehr nahe am Stadtzentrum, ist äußerst günstig erschlossen und bietet hoch gelegen einen Blick über die Stadt.

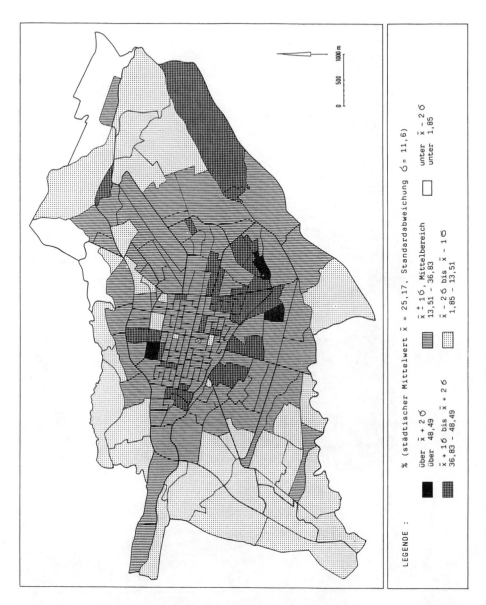

Abb. 3.7: Räumliche Verteilung der Beschäftigungsgruppen 1, 2, 3: Direktoren, höhere Beamte, Akademiker, Techniker, Verwaltungspersonal und zugehörige Beschäftigte, Cuenca 1982 (Sektorenebene)

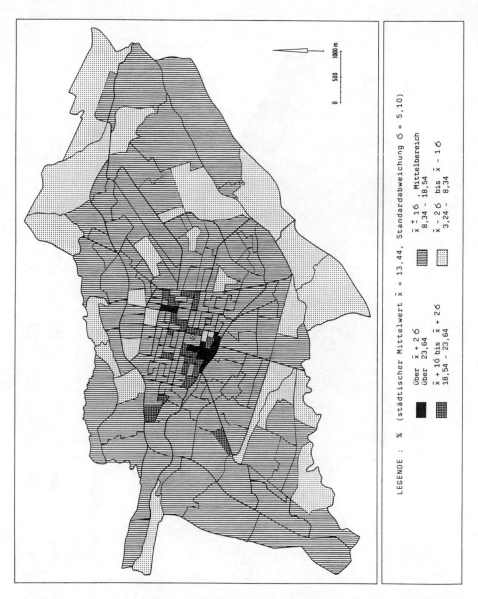

Abb. 3.8: Räumliche Verteilung der Beschäftigungsgruppe 4: Geschäftsleute und Verkäufer, Cuenca 1982 (Sektorenebene)

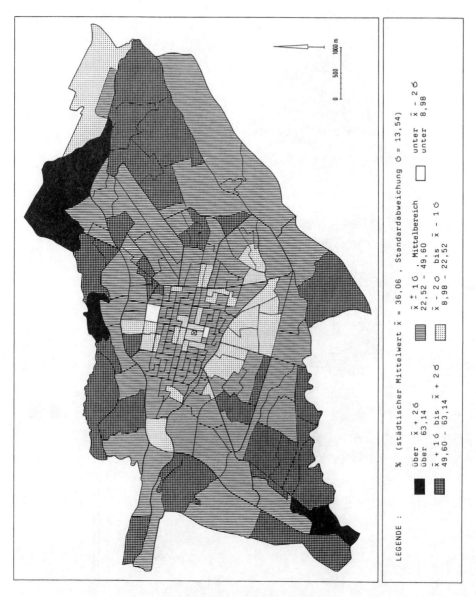

Abb. 3.9: Räumliche Verteilung der Beschäftigungsgruppen 7, 8, 9: Alle Handwerker, Arbeiter und Kraftfahrer, Cuenca 1982 (Sektorenebene)

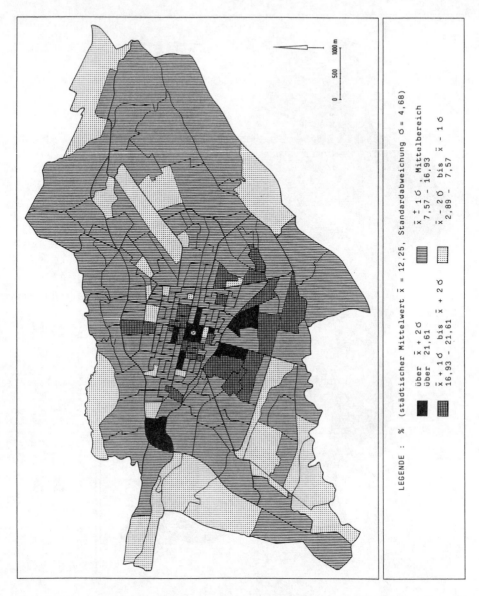

Abb. 3.10: Räumliche Verteilung der Beschäftigungsgruppe 5: Dienstleistungsbeschäftigte, Cuenca 1982 (Sektorenebene)

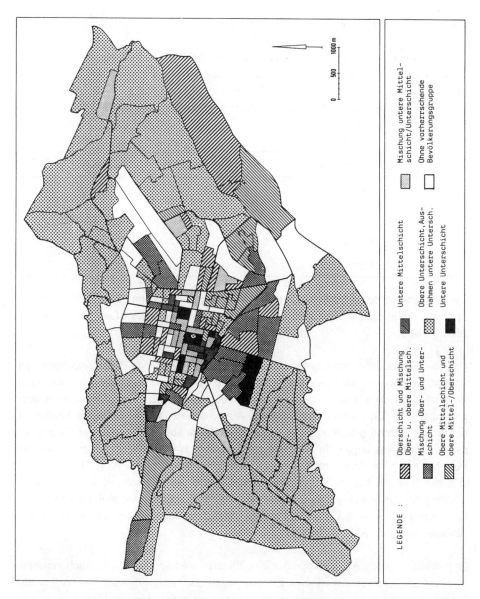

Abb. 3.11: Wohngebiete nach sozio-ökonomischen Gruppen (Zusammenfassung der Abb. 3.7 bis 3.10)

3.2.3. Altersstruktur

Im Verlauf der Änderungen der Altersstruktur für die Stadt und die Nation (siehe Abb. 3.12) spiegelt sich die Wandlung von einer traditionellen, d. h. ländlichen und vorindustriellen Gesellschaft zu einer "modernen" Gesellschaft wider. Noch (1982) hat die Stadt Cuenca allerdings, im Vergleich zu westlichen Industriestaaten, einen starken Block junger Menschen:

Altersgruppen	Anteil der Bevölkerung in %
0 - 19	48
20 - 39	32
40 - 59	13
60 und älter	7

Die Betrachtung der Altersstruktur nach vier großen Altersgruppen auf Sektorenebene zeigt ein, teilweise auch für westliche Industrieländer typisches Muster (Abb. 3.13 - Abb. 3.16):

Das zentralere Gebiet des Kernbereiches zeichnet sich durch eine Überrepräsentanz der ältesten Gruppe aus, während Sektoren der Peripherie und Randgebiete des zusammenhängend städtischen Bereichs im Norden, Nordosten und Osten durch die jüngste Altersgruppe 0 - 19 Jahre charakterisiert sind. Ausgenommen werden muß ein Sektor am nördlichen Rand des Kernbereichs und ein Sektor im äußersten Osten der Gemeinde, da hier Kasernen liegen. In Abbildung 3.13 treten zwei Sektoren in der nördlichen Peripherie mit höchsten Anteilen dieser jüngsten Altersgruppe hervor. Hier befinden sich einige der in Kapitel 3.1. erwähnten semilegalen, wild wachsenden neuen Wohnsiedlungen. Die Bewohner gehören vorwiegend der oberen, teilweise der unteren, Unterschicht (vgl. Abb. 3.11) an und weisen einen sehr hohen Anteil an kürzlicher Zugewanderten (vgl. Abb. 3.18) auf.

Die darauf folgende Altersgruppe der 20 - 39jährigen ist überdurchschnittlich vertreten in einzelnen Sektoren des näheren Erweiterungsrings - ausgenommem im Westen und Nordosten - und in Sektorengruppen im Kernbereich in Platznähe und Randzone. Ähnlich verhält sich die nächstältere Gruppe der 40 - 59jährigen, aber zusätzlich hebt sie sich besonders im südlichen Sektor des Erweiterungsringes hervor.

Die Sektoren mit Dominanz der 40 - 59jährigen, teilweise auch der 20 - 39jährigen, stimmen häufig mit Sektoren der oberen Schichten überein. Ebenso wie über Popayán berichtet wurde (MERTINS 1991), so waren es auch in Cuenca die jüngeren Familienmitglieder, die als erste den traditionellen Wohnstandort im Zentrum verließen und einen modernen Lebensstil außerhalb der Altstadt anstrebten. So befanden sich die zur Zeit des Zensus 1982 40 - 59jährigen in den 50er und 60er Jahren im Alter der Familiengründung bzw. -konsolidierung. Dasselbe gilt, zeitverschoben auf die letzte Zensusdekade, auch für die Altersgruppe der 20 - 39jährigen, für die nun aber nicht mehr nur eine Verlagerung aus dem Zentrum vorausgesetzt werden kann.

Zusammenfassend zeigt somit die Altersstruktur ein konzentrisches Muster, das von innen nach außen durch ein Jüngerwerden der Bevölkerung charakterisiert ist, wobei die Wachstumsphasen der Stadt eine Rolle spielen.

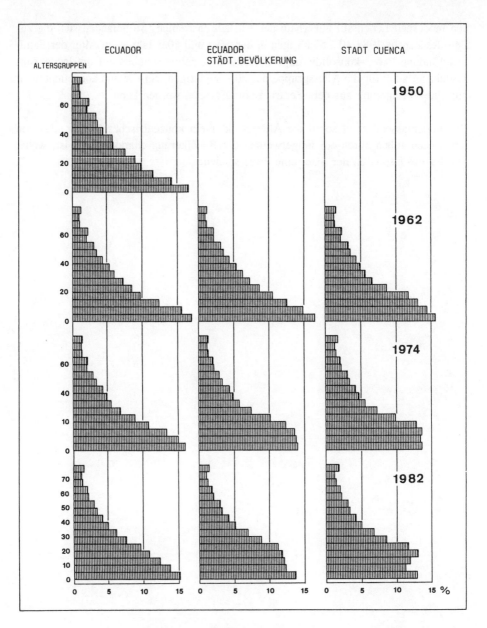

Abb. 3.12: Die Entwicklung der Altersstruktur: Ecuador, städt. Bevölkerung Ecuador und Stadt Cuenca, 1962 - 1974 - 1982

Quelle: Eigene Bearbeitung und Darstellung auf der Grundlage der Zensusergebnisse

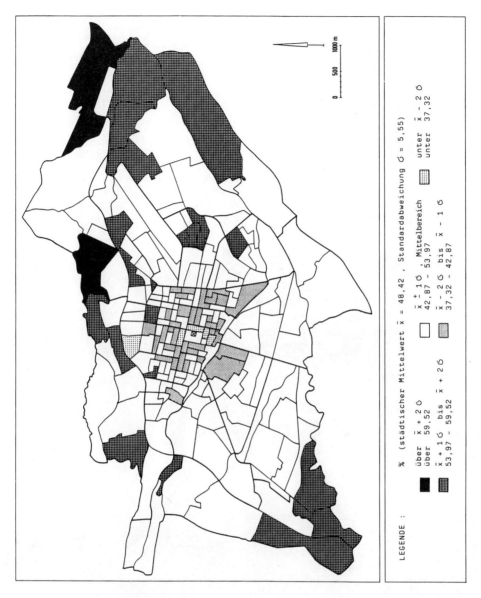

Abb. 3.13: Räumliche Verteilung der Altersgruppe 0 - 19 Jahre, Cuenca 1982 (Sektorenebene)

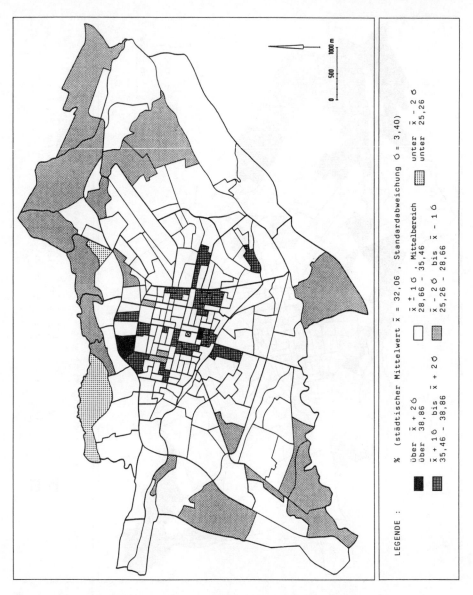

Abb. 3.14: Räumliche Verteilung der Altersgruppe 20 - 39 Jahre, Cuenca 1982 (Sektorenebene)

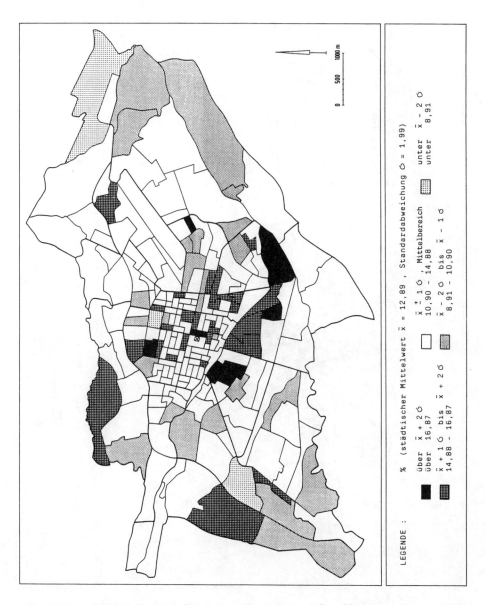

Abb. 3.15: Räumliche Verteilung der Altersgruppe 40 - 59 Jahre, Cuenca 1982 (Sektorenebene)

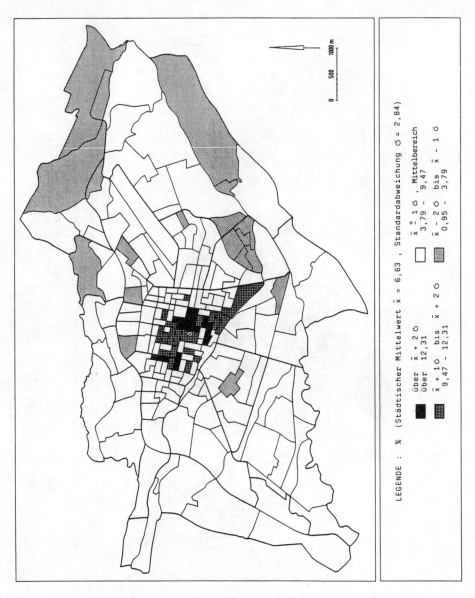

Abb. 3.16: Räumliche Verteilung der Altersgruppe 60 und mehr Jahre, Cuenca 1982 (Sektorenebene)

3.2.4. Immigranten

Wie in Kapitel 2.4.1. dargestellt, verliert die Region Cuenca an Bevölkerung[14], während die Stadt selber aber für 1974 - 1982 eine jährliche Wachstumsrate über dem natürlichen Wachstum (2,62 % nationale jährliche Wachstumsrate) von 4,8 % zu verzeichnen hat.

Trotz, relativ gesehen, gemäßigtem Bevölkerungswachstum und der, damit verbunden, als mäßig stark zu beurteilenden Zuwanderung, ergibt sich dennoch ein sichtlicher Anteil der nicht in der Stadt Geborenen von gut 26 % (vgl. Tab. 3.7). Wie zu erkennen, hat sich der Prozess der Zuwanderung in den letzten Jahren beschleunigt. Den Ergebnissen einer Befragung im Jahre 1988 (BORRERO 1992) zufolge stieg der Anteil der Immigranten an der Stadtbevölkerung Cuencas während der 80er Jahre sogar weiter erheblich an (rd. 50 %). Allein 26 % der befragten Zuwanderer lebten erst maximal 4 Jahre am Ort.

Tab. 3.7: Immigranten[1] nach Jahren der Wohndauer in der Stadt Cuenca, 1982

Wohndauer	Immigranten		Anteil an der Gesambevölkerung
Jahre	abs.	%	%
1 - 4	15.461	38,3	10,1
5 - 9	11.687	29,0	7,7
10 u. mehr	13.165	32,7	8,6
Insgesamt	40.313	100,0	26,4

Quelle: Unveröffentlichte Daten des INEC, Volkszählung 1982, und eigene Berechnungen
(1) Nicht in Cuenca Geborene

Auch ergab die Befragung, daß die Zugezogenen weniger aus rein ländlichen Gebieten in die Stadt kamen, sondern viel häufiger handelte es sich um eine Wanderung von Stadt zu Stadt (städtisch nach amtlicher Definition), wobei hier als Herkunftsorte die Kreisstädte (cabecera cantonal) überwogen. 40 % der Zugezogenen stammten aus der näheren Umgebung, der Provinz Azuay, nur 16 % aus ländlichen Gebieten der Provinz. Insgesamt waren 51 % der Immigranten städtischer und 27 % ländlicher Herkunft.

---

[14] Nach den Volkszählungsergebnissen von 1982 wurden für die Provinz Azuay 36.088 Zuwanderer und 83.636 (fast 20% der Bevölkerung der Provinz) Abwanderer gezählt. Das ergibt einen Negativsaldo von 47.548, knapp 11% der Bevölkerung der Provinz.

Nachdem die "cabeceras cantonales" oft nur Einwohnerzahlen um 2.000 - 3.000 und auch weniger aufweisen, ist es sicherlich realistischer einen höheren Prozentsatz ländlich geprägter Zuwanderer in Cuenca zu vermuten.

Um nun festzustellen, inwieweit Bevölkerungsverteilungs- und Stadterweiterungsmuster vom Standortverhalten der Zuwanderer beeinflußt wird, wurden, wie auch schon für die Bevölkerungsdichte, auf Sektorenebene für 1982[15] die Anteile der nicht in der Stadt Geborenen berechnet und graphisch dargestellt (Abb. 3.17 - 3.19):

Abbildung 3.17 zeigt die bevorzugten Wohngebiete der **nicht in Cuenca geborenen Bevölkerung** ohne Unterscheidung der Wohndauer am Ort. Mit überdurchschnittlichen Immigrantenanteilen von 30 - 50 % markieren sich im Kernbereich die Zone um den Platz, insbesondere zwei südlich gelegene Blöcke mit höchstem Anteil (vgl. Kap. 5.: "conventillos"), mit Fortsetzung nach Südwesten und Teile im Nordosten, hier übergehend in das Gewerbegebiet. Außerhalb des Kernbereiches ist eine ausgesprochene Zweiteilung des Gemeindegebietes zu erkennen: Über den gesamten Osten verteilt, treten Sektoren mit überdurchschnittlichem Anteil an Immigranten auf. Bei drei peripheren Sektoren mit Höchstwerten handelt es sich um eine 1980 gebaute Siedlung "Tomebamba" des staatlichen sozialen Wohnungsbaus (Südosten), um zwei ältere Kooperativen von 1964 und 1973 (Osten) und um kleine Gruppen semilegaler Spontansiedlungen (Norden, vgl. das vorhergehende Kap. 3.2.3.). Der Westen dagegen weist alle die Sektoren auf, in denen die Immigranten unterrepräsentiert sind. Eine Ausnahme bilden drei Sektoren mit hohen Immigrantenanteilen. Sie gehören zur Gruppe der Sektoren mit hohem Anteil an "alten" Immigranten (vgl. Abb. 3.19) und liegen ausnahmslos am Rande des ersten Erweiterungsringes.

Betreffend die erst **weniger als 5 Jahre in Cuenca lebenden Zugezogenen** (Abb. 3.18) ergibt sich ein ähnliches Bild wie oben beschrieben. D. h. also, "jüngere" Immigranten wohnen vorzugsweise im Kernbereich in einigen wenigen Sektoren in nächster Nähe zum Hauptplatz und im Nordosten und Südwesten des Platzes. Diese zentralen Sektoren fallen wieder mit Standorten hoher Dichten, der unteren Bevölkerungsschichten und intensiver wirtschaftlicher Aktivitäten wie Märkte, Handwerk, Kleingewerbe (vgl. Kap. 3.3.) zusammen und können als klassische Erststandorte für Immigranten bezeichnet werden (vgl. Kap. 1.2.: TURNER-Theorie des "bridgeheaders"): Hier finden die Zuziehenden Information, Orientierung und Kontakte bei der Suche nach ersten Arbeitsgelegenheiten und Wohnmöglichkeiten. Dazu werden im Gegensatz zu Abbildung 3.17 in fast allen Richtungen periphere Standorte gesucht, vorzugsweise aber im Osten der Stadt.

---

[15] Betreffend die Zensusergebnisse 1974 sind nur noch die stark aggregierten veröffentlichten Daten verfügbar.

Wird dagegen das Strukturbild der v o r 1 0 u n d m e h r J a h r e n Z u g e z o g e n e n betrachtet (Abb. 3.19), dann verschwinden die heutigen peripheren Standorte: vor 10 Jahren (siehe auch die Grenzen der Stadt von 1974, Abb. 3.4) war die Stadt noch erheblich kleiner. Sektoren mit überdurchschnittlichem Anteil "alter" Immigranten verteilen sich in etwa über das damalige städtische Gebiet und seine Peripherie, während Sektoren mit dem höchsten Anteil an "alten" Immigranten im Kernbereich liegen.

Die zusammenfassende Betrachtung der in Abbildung 3.17 - 3.19 dargestellten Verteilungsmuster läßt auf eine starke Mischung von Einheimischen und Zuwanderern schließen. Die Mehrheit der Sektoren - und zwar über das gesamte Gemeindegebiet verteilt - weist durchschnittliche Anteile der nicht in Cuenca geborenen Bevölkerung auf. Vor diesem gleichförmigen Hintergrund läßt sich aber doch eine gewisse räumliche Tendenz einiger vorrangiger Wohnstandorte der Zugezogenen feststellen. Allerdings erreicht der Anteil der nicht in der Stadt Geborenen an keinem dieser Standorte ein deutliches Übergewicht über die einheimische Bevölkerung.

Zu diesen bevorzugten Standorten zählen für beide Gruppen - die schon vor langer Zeit (vor 1972 eingetroffen) und die erst kürzlich Zugezogenen - die Umgebung des Hauptplatzes und Gebiete südwestlich des Hauptplatzes und am Nordostrand der Altstadt in Nähe der Marktzonen. Das heißt, hier im Zentrum leben nicht nur vorwiegend nach klassischem Muster neu Zugezogene, die das Zentrum als Sprungbrett nutzen, sondern hier leben auch vor vielen Jahren Zugezogene. Aus der in Kapitel 5. dargestellten Erhebung in "conventillos" geht hervor, daß ein großer Anteil der befragten Immigrantenhaushalte ihren ersten Wohnsitz an der Befragungsadresse hatten, und daß ein knappes Drittel auch im Zentrum bleiben will. Die anderen Haushalte allerdings werden oder würden, wenn die Mittel vorhanden wären, aus dem Zentrum fortziehen (vgl. Kap. 5.4. und 5.5.). Daraus muß geschlossen werden, daß der zentrale Wohnsitz nicht nur als Sprungbrett dient, sondern auch als Dauerwohnsitz.

Im Hinblick auf den stattfindenden Umstrukturierungsprozeß in der Altstadt (vgl. Kap. 3.1. und 3.3.) wird voraussichtlich das Angebot an Billigwohnungen schrumpfen. Zwar ist zur Zeit der Untersuchung (1986) der Auszug der Oberschicht aus dem Zentrum noch nicht ganz abgeschlossen, aber die Bereitschaft, frei werdende alte Wohnhäuser der Elite zu Billigunterkünften umzuwandeln, scheint zu sinken. Als Grund hierzu dürfte weniger ein "soziales Motiv", nämlich die Vermeidung von Elendsquartieren (wurde z. B. als Grund angegeben, ein altes Wohngebäude leer stehen zu lassen), gesehen werden. Das Bewußtsein historischer Qualität mit dem Wunsch diese zu bewahren und die Möglichkeiten, gehobenere Nutzungen des tertiären Sektors einzuführen, verhindern einen Neuzugang an billigen Unterkünften und tragen eher zur Reduzierung dieses Wohnungsmarktes bei.

Weitere bevorzugte Standorte der erst kürzlicher Zugezogenen dominieren im Osten der Stadt. Darunter tritt, wie oben schon erwähnt, ein Sektor mit höchsten Anteilen "junger" Immigranten hervor, der zwei ältere Kooperativen (Bau 1964 und 1973) umfaßt. Diese Siedlungen bestehen nun schon 20 bzw. 10 Jahre, und man könnte vermuten, daß die Wohnungen inzwischen vermietet oder untervermietet werden. So fällt auch die erst 1980 entstandene Siedlung "Tomebamba" mit einem Sektor mit höchsten Anteilen junger Immigranten zusammen. In diesem Falle dürften diese aber die Erstbewohner darstellen. Wird Abbildung 4.1 verglichen, dann ist erkennbar, daß in der östlichen Hälfte der Stadt auch die Mehrheit der Siedlungen des staatlich geförderten Wohnungsbaus liegt (vgl. Kap. 4.1.1.). Die in Kapitel 4 untersuchten Siedlungen zeigen, daß rund die Hälfte der Bewohner nicht aus Cuenca stammen. Danach wird eine Wohnung in staatlichen Projekten überdurchschnittlich von Zuwanderern angestrebt. Anziehungspunkte für Immigranten bedeuten auch die im Nordosten der Stadt gelegenen Arbeitsplätze (vgl. Kap. 3.3.).

Die schon viele Jahre in Cuenca lebenden Zugezogenen machen nur einen unbedeutenden Anteil an der Gesamtbevölkerung aus. Gebiete mit überdurchschnittlichen Anteilen dieser Gruppe verteilen sich über das gesamte frühere Stadtgebiet, insbesondere an den damaligen Rändern.

Auf das konsolidierte Stadtgebiet (vgl. Abb. 3.2 ohne Übergangszonen) bezogen, fällt auf, daß die Gruppe der "älteren" Immigranten und, noch markanter, die Gruppe der "jüngeren" Immigranten unterrepräsentiert erscheinen in einer ringförmigen Zone - zwar mit Unterbrechungen - zwischen Zentrum des Kernbereichs (Immigrantengebiete) und Rand des Erweiterungsgebietes. Dieses konzentrische Band umfaßt dabei Oberschichtsviertel (im Süden und Nordwesten), volkstümliche Viertel (westlicher Stadtausgang und nordöstlicher Stadtausgang) und stark gemischte Zonen (vgl. Abb. 3.11).

Zwei typische und dabei sehr gegensätzliche Standorte der Zuwanderer haben sich über die letzten ca. 20 Jahre erhalten: das Zentrum der Altstadt mit asymmetrischen Erweiterungen und die Peripherie, die sich im Zuge der Gebietserweiterungen der Stadt nach außen verschoben hat. Teilweise lassen sich die Ränder der Wachstumsschübe anhand des Musters der Sektoren mit überdurchschnittlichen Anteilen der Immigranten ablesen. Eine annähernd konzentrische Anordnung ist in Abbildung 3.19 (über 10 Jahre am Ort), eine unregelmäßigere, nur noch bruchstückartig kreisförmige Anordnung in Abbildung 3.18 (unter 5 Jahre am Ort) zu erkennen.

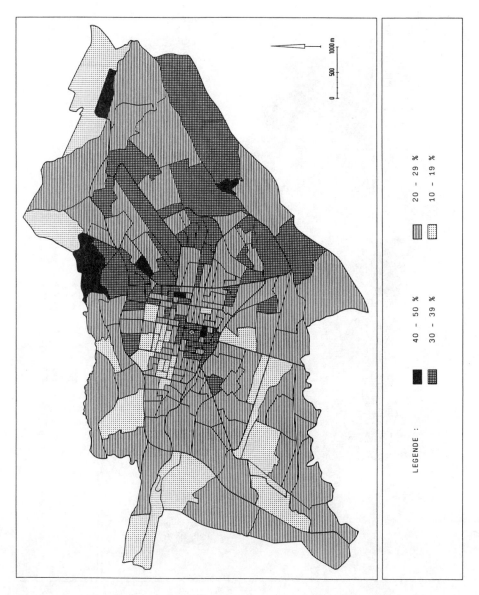

Abb. 3.17: Räumliche Verteilung der Immigranten, Cuenca 1982 (Sektorenebene)

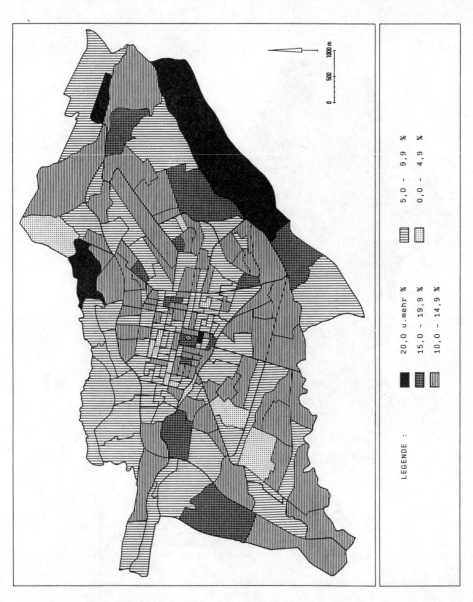

Abb. 3.18: Räumliche Verteilung der Immigranten mit einer Wohndauer am Ort von 1 - 4 Jahren, Cuenca 1982 (Sektorenebene)

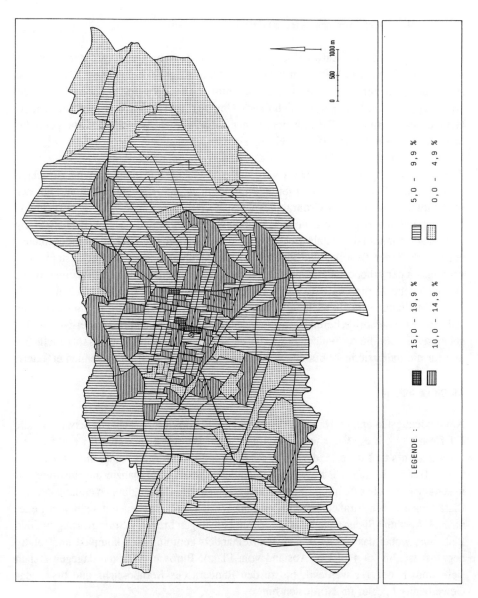

Abb. 3.19: Räumliche Verteilung der Immigranten mit einer Wohndauer am Ort von 10 und mehr Jahren, Cuenca 1982 (Sektorenebene)

3.3. Die Verteilung der wirtschaftlichen Aktivitäten

Im Zuge der modernen Entwicklung haben sich die Existenzgrundlagen der Stadt verändert: Die Landwirtschaft ist fast völlig verschwunden, die Industrie entsteht, das Handwerk geht zurück, der tertiäre Sektor nimmt ein immer breiteres Spektrum ein (vgl. Kap. 2.4.2.). Wie spiegelt sich dieser Umstrukturierungsprozeß im Raum wider? Hat eine standortmäßige Differenzierung der wirtschaftlichen Nutzungen stattgefunden bzw. begonnen und wenn ja, in welcher Form?

Zur Untersuchung dieses Aspektes wird auf eine Flächennutzungserhebung zurückgegriffen, die CONSULPLAN (1980/82) im Rahmen der Bestandsaufnahme für den Stadtentwicklungsplan des Großraumes Cuenca erarbeitete, aber ohne die Ergebnisse räumlich auszuwerten. Die Erhebung umfaßt Betriebseinheiten nach Wirtschaftszweig und Standort innerhalb des als dicht bebaut klassifizierten Teils des Gemeindegebietes, der ca. 85 % der Bevölkerung beherbergt, und Siedlungsachsen im Südwesten[16]. Die wichtigsten der erhobenen Nutzungen und diejenigen, die dazu eine relativ zuverlässige und komplette Kartierung aufwiesen, wurden im Hinblick auf ihre räumlichen Verteilungsbilder untersucht. Je nach auftretender Dichte der Merkmale im Raum markierten sich zusammengehörige Bereiche, die auf Tendenzen der Ansiedlung hinweisen. Die Ergebnisse sind für die Aktivitäten des tertiären Sektors und des Handwerks in Tabelle 3.8 und für die Industrie in Abbildung 3.20 dargestellt und werden im folgenden erläutert.

Tertiärer Sektor

Am eindeutigsten an den Hauptplatz angelehnt und von dort ausgehend, lassen sich die ö f f e n t l i c h e V e r w a l t u n g , die B a n k e n u n d F i n a n z i e r u n g s i n s t i t u t e , der F a c h e i n z e l h a n d e l und die p r i v a t e n B ü r o s u n d P r a x e n erkennen. Banken und Finanzierungsinstitute und in starker Form die öffentliche Verwaltung zeigen axiale Entwicklungen entlang der den Platz tangierenden Straßen nach Osten und Westen und, nur auf der östlichen Seite, nach Norden und Süden. Die beiden anderen Nutzungen breiten sich ringförmig um den Platz aus, wobei das Gebiet des Facheinzelhandels kontinuierlich kompakt und relativ begrenzt ist (bis zu 4 Blöcke Abstand vom Platz). Büros und Praxen dagegen ziehen sich, immer lockerer werdend, bis zu den Rändern des Kernbereichs und bis in das Gewerbemischgebiet im Nordosten hin.

V e r b ä n d e u n d K ö r p e r s c h a f t e n , H o t e l s u n d P e n s i o n e n berühren zwar den Platz nicht, ordnen sich aber nahe am Platz, teils ringförmig, teils axial an. Auffällig ist die Ansiedlung neuer Luxushotels östlich des Platzes. Hier entsteht im Mikrobereich eine Zone gehobener Nutzungen des Tertiären Sektors: Luxus-

---

[16] CONSULPLAN, 1980/82, Vol.X, Diagnóstico análisis físico del area urbana.

hotels, Banken, öffentliche Verwaltung und (aus eigener Anschauung) Fachgeschäfte wie Schmuck, Kunsthandwerk und einzelne Lokale moderner Prägung treffen zusammen. Die billigeren Pensionen gruppieren sich in axialer Form etwas entfernter vom Platz in den Wohngebieten der ärmeren Bevölkerungsgruppen (vgl. Kap. 3.2.) und in der Nähe bestimmter wirtschaftlicher Aktivitäten wie Märkte und Handel.

Wir finden hier im Zentrum der Stadt Nutzungen, die für die Großstadt von einigen Autoren als nicht innerstädtisch betrachtet werden, z. B. Regierungsverwaltungen und Hotels. Für Cuenca wäre somit zu fragen, ob die Tatsache, daß ein neues Luxushotel an der westlichen Peripherie in Nachbarschaft eines gehobenen Wohnquartiers erbaut wurde, ein Zeichen für Veränderungen in Richtung Großstadttypus bedeutet. Vermutlich gelten für ecuadorianische Städte aber andere Regeln, da Hotels gehobener Kategorie in Randlage in Ecuador sogar auch in recht kleinen Städten zu finden sind (z. B. Riobamba - 72.000 EW).

Ebenso zentral, aber auch nicht unmittelbar am Hauptplatz, liegen zwei bedeutende M a r k t k o m p l e x e . Jeweils diagonal vom Platz aus zwei Blöcke nach Nordosten[17] und nach Südwesten[18], bilden sie gewissermaßen die Endpole der sich dazwischen einspannenden Geschäftszone. Diese Märkte dienen nicht nur der in hoher Dichte lebenden lokalen Bevölkerung (vgl. Dichten in Abb. 3.5), die vorwiegend zu den sozio-ökonomischen unteren Schichten gehört (vgl. sozio-ökonomische Gliederung, Abb. 3.8. und 3.10), mit ihrem Angebot an Konsumgütern und Arbeitsmöglichkeiten, sondern sie bedeuten auch einen überlokalen Kommunikationspol: Hier verkaufen die in der Nähe der Stadt lebenden ländlichen Produzenten ihre Erzeugnisse und versorgen sich gleichzeitig mit notwendigen Gütern. Die Märkte spielen noch ihre typische traditionelle Rolle. In den Marktzonen findet eine intensive geschäftliche Aktivität statt, besonders auch des informellen Sektors, die in starkem Kontrast zum zentralen Geschäftsgebiet steht.

Die Rolle der Märkte befindet sich aber im Wandel, wie an der Schließung des Marktes "Rotary" im Nordosten und an der Neugründung von Märkten in den Erweiterungsgebieten und an der Peripherie zu erkennen ist. Märkte zur Versorgung der Haushalte

---

[17] Der Markt "9 de Octubre" (900 - 1300 Stände) mit vorwiegend landwirtschaftlichen Produkten und als Komplementärmarkt dazu der einen Block weiter liegende kleinere Markt "Rotary" (rd. 80 Stände) mit vorwiegend (Kunst-) handwerklichen und industriellen Produkten. 1986 wurde der Markt "Rotary" eliminiert, statt dessen befindet sich dort heute ein gepflasterter "sauberer" Platz.

[18] Der Markt "10 de Agosto" (1000 - 1300 Stände) mit vorwiegend landwirtschaftlichen Produkten und ebenfalls hier ein Komplementärmarkt mit vorwiegend Industrieprodukten (rd. 80 Stände). Die von den Märkten ausgehenden, entlang der Bürgersteige aufgereihten Kleinsthändler verknüpfen beide Märkte zu einer Einheit.

entstehen entsprechend der Bevölkerungsverteilung, was den Beginn der Abwanderung dieser Aktivität aus dem Zentrum für die Zukunft bedeutet[19]. Kleinere Märkte für den Groß- und Einzelhandel sind noch im westlichen Kernbereich bzw. am Rande in Funktion, zwei neue Märkte dieser Art wurden aber im Westen an der Umgehungsstraße angesiedelt und sind aufgrund der isolierten Lage bisher wenig erfolgreich.

Spezialgeschäfte für D ü n g e r , S a m e n und F u t t e r m i t t e l , für B a u m a t e r i a l und für F a h r z e u g e und M a s c h i n e n schließen an die bisher erwähnten und um den Platz lagernden Nutzungen an und halten damit einen gewissen Abstand zum Zentrum. Die ersten konzentrieren sich eindeutig in der Nähe der beiden Hauptmärkte[20], die zweiten bilden einerseits andeutungsweise einen Ring um das dichte Geschäftsgebiet, andererseits aber im Nordosten (also Richtung Gewerbemischgebiet) im Anschluß an den Markt eine zusammenhängende, größere Zone. Spezialgeschäfte für Fahrzeuge und Maschinen sind fast ausschließlich nur im nordöstlichen Viertel des Kernbereiches und auf einer Achse, die sich vom Kernbereich aus parallel zum Flugplatz hinzieht, zu finden.

Der Schwerpunkt der Verteilung dieser beiden letzten Nutzungen weist auf die strategische Bedeutung des nordöstlichen Sektors der Stadt hin, nämlich den für das Funktionieren der Stadt wichtigsten Kommunikationsbereich: die Hauptaußenverbindung der Stadt[21] und bedeutende innere Verbindung zwischen Flugplatz, Busbahnhof, Industriepark, Gewerbemischgebiet und Zentrum. Damit läßt sich erklären, warum viele Nutzungen trotz ringförmiger Musteransätze eine Tendenz zum oder gar einen Schwerpunkt im Nordosten aufweisen. Ausgeschlossen sind davon bisher wohl nur die öffentliche Verwaltung, Verbände, Körperschaften, Banken und Kreditinstitute.

Eine weitere Gruppe von Betrieben, die als industrielle Dienstleistungen eingestuft werden, S ä g e p l ä t z e , A u t o m e c h a n i k und a l l g e m e i n e M e c h a n i k , liegt in der Peripherie des Kernbereichs und weitet sich in Richtung Nordosten, Osten und Südwesten[22] aus.

---

[19] Die Gemeindeverwaltung äußerte den großen Wunsch, aus hygienischen, ästhetischen und verkehrlichen Gründen die Märkte aus dem Zentrum zu entfernen.

[20] Verständlicherweise, da, wie schon oben gesagt, die Märkte für die Bauern der näheren Umgebung der Stadt Attraktionspunkte sind.

[21] Wie in Kap. 2.4.1 dargestellt, hat die Nordverbindung eine größere regionale und überregionale Bedeutung als die Südverbindungen. Nach CONSULPLAN, Vol. VIII, 1980/82, S. 76: Nordausgang der Stadt 5680 Fahrzeuge/Tag, Südausgang der Stadt 850 Fahrzeuge/Tag.

[22] San Roque: traditioneller Siedlungskern, siehe Kap. 3.1.

Tab. 3.8: Ausgewählte Aktivitäten und ihre räumliche Verteilung (schematische Darstellung)

1. ÖFFENTLICHE VERWALTUNG

Konzentration um den zentralen Platz mit Schwergewicht zur östlichen Seite und achsenförmigen Verlängerungen Ost-West und Nord-Süd.

Fast 80 % aller erhobenen Einheiten befinden sich innerhalb der markierten Zone.

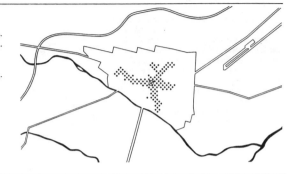

2. VERBÄNDE UND KÖRPERSCHAFTEN

Schmale, ringförmige Anordnung in Anschluß an die Zone der öffentlichen Verwaltung, mit Ausweitung nach Nordwesten in Richtung der Handwerks- und Arbeiterviertel.

Rund 85 % der festgestellten Einheiten liegen innerhalb der markierten Zone, der Rest streut zum Rand des Kerngebiets hin.

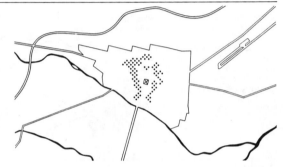

3. BANKEN UND FINANZIERUNGSINSTITUTE

Konzentration um den zentralen Platz mit Andeutung östlicher und nördlicher Achse. Zwei Einheiten liegen abseits vom Platz (davon im Westen Banco Ecuatoriano de la Vivienda), aber innerhalb des Kernbereichs.

Rund 90 % der Einheiten liegen innerhalb der markierten Zone. Außerhalb des Kernbereichs wurde eine Bankfiliale am Flughafen und eine im südlichen Erweiterungsgebiet erfaßt.

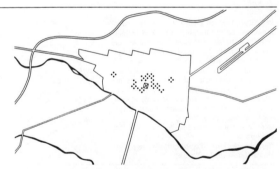

4. PRIVATE BÜROS UND PRAXEN

Konzentration um den zentralen Platz und weniger dichte Verteilung im restlichen Kernbereich.

90 % der Einheiten befinden sich innerhalb der markierten Zone, davon 55 % innerhalb des stark markierten Bereichs. Die übrigen 10% verteilen sich recht gleichmäßig über die an den Kernbereich anschließenden Zonen, Ausnahme das östliche Erweiterungsgebiet.

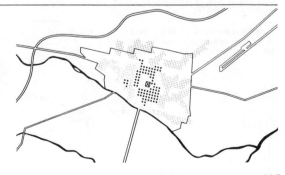

Fortsetzung Tab. 3.8

5. HOTELS UND PENSIONEN

Gruppierung im Zentrum des Kerngebiets mit Tendenz der billigeren Pensionen entlang einer Ost-West-Achse im Nordosten und einer Nord-Süd-Achse im Südwesten (die Marktbereiche) und der Luxushotels in östlicher und nordöstlicher Richtung vom Hauptplatz. Ausnahme eines Luxushotels weit im Westen am Rande der Stadt und eine Pension in einer Villa der ersten südlichen Stadterweiterungen.

18 Hotels und 14 Pensionen, eingeschlossen eigene Ergänzungen, wurden festgehalten.

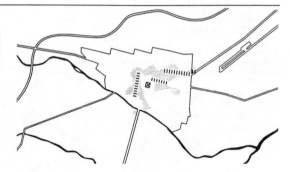

6. FACHEINZELHANDEL

(Schmuck, Uhren, Kunsthandwerk etc./Bücher, Papierwaren/Kleider, Konfektion, Leder, Textilien etc.).

In kompakter Form um den zentralen Platz, eingespannt zwischen den beiden traditionellen Hauptmärkten liegen 75 %, in einem Umkreis von bis zu vier Blöcken, dabei im Nordosten bis zum Rand des Kerngebietes, gut 90 % dieser Geschäfte.

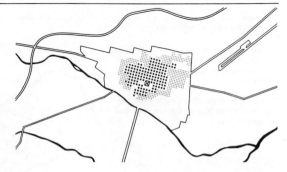

7. MÄRKTE

Im Zentrum, quasi als Endpole im Nordosten und im Südwesten der hochkonzentrierten Geschäftszone, vorwiegend auf den Einzelhandel ausgerichtet, die zwei bedeutendsten Märkte (9 de Octobre, 10 de Agosto) mit landwirtschaftlichen Produkten, die täglich mit um die 1000 bis 1300 Ständen funktionieren und die jeweils nachbarlichen Komplementärmärkte mit vorwiegend industriellen und (kunst-)handwerklichen Produkten (Rotary, San Francisco, je rd. 80 Stände).
Im westlichen Kernbereich weitere kleinere Märkte des Einzel- und Großhandels.
Im östlichen Erweiterungsgebiet ein neuer Markt des Einzelhandels.
Westliche Peripherie (Umgehungsstraße) zwei neue Märkte (Einzel- und Großhandel).

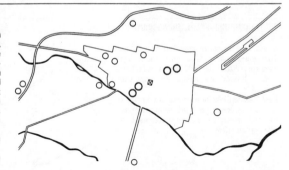

8. SPEZIALGESCHÄFTE FÜR DÜNGER, SAMEN UND FUTTERMITTEL

Konzentration um die beiden Hauptmärkte, etwa 70 % der 23 erhobenen Einheiten innerhalb der markierten Gebiete, der Rest verstreut im engeren Kerngebiet.

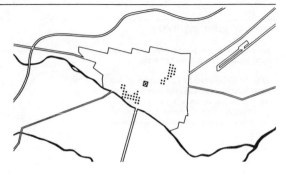

Fortsetzung Tab. 3.8

9. SPEZIALGESCHÄFTE FÜR BAUMATERIAL

Starke Konzentration im Nordosten des Kerngebietes mit Überlappen in das nachbarliche, mit Gewerbe durchsetzte Gebiet, durch weitere kleinere Gruppierungen Andeutung einer ringförmigen Anordnung mit gewissem Abstand zum Hauptplatz.

70 % der festgestellten Einheiten innerhalb der markierten Zone. Die restlichen 30 % einzeln über das gesamte Kerngebiet verteilt, mit Übergreifen auf die nachbarlichen Expansionszonen (Ausnahme im Norden).

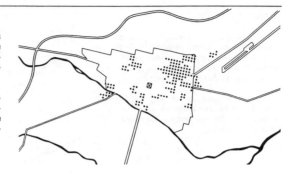

10. SPEZIALGESCHÄFTE FÜR FAHRZEUGE UND MASCHINEN

Tendenz der Ansiedlung über eine Konzentration im Nordosten des Kerngebietes hinaus an der Ausfallachse zur Panamericana nach Norden, d.h. zwischen aktiver Zone im Nordosten des Kerngebiets entlang der Gewerbezone bis zum Industriepark.

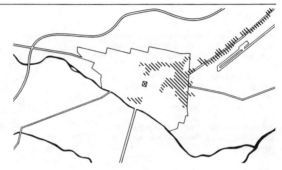

11. SÄGEPLÄTZE

In konzentrierter Anordnung ab 5. Block vom Hauptplatz aus zum Rand des Kernbereichs im Nordwesten, Nordosten und Osten. Etwa 50 % aller festgestellten Betriebe liegen in den markierten Bereichen, die andere Hälfte teilt sich locker in und am Rande der neueren Expansionsgebiete, wobei eine achsenartige Anordnung an der Av. Loja und der Av. 10 de Agosto in Erscheinung tritt; beides traditionelle dörfliche Siedlungsachsen.

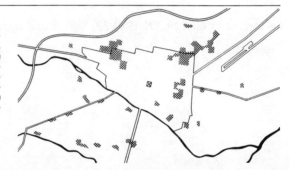

12. AUTOMECHANIK

Kreisförmige, im Südwesten zu den gehobeneren Wohngebieten hin offene Verteilung, zwischen Peripherie des alten Kernbereichs und Innenrändern der umliegenden Erweiterungsgebiete.

Ca. 83 % der Betriebe konzentrieren sich in den markierten Bereichen, der Rest liegt vereinzelt in den südlichen, östlichen nordöstlichen und nördlichen Erweiterungsgebieten.

Fortsetzung Tab. 3.8

13. MECHANIK ALLGEMEIN

Lockere Verteilung auf größere Bereiche mit kleineren Konzentrationen: nach Nordsüd ausgerichtetes Band an der westlichen und, in größerer Ausdehnung, an der östlichen Peripherie des Kernbereichs mit breitem Übergang in die nordöstliche Gewerbezone.

37 % der Betriebe liegen in den stärker markierten Bereichen, 37 % in der locker besetzten größeren Zone, der Rest verteilt über den gesamten Stadtbereich, Ausnahme im Westen.

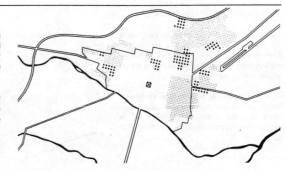

14. HANDWERK

Verteilung auf den inneren Kernbereich unter Auslassen der zentralen Blöcke und Ausdehnung nach Nordosten über den Kernbereich hinaus.

Das markierte Gebiet beinhaltet gut 70 % der Handwerkstätten, vorwiegend Schneider, Reparaturwerkstätten für elektrische Haushaltsgeräte, Friseure, Tischler, Goldschmiede, Schuster.

Außerhalb des Kernbereichs 26 % stark gestreut, vorwiegend Goldschmiede, Tischler, Schuster, Reparaturwerkstätten.

Quelle: CONSULPLAN 1980/82, Vol. X und eigene Bearbeitung

Die Sägeplätze sind von den untersuchten Nutzungen die einzigen, die auch im Südwesten der Stadt vereinzelt vorkommen, wobei sie teils an alten dörflichen Siedlungsachsen liegen. Konzentrierter, in Form kleiner Sektoren angeordnet, findet man sie im Randbereich der Altstadt im Nordwesten - im Anschluß an das Handwerk und ein Gebiet, das von den anderen untersuchten Aktivitäten eher ausgespart wird - und im Nordosten - als Fortsetzung der Standorte von Spezialgeschäften für Baumaterial und überlappend mit dem Handwerksgebiet.

Die Automechanikbetriebe formen einen konzentrischen Ring mit Ausnahme des Südsektors (hier gehobene Wohngebiete). Zusammenhängende Bereiche führen entlang wichtigerer Straßenabschnitte, wie San Roque (Südwestausgang) als relativ bedeutender Knotenpunkt mit Bushaltestelle und zwei Märkten mit Großhandelsaktivitäten.

Betriebe für allgemeine Mechanik verteilen sich auf zwei Nord-Süd gerichtete Bänder zwischen Umgehungsstraße und Fluß im Westen des Kernbereiches und im Osten weit über die bisher besprochenen Standorte hinaus. Innerhalb dieser großen Zonen befinden sich dichter besetzte Blöcke, besonders im Nordosten des Kernbereichs.

Handwerk

Der fortschreitende Industrialisierungsprozeß des Landes und die damit wachsende Konkurrenz der Fabrikprodukte erschweren das Überleben des Handwerks. Die kleinen Produktionseinheiten, die traditionsgemäß an den zentralen Kern gebunden waren - Nähe zu Versorgung mit Material, zu Komplementärproduzenten und Kundschaft - und die heutzutage nicht für den gehobenen Bedarf produzieren, werden langsam durch wirtschaftlich stärkere Nutzungen, wie Verwaltung, Banken und größere Geschäfte, aus dem Zentrum in Nachbargebiete des Zentrums oder in die nähere Peripherie gedrängt. So ist die Abwanderung des Handwerks aus dem zentralen Kern spürbar. Trotz des starken Drucks auf das Zentrum (knapper und teurer Boden) und den damit steigenden Bodenpreisen befanden sich 1980 noch 3 von 4 Werkstätten im Gebiet des traditionellen Stadtkerns, einbegriffen der Nordostrand. Der zentrale Geschäftsbereich wird dabei ausgelassen (Tab. 3.8, Punkt 14).

Über die Hälfte der cuencanischen Handwerker (61,5 %) vereinen Arbeiten und andere Funktionen am selben Standort: 47,7 % davon verbinden Arbeiten und Wohnen, 38,5 % Arbeiten und Verkauf ihrer Produkte. Meist werden kleine Räume mit Türen zur Straße dazu gemietet (siehe Kap. 3.1.: "tiendas" Abb. 3.1). Zentrale Standorte suchen weiterhin diejenigen Handwerker, die ihre Produkte auch selber verkaufen ("bazares"), das sind in Cuenca besonders die Aktivitäten wie Stickerei, Schuhwerk, Schmuck und Herstellung von Kleidern, und die für eine lokale Nachfrage arbeiten wie Schuster, Tischler, Schneider, Weber, Sattler, Schmiede u.a. Bei steigendem Druck auf das Zentrum können sich diese Handwerker nur bei höherem Verdienst und mit der Kombination von Produktion und Verkauf halten.

Handwerker, die in Heimarbeit für zentral gelegene Geschäfte arbeiten, wohnen nicht unbedingt im Zentrum bzw. suchen dies auch nicht. Sie sind unabhängig von Materialbeschaffung und Klienten. Viele dieser von einem oder mehreren "patrones" abhängigen Arbeiter, die zu Hause als Goldschmied, Schuster, als Flechter von Hüten u. ä. Arbeiten, haben begonnen, sich an der Peripherie im Norden, Nordosten und Süden der Stadt niederzulassen (vgl. Abb. 3.9).

Die Kunsthandwerker, die insbesondere folkloristische Produkte herstellen, leben in den Außenbereichen der Stadt oder auf dem Lande. Sie sind daran interessiert, daß sich im Zentrum der Stadt mehr größere Läden für Kunsthandwerk ansiedeln, da dies für sie eine Verbesserung ihres Absatzmarktes bedeutet.

Der Übergang vom Handwerk zur Kleinindustrie erfordert die Einführung neuer Technologien in den Produktionsprozeß und damit eine räumliche Erweiterung des Betriebes. So werden neue Standorte außerhalb des Kernbereichs, eventuell sogar außerhalb der Stadt gesucht werden müssen, die die Entwicklung einer Kleinindustrie bei möglichst geringen Kosten erlauben. In Cuenca bestehen schon eine Reihe kleinerer Fabriken, z. B. für Holzprodukte, Metallprofile, Schuhe, Schmuck, Keramik und Baumaterial und Kunststoffprodukte.[23] Mit diesem Prozeß entsteht gleichzeitig ein Bedarf an Läden zum Verkauf im Zentrum, der wiederum die Tertiärisierung des Zentrums verstärkt, zum Nachteil des kleinen Handels und der Handwerksstätten, die traditionell im zentralen Bereich angesiedelt waren.

Industrie[24]

Die große Bedeutung der kleineren Industrien (Tab. 3.9) und die vorwiegende Zugehörigkeit zu den Zweigen Nahrungsmittel, Textil und Leder, Chemie und Gummi, Metall und nichtmetallische Mineralien (Tab. 3.10., vgl. Kap. 2.4.2.) charakterisieren die Industrie Cuencas.

Da je nach Industrieart sehr unterschiedliche Standortbedingungen verlangt werden, besteht für die Industrieansiedlung räumlich gesehen eine große Variationsbreite, wie auch für Cuenca, im Gegensatz zu den bis hier untersuchten Aktivitäten, aus Abbildung 3.20

---

[23] Die Förderung der Kleinindustrie und die Verlagerung der bestehenden kleinen Fabriken aus dem Zentrum war seinerzeit eines der Motive zur Gründung des Industrieparks. Es gelang aber nicht, die Kleinindustrie zu absorbieren.

[24] Die offizielle Statistik Ecuadors rechnet Produktionsstätten mit sieben und mehr Beschäftigten zur Industrie. Die Kleinindustrie wird über die Höhe des Anlagevermögens abgegrenzt. Vergl. UMMENHOFER, 1983, S. 17.

Tab. 3.9: Größenstruktur der Industrien (Anzahl der beschäftigten Arbeiter), Cuenca 1980

Industriegrößengruppen nach Anzahl der Arbeiter	Arbeiter abs.	%	Industrien abs.
unter 101	2.956	47,6	91
von 101 - 250	1.042	16,7	8
mehr als 250	2.216	35,7	4
Gesamt	6.214	100,0	103

Quelle: CONSULPLAN 1980/82, Vol. X, Estudio económico de la Industria

hervorgeht. Nach einer Befragung[25] von 103 Betrieben befinden sich 98 innerhalb der Stadt. Es können vier Standorttypen aufgestellt werden, die den Etappen der Industrientwicklung Cuencas entsprechen.

1. Der Kernbereich war Standort für die ersten Industrien. Trotz Abwanderung existieren immer noch kleinere Betriebe im Zentrum[26]. Als zentrale Industrie, da stark marktorientiert, findet sich hier auch die Gruppe der Zeitungsunternehmen, Druckereien und Verlage.

2. Das im Nordosten an den Kernbereich anschließende und sich parallel zum Flughafen erstreckende Gebiet ist zeitlich als zweite Stufe für die Industrieansiedlung anzusehen. Auch größere Betriebe haben hier Fuß gefaßt (23 % der Unternehmen mit 34 % der Arbeitsplätze), vorwiegend der Zweige Lebensmittel, Textil und Leder, Holz und nichtmetallische Minerale. Eine leichte Tendenz zu Neuansiedlungen ist zu bemerken.

3. Der Industriepark, ein monofunktionales Gebiet kurz vor Ortsende im Nordosten an der Ausfallachse gelegen, kann zeitlich als die dritte Stufe der Industrieentwicklung bezeichnet werden. Der Industriepark stellte eine planerische Maßnahme dar, die die Industrieentwicklung fördern und insbesondere auch den Stadtkern entlasten und einer Zersiedelung vorbeugen sollte. Ab 1976 begannen sich aber hauptsächlich neue und größere Industrien anzusiedeln. Etwa 42 % der seit 1977 in der Stadt neu entstandenen Industriearbeitsplätze liegen im Industriepark.

---

[25] Im Rahmen der vorher erwähnten Flächennutzungserhebung wurde eine Studie über die Industrie erarbeitet, von 243 Industrien wurden 103 Betriebe, das sind 42 Prozent, befragt.

[26] In den zentralen Sektoren (Vgl. Abb. 3.20) wurden 21 % der in der Stadt befragten Industrien festgestellt, die aber nur 11 % der Arbeitsplätze ausmachen.

4. Einzelne Industriestandorte meist größerer Industrien verteilen sich über die Erweiterungs- und Randgebiete, vorzugsweise an den Flüssen und an der Umgehungsstraße, auch eine Entwicklung der jüngeren Zeit. Etwa 40 % der seit 1977 neu geschaffenen Arbeitsplätze liegen in peripheren Zonen.

Tab. 3.10: Unternehmen und Arbeiter nach Industriezweigen

Industriezweig		Unternehmen	Arbeiter	
		abs.	abs.	%
31-	Nahrungsmittel und Getränke	20	808	13,0
32-	Textil-, Kleider- und Lederindustrie	17	1.226	19,7
33-	Holzprodukte	5	1.085	17,4
34-	Druck, Verlage	7	209	3,3
35-	Chemie u. Gummi	16	915	14,7
36-	Nichtmetallische Mineralien	14	801	12,8
37-	Metallindustrie	1	74	1,1
38-	Metall, Maschinen	20	956	15,3
39-	Andere	3	140	2,2
Gesamt		103	6.214	100,0

Quelle: CONSULPLAN 1980, Vol. X, Estudio económico de la industria

Durch Überlagerung der Verteilungsmuster aller behandelter Aktivitäten ergibt sich die in Abbildung 3.21 dargestellte Synthese. Das Bild läßt konzentrische, kernförmige und axiale Strukturelemente erkennen, die sich über die Fläche des Kernbereichs, Teile des Erweiterungsgebietes und im Nordosten über ein langes Band parallel zum Flugfeld in Richtung Industriepark erstrecken. Die axialen bzw. sektorförmigen Elemente gehen aus einer asymmetrischen Entwicklung der konzentrischen Zonen nach Nordosten hervor und betreffen die Nutzungen Industrie, Handwerk, allgemeine Mechanik und Automechanik. Die beiden letzteren , die den äußersten Ring ausmachen, bilden zusätzlich sektorförmige Ansätze entlang der Hauptausfallstraßen.

Eine überwiegend konzentrische Anordnung zeigen die beiden Gruppen Geschäfte, Büros, Praxen, öffentliche Verwaltung (teilweise), Verbände und Hauptbanken, Hauptverwaltungen, Luxushotels, spezielle Läden für Touristen, etc. Die Standorte der ersten

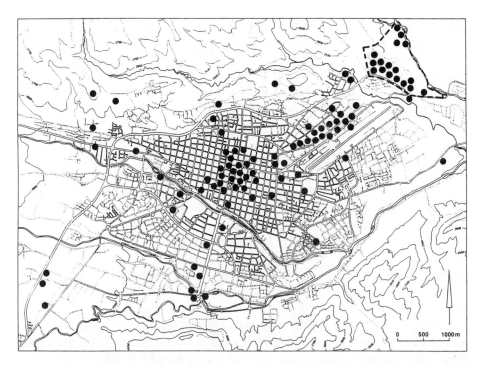

Abb. 3.20: Standorte der von CONSULPLAN (1980/82, Vol. X) befragten Industriebetriebe

Gruppe liegen in einem Umkreis von etwa bis zu vier Blöcken vom Hauptplatz entfernt d. h. auch zwischen den beiden Märkten -, während die zweite Gruppe nur in einem eng begrenzten Gebiet um den Hauptplatz mit Tendenz nach Osten zu finden ist. Die Aktivitäten in dieser zentralsten Zone deuten, auch im Hinblick auf die baulichen Veränderungen wie das Entstehen von Hochhäusern (vgl. Kap. 3.1.), auf den Beginn einer Citybildung hin. Es ist aber kaum eine eindeutige Geschäftsachse zu erkennen, und auch die asymmetrische Ausrichtung Ost-West (in Übereinstimmung mit der traditionellen Hauptgeschäftsstraße "Bolívar", Kap. 2.3.3.) läßt in diesem Fall keinerlei Bezug zu einer Geschäftsachse im Sinne einer "commercial spine" (vgl. Kap. 1.2.) in Verbindung mit der Entwicklung eines Wohnsektors der Elite zu.

Auch die Läden zur täglichen Versorgung der Bevölkerung (in Tab. 3.8 nicht behandelt), die zwar aufgrund ihrer Beziehung zur Wohnung über die gesamte Stadt verteilt sind, dominieren im Kerngebiet; annähernd beherbergt das Gebiet des Kernbereichs (vgl. Abb. 3.3) 67 % der Gesamtanzahl dieser Ladeneinheiten, aber nur ca. 35 % der Bevölkerung.

Dagegen kann die axiale Entwicklung von Industrie und Folgeeinrichtungen im Nordosten durchaus in das Idealschema eingeordnet werden. Auch in Cuenca wird dieser Industriesektor von Arbeitervierteln begleitet (vgl. Abb. 3.9). Der Standort des Industrieparks allerdings ist nicht nur als eine logische Fortsetzung der Industrieachse zu verstehen. Hier handelt es sich um die Umsetzung einer Planung, wobei ein wichtiges Kriterium der Standortwahl das genügend große Grundstück in einer topographisch günstigen Situation war.

Das dritte Strukturelement, hier als Kern bezeichnet, betrifft die Marktzonen mit Komplementäraktivitäten wie Läden für den landwirtschaftlichen Bedarf, Baumaterial, Fahrzeugbedarf, auch Geschäfte für den Bedarf der ländlichen Haushalte (z. B. traditionelle Bekleidung) u. ä. Nachdem in der Umgebung der Märkte auch die Wohnstandorte höchster Dichten liegen, dürften die Marktbereiche wohl die in der Stadt größte Konzentration und Verflechtung von Funktionen aufweisen.

Die beschriebenen Beobachtungen demonstrieren deutlich eine noch erheblich in vorindustrieller Tradition verharrende Struktur: eine Konzentration der wirtschaftlichen Aktivitäten im Kernbereich (Altstadt), ein dominanter Mittelpunkt, eine konzentrische Anordnung - Charakteristiken der spanischen Kolonialstadt. Parallel dazu, wie in der Art eines Aufsprengens der konzentrischen Zonen durch nicht mehr haltbaren Wachstums- bzw. Expansionsdruck, öffnet sich eine sektorförmige Entwicklung entlang der Hauptausfallachse.

Neben der vorwiegend bestehenden Multifunktionalität im Kernbereich weist die Entwicklung des Industriesektors und die beginnende City-Bildung im Zentrum auf einen einsetzenden Prozeß der Differenzierung der Nutzungen hin.

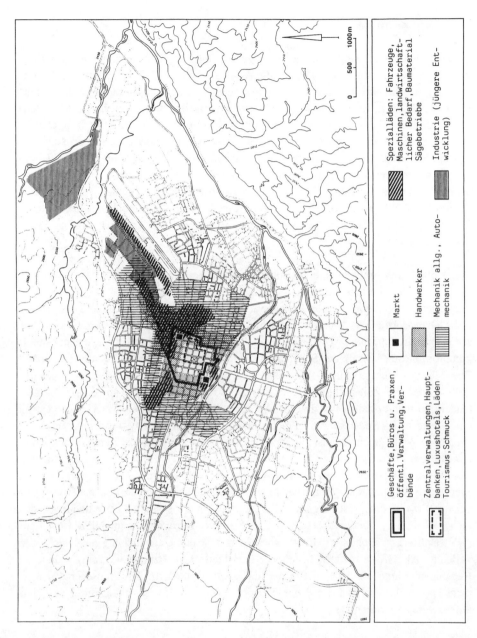

Abb. 3.21: Räumliche Verteilung ausgewählter wirtschaftlicher Aktivitäten, Cuenca 1980
Quelle: Eigener Entwurf

3.4. Ergebnisse

Im Vergleich zur Physiognomie der Stadt gegen Ende der 40er Jahre müssen als auffälligste Veränderung die große flächenhafte Ausdehnung (vgl. Abb. 2.3) und - im Zusammenhang mit ihr - die strukturbestimmenden neuen Verkehrsschneisen gesehen werden. Diesem Flächenzuwachs unterliegt keine einheitliche Stadtidee wie die "Schachbrettstadt", die BENEVOLO (1968) als einzige realisierte Renaissance-Stadt bezeichnete. Hier wirkt, neben den topographischen Bedingungen, die Technologie in Form des motorisierten Verkehrs als ein maßgeblicher Organisations- und Gestaltungsfaktor. Hinzu kommt seitens der Verwaltung ein Planungsstil der "Trendplanung", die dem individuellen Agieren einen weiten Freiraum läßt. Die gesellschaftspolitischen und kulturellen Hintergründe haben sich im Gegensatz zur Gründungszeit vollständig gewandelt: Keine zentrale spanische Macht plant, sondern die Mechanismen des Kapitalismus und Pluralismus "arbeiten".

Das Höhenwachstum und die Bausubstanzveränderungen führt SCHOOP (1980) als Gradmesser für die Modernisierung des Arbeits- und Lebensstils an. Danach befindet sich Cuenca am Beginn dieses Prozesses. Nur punktweise wurden höhere Neubauten und Gebäude größeren Maßstabes errichtet. Im Bereich der Altstadt stören diese aber schon erheblich das noch vorwiegend einheitliche Bild (vgl. Foto 1 u. 2), das nur durch kompromißlosen Einsatz der Schutzbestimmungen bewahrt werden könnte. Die ersten Beispiele des mehrstöckigen Wohnhauses in den Neubaugebieten dagegen liegen im Rahmen der zur Zeit gültigen Stadtplanungsbestimmungen (vgl. Kap. 6.2.). Die geltenden Normen erlauben bis zu 7 und 8 Geschossen in Zonen des Ostens, Südwestens und Westens. Im Süden an der "Prachtstraße" darf sogar bis zu 10 Stockwerken hoch gebaut werden. Gleichzeitig ist hier eine Geschäftszone ausgewiesen, deren Entwicklung zur Zeit der Untersuchung noch nicht begonnen hatte. In diesem Fall gibt die Planung ein Muster vor, das den beschriebenen Modellen nahekommt. Auch hinsichtlich der Mehrgeschossigkeit der Wohngebäude zeichnet die Planung einen Lebensstil vor, der bei der Bevölkerung erst langsam Akzeptanz zu finden scheint. Die Wohnungen der mehrgeschossigen Siedlung "Huayna Capac III" z. B., errichtet im Jahre 1984 vom JNV (Nationaler Wohnungsbaurat), waren zur Zeit der Untersuchung noch nicht alle verkauft. Als Grund nannten Mitglieder der städtischen Planungsverwaltung und der Regionalabteilung der JNV in Cuenca, daß diese Wohnform den Menschen Cuencas nicht entspreche und daß das Programm der Stadt von den Zentralbehörden in Quito aufgezwungen worden sei.

Hinsichtlich der Stadtgestalt der Altstadt ist bemerkenswert, daß Straßenraum und Häuserfluchten über die Jahrhunderte respektiert wurden (Ausnahme siehe Foto 3). Keine der aufgestellten Planungen hat nur im entferntesten Ideen beinhaltet, die Veränderungen im Kernbereich betrafen. Zu diesem Aspekt schreibt GROSS F. (1989) über Santiago de Chile, daß mehrere Umgestaltungspläne zwischen 1894 und 1925, die Diagonalen und Avenidas zur besseren Erschließung, Durchgrünung und Durchlüftung vorsahen, abgelehnt wurden. Als Grund vermutet er eine unbewußte Verteidigung des traditionellen Rasters wegen eines hohen Grades an Symbolwert und Identifikation für die Bevölkerung. Ähnliche Motive, die sich heute in dem Versuch, den historischen Kern der Stadt zu erhalten, reflektieren, dürften auch für Cuenca zutreffen. Die lange Zeit der Isolation hat der Stadt eine gewisse Unabhängigkeit und Selbständigkeit gegeben; man ist sich ihrer Geschichte und kulturellen Bedeutung bewußt. Der Hang zum Konservativen, das Bewahren-Wollen bzw.-Können, wurde bisher von der sehr spät einsetzenden und relativ mäßigen Wachstumsdynamik unterstützt.

Dieser weitgehenden Konservierung des Rastermusters und der Baustruktur der Altstadt steht eine überproportionale Flächenausdehnung neuer Wohngebiete gegenüber. Der seit der Mitte dieses Jahrhunderts zu beobachtende starke Bevölkerungszuwachs konnte während der ersten zwei Dekaden vorwiegend von der bestehenden Stadt unter zunehmender innerer Verdichtung aufgenommen werden. Dann begann eine maßstabslose Inanspruchnahme des bisher sehr dünn besiedelten städtischen Umlands. Obwohl die Bevölkerungszahl des Kernbereichs insgesamt gesunken ist, sind die höchsten Dichten weiterhin dort zu finden, während der Wachstumsring im Anschluß an die Altstadt teilweise sehr niedrige Dichtewerte aufweist. Aber auch kleinere Gebiete mit höheren Dichten - zur Zeit des Zensus 1982 zwar noch sehr vereinzelt, aus eigener Anschauung im Jahre 1986 schon häufiger - treten am Rande oder sogar außerhalb des Wachstumsringes auf. Die bauliche Struktur spiegelt diese Situation wider, wie der Luftbildausschnitt zu den Übergangszonen zeigt (Kap. 3.1.).

Nicht nur wegen der Dichte der Bevölkerung und der Bebauung kann die Altstadt als kompakt bezeichnet werden, sondern auch, da sich hier das Schwergewicht der Arbeitsplätze und Versorgungseinrichtungen befindet. So liegen Wohnstandorte und Arbeitsstätten für einen Großteil der Bevölkerung am selben Ort, und der Begriff der Fußgängerstadt scheint hier noch angebracht zu sein. Insbesondere hat das Handwerk die althergebrachten Standorte bewahrt, und mehr als die Hälfte der Handwerksbetriebe vereinen Wohnen und Arbeiten.

Ebenso erinnert die ringförmige Anordnung der wirtschaftlichen Aktivitäten und der Bevölkerung an das vorindustrielle Schema. Die "plaza" (der Hauptplatz) hat ihre dominante Stellung wie zur Kolonialzeit beibehalten. Hier liegen seit Gründungszeiten die ranghöchsten Einrichtungen von Verwaltung und Kirche.

Die größten Veränderungen gegenüber dem ursprünglichen Muster haben in der zentralen Zone im Anschluß an die "plaza" stattgefunden. Die Oberschicht hat, bis auf einzelne Mitglieder der älteren Generation, ihre alten Stammhäuser verlassen. An ihre Stelle rückte die untere Mittel- und Unterschicht nach, sowie Aktivitäten eines modernen tertiären Sektors (z. B. Banken, Luxushotel, Geschäfte des gehobenen Bedarfs). Die zu beobachtenden baulichen Veränderungen und die sinkende Bevölkerungsdichte im Zentrum weisen darauf hin, daß mit wachsenden Cityfunktionen und in der Folge mit der Verdrängung der Wohnbevölkerung zu rechnen ist.

Als ein weiterer Einschnitt der klassischen kreissymmetrischen Struktur sind die beiden sektorförmigen Marktbereiche nordöstlich und südwestlich des Zentrums zu nennen. Insbesondere das nordöstliche Gebiet ist Ausgangspunkt für eine starke asymmetrische Entwicklung weit über den Kernbereich hinaus. Beide Marktzonen stehen in Kontrast zu dem zwischen ihnen liegenden zentralen Geschäftsbereich, der eher dem gehobeneren und städtischen Bedarf der oberen Schichten dient, während die Marktzonen die ärmere Bevölkerung versorgen und den ländlichen und gewerblichen Bedarf decken. Analog zu der hohen Dichte an Arbeitsplätzen, besonders auch an Arbeitsplätzen mit niedrigsten Umsätzen (informeller Sektor), sind hier auch die höchsten Bevölkerungsdichten bei Dominanz der unteren Schichten zu beobachten. Hinsichtlich der sozialräumlichen Gliederung ist somit eine Bevölkerungsverlagerung der extremen Schichten festzustellen: Die Oberschicht fehlt fast ganz, und die unteren Schichten, dabei sind überdurchschnittliche Anteile an Zuwanderern zu verzeichnen, dominieren im Zentrum und in den zwei diagonal ausgerichteten Sektoren zwischen Zentrum und Kernbereichsrand, statt im Randbereich der Altstadt, wie es das vorindustrielle Modell beschreibt (nach außen fallender Sozialgradient).

Wenn auch die sektorförmigen Zonen des Kernbereichs eher als Ergebnis einer modernen Entwicklung verstanden werden können - achsenartige Konzentration bestimmter Funktionen, Segregation der unteren Schichten - so geht ihr Ursprung doch auf vorindustrielle Zeiten zurück. Die Kombination aus Markt und in Marktnähe gelegene Ausfallstraßen erster Ordnung (im Nordosten nach Quito, im Südwesten nach Loja) dürfte früher schon gewisse Standorteffekte ausgelöst haben (vgl. Kap. 3.1., Traditionelle Siedlungsachsen). Daher wird angenommen, daß sich auch in Zeiten vor dem Umbruch im Umkreis Markt-Stadtausgang eine Spezialisierung der Funktionen (z. B. Handel und Transportgewerbe) ausgeprägt und eine dem Arbeitsangebot entsprechend ärmere Bevölkerung angesiedelt hat. Demnach tendierte die ehemals konzentrische Anordnung der Stadt schon in vorindustrieller Zeit in dem Maße zu einer asymmetrischen Form, in dem die Erreichbarkeit, d. h. in diesem Fall die Anbindung, regional oder national, an Gewichtigkeit gewann.

Die neuen Siedlungsgebiete außerhalb des Kernbereichs repräsentieren das moderne Cuenca. Noch als Bezug zur Tradition könnte die bisher vorwiegend flache Bebauung, eine teilweise konzentrische Anordnung nach sozio-ökonomischer Zugehörigkeit der Wohnbevölkerung - zusammenfassend betrachtet - und die Ausrichtung aller Wohngebiete auf das Zentrum des Kernbereichs, das bisher ohne Konkurrenz der Mittelpunkt der Stadt ist, genannt werden. Aber der Industriesektor im Nordosten mit begleitenden Unterschichtvierteln, die ausgedehnten Villenviertel und isoliert liegenden Wohnsiedlungen höherer Dichten entsprechen Elementen, die nach GORMSEN dem Stadium der Metropolisierung zugeordnet werden können (vgl. Abb. 1.3).

Die Oberschicht, die auch in Cuenca, wie bei anderen spanisch-amerikanischen Städten beobachtet wurde (AMATO 1970), mit dem Auszug aus dem Zentrum Initiator zur Aufgabe der alten Anordnung gewesen war, hat im Gegensatz zu den bekannten Beispielen hier außerhalb des Kernbereichs bei möglichst enger Anbindung an das Altstadtzentrum in mehreren Richtungen neue Oberschichtviertel gebildet (die frühesten der Neubaugebiete lassen sich auch an der Dominanz der Altersgruppe der 40 - 59jährigen erkennen). Trotz dieser "Vielstrahligkeit", die ein konzentrisches symmetrisches Muster assoziieren läßt, liegt eine sehr einseitige Ausdehnung der Oberschichtviertel vor, da bis zur Zeit der Untersuchung fast die gesamte flußseitige Flanke der Altstadt von Oberschichtvierteln eingenommen wird. Folglich kann zwar den Sozialgradienten betreffend von einer starken Asymmetrie gesprochen werden, dennoch dürfte für Cuenca ein Muster im Entstehen begriffen sein, das nicht auf eine sektorförmige Ordnung der Oberschichtviertel entsprechend dem Großstadtmodell zuzulaufen scheint. Die weitere und jüngere Entwicklung nämlich zeigt, neben der graduellen Ausdehnung der ersten Oberschichtsviertel im Tal, Tendenzen, die von den bekannten Modellen abweichen[27] und eher an den von MORRIS (1978) benutzten Begriff der "residential resource areas" erinnern. Über fast das gesamte Tal, als augenblicklich potenzielle Wohnflächenressource, entstehen punktweise oder als Inseln einzelne Villen und Villengebiete. Weiteres Wachstum bedeutet dann Auffüllen der Zwischenzonen auch durch die obere Mittelschicht, alte Siedlungsgruppen werden dabei vorerst zu dörflichen Enklaven. An dieser Entwicklung ist aber nicht nur die Oberschicht beteiligt. Auch staatlich geförderte Siedlungen, von denen vorwiegend die mittleren Schichten profitieren, haben sich als kleine Inseln oder Inselgruppen - während der 60er Jahre vereinzelt in allen Richtungen, dann immer häufiger nach Osten tendierend - im weiten Tal angesiedelt (vgl. Kap. 4.).

LOWDER (1987) untersuchte den Prozeß des Flächenwachstums in Cuenca anhand von Grundstücksparzellierungen und Baugenehmigungen bezüglich der Wohnnutzung und kommt zu ähnlichen Ergebnissen. Sie stellt neben einigen homogenen Oberschichtvierteln ein vorwiegend komplexes Stadtmosaik fest. Über die gesamten Erweiterungsflächen variieren Grundstücksgrößen und bauliche Standards sowohl der Gebäude als auch der technischen Infrastruktur (z. B. ungepflasterte Straßen im Oberschichtviertel), wobei sich durchweg eine erstaunlich hohe Qualität der Neubebauung im gesamten Gemeindegebiet zeigt. Auch folgt die beobachtete Umwandlung von ländlichen in städtischen

---

[27] Am nördlichen Rand des Industrieparks ist zur Zeit der Untersuchung ein kleines Villenviertel im Entstehen. Ob hier das von AMATO (1970) festgestellte Überspringen von Wohngebieten unterer Schichten durch die Oberschicht interpretiert werden kann, läßt sich noch nicht beurteilen. Vorteil dieses Standortes ist aber die Nähe zur Hauptausfallachse, zum Industriepark und gleichzeitig die Lage am Beginn eines höher gelegenen, landschaftlich sehr reizvollen Tales.

Boden keinerlei Ordnung hinsichtlich Raum und Zeit, so daß das Bild einer ausgedehnten unsystematischen Zersiedelung entsteht.

Das vorhandene und geplante Straßennetz - die Umgehungsstraße im Norden und Westen, die großzügigen Querstraßen im Süden und dazu die Südachse (Prachtstraße), die wegen des Geländesprunges an der Altstadtseite nur über einen Engpaß direkt zum Zentrum führt - begünstigt eine achsenlose und damit richtungslose Siedlungsentwicklung im Tal. So gibt es im Gegensatz zum Großstadtmodell und im Vergleich mit einigen Mittelstädten für Cuenca bisher weder Hinweise auf eine wichtige Achse im Sinne einer "commercial spine", um die sich ein Oberschichtssektor lagert, noch liegen Motive (wie nach HOYT) für die Entwicklung von Oberschichtswohnvierteln wie ein Einkaufszentrum, ein Bürokomplex o. ä.[28] vor. Für Cuenca scheint neben der Erreichbarkeit, gegeben durch die großzügige Umgehungsstraße, einzig die landschaftliche Attraktion strukturbildender Faktor für die räumliche Ausdehnung der Wohngebiete der oberen Schichten zu sein. Nur das Element der "Insel", im Fall Cuenca isoliert liegende Konzentrationen der Oberschicht und der mittleren Schichten (sozialer Wohnungsbau), erinnert als moderne Erscheinung an das Großstadtmodell.

Da in Cuenca randliche Hüttensiedlungen, bis auf die ersten Gruppen von semilegalen Spontansiedlungen an der nördlichen Stadtgrenze (vgl. 3.1), fehlen, entsteht die Frage, ob die ärmsten Bevölkerungsgruppen gar nicht an dem neuen Stadtwachstum beteiligt sind. Tatsächlich zeigen die statistischen Ergebnisse aus dem Jahr 1982 innerhalb des sich um den Kernbereich lagernden Kranzes der Neubaugebiete nur wenige und kleinere Bereiche, in denen die Unterschicht, meist obere Unterschicht, dominiert. Und zumeist handelt es sich um die traditionellen Siedlungsachsen und um Gebiete des ehemalig mit kleinen Bauern besiedelten Umlands, die noch nicht völlig durch eine moderne Wohnbebauung überformt wurden. Auch in einigen Oberschichtvierteln ergeben sich überdurchschnittliche Anteile der Unterschicht durch in den Häusern lebende Hausangestellte. Nur im Nordosten - als Fortentwicklung des Unterschichtsektors des Kernbereichs entlang der Umgehungsstraße - und im Osten südlich des Flughafens entstanden Ende der 60er/Anfang der 70er Jahre Siedlungen für ärmere Bevölkerungsschichten (z. B. eine Handwerkerkooperative und an der Umgehungsstraße im Nordosten mehrere kirchlich unterstützte Siedlungen). Als nennenswerter Standort der Unterschicht ist folglich in den neuen Stadtteilen nur dieser nordöstliche Sektor zu nennen, in dem sich auch wieder Gebiete mit überdurchschnittlichen Anteilen zugewanderter Haushalte befinden. Ansonsten wohnt die Unterschicht, neben dem Kernbereich, in der noch ländlich geprägten Peripherie, die den gesamten Wachstumsring umgibt.

---

[28] Das an der westlichen alten Ausfallstraße am Fluß liegende Luxushotel wird nicht als ausschließliches Motiv für die westliche Entwicklungsrichtung angesehen, da allein die Flußlage schon Attraktion genug bedeutet.

Die dem Stadium der Metropolisierung entsprechenden Elemente, wie z. B. der Industriesektor, die größeren Villenviertel der Oberschicht und die inselförmigen Siedlungen der Ober-, Mittel- und unteren Mittelschichten, stellen Phänomene der modernen Zeit dar, die allein schon wegen der Größenordnung ihrer Einheiten mit der Rasterstruktur räumlich unvereinbar sind. Traditionelle Aktivitätsarten, die schrittweise aufgegeben oder an die moderne Zeit angepaßt werden, haben langsamere Veränderungen der Strukturmuster zur Folge, wie für Cuenca an dem kompakten Kernbereich und seiner vorwiegend konzentrischen Ordnung zu erkennen ist. Hier zeigt sich auch an dem bisher relativ gut erhaltenen kolonialtypischen Stadtbild, daß die Nutzungsänderungen, die stattgefunden haben, bisher von der "alten Hülle" aufgenommen werden konnten. Dies betrifft insbesondere die Umwandlung der zentralen Wohnstandorte der Oberschicht in Quartiere der unteren Schichten und in eine Zone mit zunehmenden tertiären Funktionen.

4. Fallstudie I: Charakteristiken und Herkunft der Bewohner zweier Siedlungen des staatlichen Wohnungsbaus

4.1. Die Siedlungen

4.1.1. Siedlungen des sozialen Wohnungsbaus in Cuenca

Zu Beginn der 60er Jahre ergriff der Staat mit der Gründung der "Banco Ecuatoriano de la Vivienda" (BEV) erstmalig eine Maßnahme, um die Wohnungsversorgung unterer Einkommensschichten zu verbessern. Die Bank sollte den Bau von Wohnungen für Familien mit geringen Einkünften über langfristige Kredite (25 Jahre) finanzieren. Die Beteiligung des Staates am Wohnungsmarkt und die Versorgung der wirtschaftlich schwachen Gruppen durch diesen Marktsektor wurden in den folgenden nationalen Entwicklungsplänen als Aufgabe der Wohnungspolitik formuliert, wobei seit 1980 sogar ausdrücklich von der vorrangigen Förderung der ärmsten Bevölkerungsschicht gesprochen wird.

In Cuenca entstanden die ersten sozialen Wohnnungsbauprogramme gegen Ende der 60er Jahre. Träger oder Bauherren dieser Siedlungen sind neben den öffentlichen Institutionen wie dem Nationalen Wohnungsbaurat (JNV) mit der Ecuadorianischen Wohnungsbaubank (BEV) und der Sozialversicherung (IESS), gemeinnützige und genossenschaftlich organisierte Spar- und Kreditgemeinschaften, kirchliche Organisationen, Berufsgruppengemeinschaften, Gewerkschaftsorganisationen und Kooperativen. Nach Berechnungen der Planungsabteilung der Stadt (MUNICIPALIDAD DE CUENCA 1984/85) wurden etwa im Zeitraum 1967 bis 1983 71 Siedlungen mit 5.512 Grundstükken bzw. Wohneinheiten, d. h. freistehende Einfamilien- und Reihenhäuser[1] - Mehrfamilienhausprogramme, die die Ausnahme bilden, wurden nicht mitberechnet - initiiert. Unter der Annahme von 5 Personen/Haushalt könnten theoretisch 27.560 Einwohner[2] bei einer durchschnittlichen Dichte von netto 174 E/ha, bzw. brutto 114 E/ha[3] (eine relativ geringe Dichte im Vergleich zu den in Abb. 3.5. dargestellten Werten) mit Wohnraum versorgt werden. Aber mittels einer 15%igen Kontrolle stellte die Planungsabteilung fest, daß nur ca. 38 % der technischen Infrastruktur und nur 26 % der Wohn-

---

[1] 48 % Reihenhäuser mit einer durchschnittlichen Grundstücksgröße von 160 m² und 52 % freistehende Einfamilienhäuser mit einer durchschnittlichen Grundstücksgröße von 220 m².

[2] Etwa 18 % der Gesamtbevölkerung lt. Zensus 1982.

[3] Insgesamt repräsentieren 63 % des Baulandes das Nettobauland, 13 % Gemeinschaftsflächen wie Grün, Gemeinschaftshäuser, Schulen, 24 % innere Erschließung; diese Größenordnungen entsprechen etwa den für die Siedlungsprojekte festgesetzten Minimalnormen.

gebäude gebaut worden waren. Dies bedeutet, daß nur rund ein Viertel der möglichen Bevölkerung untergebracht werden konnte. Eine Ausnahme hierzu bilden die durch die staatlichen Institutionen (JNV/BEV und IESS) erstellten Siedlungen. Diese werden geplant, gebaut und dann erst an die Interessenten verkauft. Hier ist der Anwärter nicht an Planung und Organisation beteiligt. Dagegen scheitern die privaten Baugemeinschaften häufig an bürokratischen Hürden (Genehmigungsverfahren), technischen Unkenntnissen und an mangelnder Organisation und Planung, insbesondere hinsichtlich der Finanzierung. So bringen viele Beteiligte nur die Mittel für das Grundstück auf und erfüllen die Voraussetzungen einer Kreditzuteilung durch die BEV nicht. Auch besteht der Verdacht, daß der Grundstückshandel mit dem Gewinn des Mehrwerts für einige Käufer das eigentliche Ziel ist.

In Abbildung 4.1 sind die von der Planungsabteilung aufgelisteten Siedlungen nach Standort und Größe des Siedlungsprojektes in Anzahl der Wohneinheiten dargestellt und die Programme der JNV/BEV gesondert gekennzeichnet (letztere beinhalten auch die Mehrfamilienhaus-Projekte). Klar ist ablesbar, wie das Stadtwachstum in östlicher Richtung von dieser Siedlungsentwicklung bestimmt wird, dabei repräsentieren die Programme der JNV die von der Größenordnung her wichtigsten Projekte.

4.1.2. Die Wohnsiedlungen der JNV

Innerhalb von 17 Jahren (1968 - 1985) wurden rd. 1.800 Wohneinheiten im Rahmen staatlicher Programme erstellt (Zusammenstellung in Tab. 4.1), eine Anzahl, die, wird sie dem nur nach Kriterien des baulichen Zustands und der Belegungsdichte berechneten Defizit von rd. 18.800 Wohneinheiten[4] - 65 % aller Wohnungen der Stadt - gegenübergestellt, als sehr bescheiden bezeichnet werden kann.

Aus den Angaben zur relativen Höhe des Familieneinkommens und der monatlichen Ratenzahlungen geht hervor, daß die Käufer der frühen Siedlungen weit geringere finanzielle Belastungen tragen mußten als die Käufer der jüngeren Siedlungen. Diese Relationen spiegeln sich auch in den Größen der Wohnungen wider. Seit EL PARAISO I und II aus dem Jahre 1978 liegen genauere Informationen zu den einzelnen Wohnungsbauprojekten vor, in Tabelle 4.2 dargestellt. Wie zu ersehen, werden in kleineren Gruppen auch größere Wohnungen und damit niedrigere Einwohnerdichten geplant, aber gerade für die größten Siedlungen EL PARAISO, TOMEBAMBA und RETAMAS schrumpfen die qm pro Wohneinheit von 74 auf 37, steigt die Nettowohndichte von 262 auf 453 E/ha und die Bruttodichte von 183 auf 264 E/ha. Der Engpaß, der aus der Entwicklung der Wohnungsbaukosten und der Familiengehälter (vgl. Tab. 4.1 und 4.2) entsteht, führt, so könnte man hier schließen, zu Dichten in den Außenbereichen der Stadt, wie sie im Kernbereich vorkommen (vgl. Abb. 3.5).

---

[4] CONSULPLAN (1980/82, Vol. XVI)

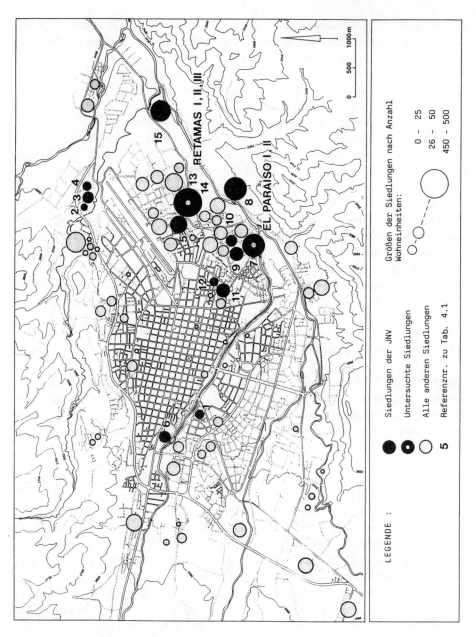

Abb. 4.1:   Siedlungen des sozialen Wohnungsbaus in Cuenca, 1967 - 1985
Quelle: Eigener Entwurf

Tab. 4.1: Die Wohnsiedlungen der JNV/BEV in Cuenca (Stand März 1986), vgl. Abb. 4.1

Ref. Nr. Abb. 4.1	Jahr	Programm	WE Anzahl	E Anzahl	Monatsrate in % des Familieneinkommens	Familieneinkommen/ ML
1	1968	San Roque	49	245	18	3,3
2	1969	C.R.E.A.	26	115	12	5.8
3	1970	Abdón Calderón	64	315	12	6,6
4	1970	Milchichig	43	210	10	5,8
5	1973	Totoracocha I	147	735	24	5.3
5	1974	Totoracocha II	21	105	27	6,0
6	1976	Corazón de Jesús (1)	59	220	34	4,7
7	1978	Paraiso I u. II	321	1.605	23	5,1
8	1980	Tomebamba	322	1.604	28	2,4
9	1981	Paraiso III	100	571	27	3,1
10	1982	Paraiso IV	78	393	30	2.8
11	1983	Huayna Capac I u.II	118	744	38	3,5
12	1984	Huayna Capac III (1)	45			
13	1985	Retamas I	403	1.670	ca.33	ca.2,4
	Gesamt		1.796	8.532		
13	1986	Retamas II	25			
14	im Bau	Retamas III (1)	75			
15	im Bau	Eucaliptos I	161			
15	Plang.	Eucaliptos II	21			
15	Plang.	Eucaliptos III (1)	ca.75			
16	Plang.	Patamarca I	368			

Quelle: Eigene Zusammenstellungen und Berechnungen auf der Grundlage schriftlicher und mündlicher Information der JNV Cuenca
(1): Mehrfamilienhausprojekte

Wie das räumliche Bild der Siedlungsentwicklung nach Abbildung 4.1 zeigt, bilden sich zahlreiche Siedlungseinheiten, die sowohl in baulicher als auch sozialer Hinsicht als monostrukturierte Inseln bezeichnet werden können. Das Hauptziel der jeweiligen Bewohner, zu einer auch mit begrenzten Mitteln bezahlbaren Wohnung zu gelangen, bedingt eine Auswahl der Bevölkerung nach wirtschaftlichen Kriterien einerseits und eine sparsame Bauweise andererseits. Der sozio-ökonomische Hintergrund dieser Bevölke-

Tab. 4.2: Die wichtigsten Siedlungen der JNV seit 1978, bauliche Charakteristiken, Kosten und Finanzierung

Ref. Nr. Abb. 4.1	Jahr	Programm	WE Anzahl	Bauform	WF qm	GrF qm	Dichte netto	in E/ha (SE/WE) brutto	Grundstück suc/qm	Zunahme	Bau sucres/qm	Zunahme	Eigenanteil %	Laufz. Kredit Jahre	Zins %	Monatsrate in suc.	Zunahme
7	1978	Paraiso I u. II	73 236	D. 1-g. R. 1-g.	83 74	220 160	262	183	301	100	2.543	100	20	25	9/10	1.750	100
8	1980	Tomebamba	285	R. 1-g.	67	124	340	192	471	157	3.458	136	20	25	9/10/11	2.030	116
9	1981	Paraiso III	39 38	R. 2-g. R. 1-g.	78 40	113 109	420	333	619	206	4.681	184					
10	1982	Paraiso IV	22 24	R. 1-g. R. 2-g.	45 85	107 98	400	319	685	228	4.939	194					
11	1983	Huayna Capac I	65	R. 2-g.	85	104	425	308	1.179	392	6.144	242	20	25	17	7.405	423
11	1983	Huayna Capac II	22	R. 2-g.	83	74	57	38	1.810	602	8.924	351	20	20	17	10.092	577
13	1985	Retamas I	401	R. 1-g.	37	96	453	264	1.790	595	8.186	322	10	25	18	6.237	356
13	1986	Retamas II	17 8	R. 2-g. R. 2-g.	102 104	110 165	42	25	2.128	707	14.545	572	20	25	18/19/20/23	21.307	1218

Quelle: Schriftliche und mündliche Information der JNV Cuenca und eigene Berechnungen.
Anmerkungen: Alle Werte der Flächen und Kosten sind gerundet. Die Grundstückskosten beziehen sich auf Urbanisierungskosten der Bruttobaufläche/Nettobauland. Die Finanzierung ist auf die billigsten Häuser des jeweiligen Programms bezogen.

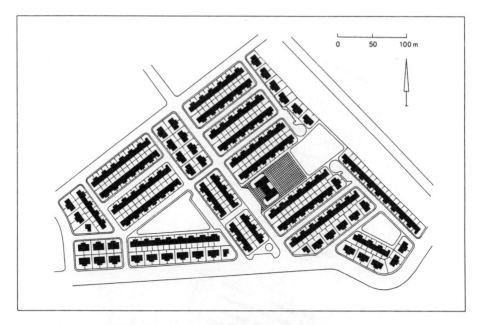

Abb. 4.2: Lageplan der Siedlung "EL PARAISO I und II"
Quelle: Eigene Ausarbeitung auf der Grundlage von Plänen der JNV Cuenca

rungsgruppen im Hinblick auf ihren vorherigen und aktuellen Wohnstandort im städtischen Gefüge wird in den folgenden Abschnitten beispielhaft anhand zweier Siedlungen der JNV untersucht.

Ausgewählt wurden die Siedlungen EL PARAISO I und II aus dem Jahre 1978, die älteste der größten Programme und die erste, über die genügend Material, insbesondere über die Bevölkerung, vorhanden ist und RETAMAS I, die jüngste zur Zeit der Untersuchung (1985) und größte aller bisherigen Siedlungen. EL PARAISO I und II besteht aus einer 1-geschossigen Reihen- und Doppelhausbebauung mit dem Normaltyp von 74 qm für das Reihenhaus (236 Einheiten) und 83 qm für das Doppelhaus (73 Einheiten). Es ergibt sich eine Geschoßflächenzahl von ca. 0,4 (vgl. Abb. 4.2 und Foto).

RETAMAS I dagegen ist als 1-geschossige Reihenhausbebauung mit dem sehr kleinen Normaltyp von 37 qm (401 Einheiten) ausgelegt. Die Planer der JNV haben Erweiterungsphasen für diesen Typ vorgesehen, so daß das Haus bis zu etwa 87 qm, dann auch 2-geschossig, wachsen kann. Die Erweiterung liegt aber voll in der Hand des Besitzers und benötigt eine Baugenehmigung der Gemeinde. Tatsächlich wurde beobachtet, daß einige Besitzer schon kurz nach dem Einzug mit Erweiterungsbauten begannen - demnach waren noch finanzielle Kapazitäten frei -, und innerhalb eines knappen Jahres wurden illegal bis zu 2 Geschosse hinzugefügt. Nach den vorgesehenen Erweiterungsmöglichkeiten ergeben sich Geschoßflächenzahlen von ca. 0,4 bei Wohnungsübergabe bis 1,0 beim Stand des Endausbaus (vgl. Abb. 4.3, 4.4 und Foto).

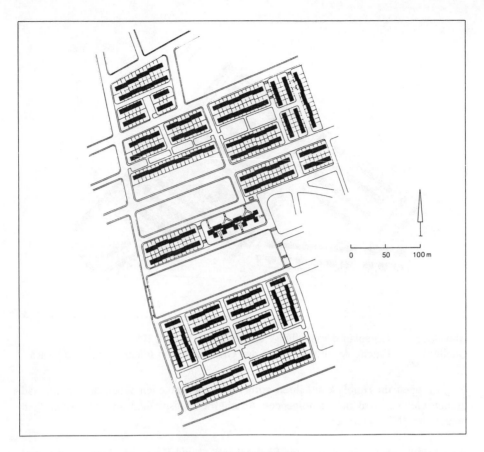

Abb. 4.3: Lageplan der Siedlung "RETAMAS I"
Quelle: Eigene Ausarbeitung auf der Grundlage von Plänen der JNV Cuenca

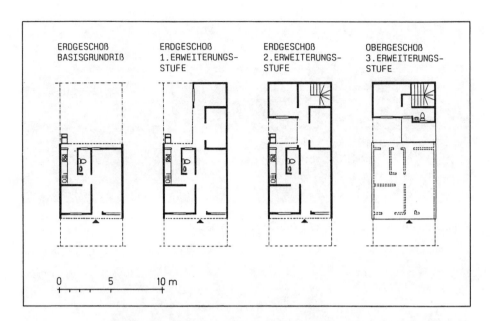

Abb. 4.4: Grundriß des normalen Wohntyps von "RETAMAS I"
Quelle: Eigene Ausarbeitung auf der Grundlage von Plänen der JNV Cuenca

Teilansicht der Siedlung "EL PARAISO" (Doppelhäuser)

Teilansicht der Siedlung "RETAMAS"

Erste Erweiterungen (Siedlung "RETAMAS")

4.2. Methode der Untersuchung

Die Antragstellung auf eine Wohnung und die Auswahl der Antragsteller wird mit Hilfe von Sozialarbeiterinnen der Abteilung "Sozialuntersuchung"[5] der Regionalstelle der JNV in Cuenca abgewickelt. Der Antragsteller füllt einen Fragebogen aus, der nicht nur die üblichen persönlichen Daten wie Name, Wohnadresse, Alter, Beruf u. ähnl. erfragt, sondern auch die soziale und ökonomische Lage und die aktuelle Wohnsituation wie:

- die Anzahl und Art der Familienmitglieder des Bewerbers
- die wirtschaftlichen Aktivitäten der Familienmitglieder und die entsprechenden Einkommen, Angaben zu Grund- und Hausbesitz und sonstige Sach- und Geldvermögenswerte
- die aktuelle Wohnsituation wie Wohnungstyp, Anzahl der Schlafzimmer, hygienische Ausstattung.

Die Angaben werden u. a. durch den häuslichen Besuch einer Sozialarbeiterin überprüft, und die Situation jeder antragstellenden Familie wird individuell beurteilt. Allerdings bestehen einige objektive Grundbedingungen, die erfüllt sein müssen:

- der Bewerber muß mindestens 2 Jahre in der Stadt gewohnt haben
- er muß einen sicheren Arbeitsplatz oder ein regelmäßiges Einkommen vorweisen und eine minimale Spareinlage auf der Bank (10.000 sucres 1985/86), seine wirtschaftliche Lage muß es ihm ermöglichen, die Wohnung finanzieren zu können
- er muß eine Familie oder Personen, für die eine familiäre Verpflichtung besteht, zu versorgen haben
- er darf nicht schon im Besitz eines Hauses bzw. einer Wohnung sein[6].

Diese Fragebögen sind Grundlage der Untersuchung, wobei ihre Auswertung wegen Unvollständigkeit etwas eingeschränkt werden mußte. Davon betroffen waren insbesondere die Rubriken hinsichtlich der Dauer des Aufenthalts in der Stadt für nicht in der Stadt Geborene und der Wohnsituation.

Folgende Indikatoren wurden genutzt:

1. Die Familiengröße
2. Die Altersstruktur
3. Die Beschäftigungsarten

---

[5] Departamento de Investigación Social

[6] Das Wohneigentum wird in Ecuador absolut grundlegend für die Wohnversorgung angesehen; so gilt als Kriterium zur Beurteilung des Wohnungsdefizits die Quote der Haushalte in Mietwohnungen.

4. Das Familieneinkommen und seine Zusammensetzung
5. Die Wohnungstypen
6. Die Anzahl der Schlafzimmer
7. Die gezahlten Mieten
8. Der Standort der Wohnung
9. Die Herkunft der Antragsteller nach in Cuenca Geborenen und nicht in Cuenca Geborenen.

Die Siedlung PARAISO I und II besteht aus 321 Wohneinheiten. Von den 321 ausgewählten Familien wurden 280 Fragebögen (87 %) ausgewertet, die restlichen 41 Fragebögen (13 %) wegen Unvollständigkeit aussortiert.

Die Siedlung RETAMAS I mit 403 Wohneinheiten brachte der JNV Probleme bei der Vergabe: Nachdem sich rd. 500 Familien beworben hatten, zog ein so hoher Prozentsatz der Familien die Bewerbung zurück, daß es nötig war, neue Bewerber zu finden[7]. Zur Zeit der Untersuchung bestand keine endgültige Liste der ausgewählten Bewerber, obwohl die Wohnungen zum Teil schon bezogen waren, so daß in diesem Falle die 484 Fragebögen der Antragsteller ausgewertet wurden. Der eventuelle strukturelle Unterschied zwischen der Gruppe der Antragsteller und der der daraus ausgewählten Bewohner dürfte zu vernachlässigen sein. Derjenige Interessent, dessen Antrag angenommen ist, und der damit für die Sozialbeurteilung in Betracht kommt, wird als potentieller Bewohner angesehen.

---

[7] Vermutet wird, daß die Wohnungen für viele als zu klein, für andere aber die monatliche finanzielle Belastung als doch nicht tragbar empfunden wurde.

4.3. Die Bevölkerung

4.3.1. Altersstruktur

Die Alterszusammensetzung beider Untersuchungsgruppen unterscheidet sich, auch unter Berücksichtigung der verschiedenen Zeitpunkte, in ähnlicher Weise von der Altersstruktur der Gesamtstadt, wie aus Abbildung 4.5 im Vergleich zu Abbildung 3.12 deutlich hervorgeht:

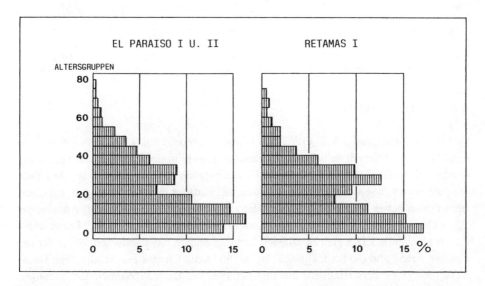

Abb. 4.5: Altersstruktur "EL PARAISO I u. II" (1978) und "RETAMAS I" (1985)

Die Altersgruppe der bis unter 15jährigen erreicht, die Siedlungen betreffend, einen noch etwas größeren Anteil als für die schon als sehr "jung" bezeichnete Stadt (vgl. Kap. 3.2.3.). Auch der Anteil der Gruppe der 25- bis unter 40jährigen liegt für die Siedlungen deutlich über dem städtischen Durchschnitt. Dagegen als unterrepräsentiert im Vergleich zur Gesamtstadt zeigen sich die Altersgruppen der 15- bis unter 25jährigen und der ab 40jährigen (Tab. 4.3).

Folglich gilt für beide Wohnsiedlungen, daß vorwiegend Erwachsene mittleren Alters und Kinder einziehen. Obwohl auch das Durchschnittsalter für beide Gruppen einen etwa gleichen Wert von 20 Jahren zeigt, ist doch eine leichte Verschiebung innerhalb der Altersstruktur festzustellen. Im Gegensatz zur älteren Siedlung EL PARAISO weist die Bevölkerung von RETAMAS eine stärkere Konzentration der jüngeren Altersgruppe und der 25- bis unter 30jährigen auf. Dadurch läßt sich hier auf einen höheren Anteil kürzlicher gegründeter Familien schließen.

Tab. 4.3: Altersgruppenzusammensetzung, "EL PARAISO I u. II" (1978), "RETAMAS I" (1985) und Stadt Cuenca (1982)

Altersgruppen	EL PARAISO	RETAMAS	Stadt	
	1978 %	1985 %	1974 %	1982 %
0 - < 15	44,8	43,5	40,6	36,0
15 - < 25	17,3	17,3	22,7	24,7
25 - < 40	23,7	28,4	17,4	20,2
ab 40	14,2	10,8	19,3	19,1

4.3.2. Haushaltsgrößen

Wie bereits in Kapitel 2.4.1. (Tab. 2.5) erwähnt, gehört Ecuador auch heute noch zu den Ländern mit hohem natürlichen Wachstum, obwohl in jüngerer Zeit die Anzahl der Kinder pro Familie und damit auch die Haushaltsgröße zurückgegangen ist. Aus Tab. 4.4 geht hervor, wie sich die Haushaltsgröße, auf Ecuador insgesamt bezogen, auf einen immer noch hohen Wert von 5,06 Pers./Haush. verringert hat, wobei der Wert für die städtischen Gebiete, früher über dem Landesdurchschnitt liegend, 1982 knapp unter diesen gefallen ist. Die gleiche fallende Tendenz zeigen die städtischen Werte für die Provinz Azuay und die Stadt Cuenca. Noch 1962 hatte Cuenca eine relativ hohe Haushaltsgröße (5,61 Pers./Haush.), die aber bis 1982 auf das nationale Niveau gesunken ist (4,96 Pers./Haush.).

Für die Bevölkerungsgruppe von EL PARAISO errechnet sich eine durchschnittliche Haushaltsgröße von 5,24 Pers./Haush., die dem Durchschnittswert der Stadt um 1978[8] in etwa entsprechen könnte. Für die RETAMAS-Gruppe dagegen liegt dieser Wert mit 4,15 Pers./Haush. weit unter dem städtischen Durchschnitt (1982: 4,96 Pers./Haush.).

Der Vergleich der Haushaltsgrößenstruktur beider Untersuchungsgruppen (Abb. 4.6) zeigt deutlich für die RETAMAS-Gruppe einen größeren Anteil kleinerer Haushalte und für die EL PARAISO-Gruppe einen größeren Anteil großer Haushalte und dazu auch eine höhere maximale Familiengröße (EL PARAISO: 11 Mitglieder, RETAMAS: 9 Mitglieder). Die 2-Personen-Haushalte der RETAMAS-Gruppe werden vorwiegend von (noch) kinderlosen Paaren, weniger von unvollständigen Familien gebildet. Die 3-Personen-Haushalte stellen in ihrer Mehrheit die kleine junge Familie dar. Diese Beob-

---

[8] Leider wurden keine Werte für 1974 gefunden, aber vermittelt man die Werte zwischen 1962 und 1982, dann würde der Wert für 1974 etwa bei 5,1 liegen.

Tab. 4.4: Durchschnittliche Haushaltsgrößen, Ecuador, Provinz Azuay und Cuenca (1962, 1974 und 1982)

Bereiche	1962	1974	1982
Ecuador	5,13	5,39	5,06
Ecuador, städtische Gebiete	5,36	5,44	4,96
Ecuador, ländliche Gebiete	5,00	5,36	5,15
Provinz Azuay	4,49	4,54	4,60
Prov. Azuay, städtische Gebiete	5,47	5,32	4,92
Prov. Azuay, ländliche Gebiete	4,23	4,26	4,42
Canton Cuenca	4,78		4,77
Stadt Cuenca	5,61		4,96
Canton Cuenca, ländliche Gebiete	4,32		4,55

Quelle: INEC, Volkszählung 1962, 1974, 1982 und eigene Berechnungen

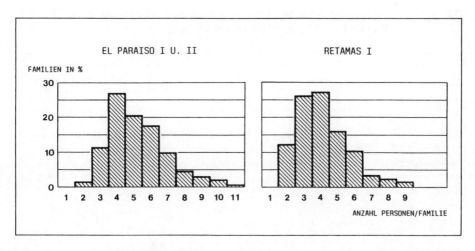

Abb. 4.6: Haushaltsgrößenstruktur "EL PARAISO I und II" (1978) und "RETAMAS I" (1985)

achtungen stimmen auch mit der oben dargestellten Altersstruktur überein (vgl. Abb. 4.5). Bei der RETAMAS-Bevölkerung handelt es sich also um vorwiegend junge im Aufbau befindliche Familien, wodurch auch die niedrige Haushaltsgröße erklärbar ist.

Daraus läßt sich folgern, daß die Bevölkerung von EL PARAISO in Relation zu ihrer Familienentwicklung erst zu einem späteren Zeitpunkt in die Siedlung eingezogen ist als die Bevölkerung von RETAMAS, die schon zu Beginn der Familiengründung über eine eigene Wohnung verfügen kann. Hierbei soll allerdings auch darauf hingewiesen werden, daß die Wohnungsgrößen für EL PARAISO vorwiegend bei 74 qm, dagegen für RETAMAS nur bei 37 qm liegen. Die sehr kleine, aber billigere Wohnung erleichtert vermutlich ein früheres Einsteigen in das Wohneigentum. Die Möglichkeit der baulichen Erweiterung erlaubt die langsame räumliche Anpassung an die Familienentwicklung.

4.3.3. Einkommensstruktur

Die Einkommensstruktur der Untersuchungsgruppen ist in Tabelle 4.5 dargestellt. In Anlehnung an den aktuellen Minimallohn (1985: 8.500 sucres) und an eine zur Zeit der Untersuchung in Arbeit befindliche sozio-ökonomische Untersuchung des IICT wurden gleichmäßig gestufte Einkommensklassen gebildet, die allerdings für die Einkommen von 1978 (EL PARAISO) nicht in Bezug zum damals gültigen Minimallohn stehen.

Tab. 4.5: Einkommensstruktur (Familieneinkommen, Hauptverdiener), "EL PARAISO I u. II" und "RETAMAS I", in %

Einkommens-gruppen	Nr.	EL PARAISO (1978)			RETAMAS (1985)		
		Familien-einkommen	Einkommen des Haupt-verdieners	Familien mit mehr als 1 Verdiener	Familien-einkommen	Einkommen des Haupt-verdieners	Familien mit mehr als 1 Verdiener
0 - 2.800	1	0,3	2,9	-	-	-	-
2.801 - 5.6oo	2	11,9	50,2	4,6	0,2	0,8	-
5.601 - 8.400	3	51,1	36,1	32,9	0,2	5,9	-
8.401 - 11.200	4	30,6	9,7	23,2	4,6	30,3	0,4
11.201 - 14.000	5	5,8	1,1	4,6	13,8	23,9	6,8
14.001 - 16.800	6	0,3	-	0,4	30,0	21,6	19,0
16.801 - 19.600	7	-	-	-	21,3	7,7	15,7
19.601 - 22.400	8	-	-	-	16,7	8,1	9,9
22.401 - 25.200	9	-	-	-	7,9	1,2	6,6
25.201 - 28.000	10	-	-	-	3,9	0,2	3,7
28.001 - 30.800	11	-	-	-	1,4	0,6	0,8
		100,0	100,0	65,7	100,0	100,0	62,9

Die Familieneinkommen beider Untersuchungsgruppen werden erheblich durch die wirtschaftliche Tätigkeit mehrerer Familienmitglieder aufgebessert. Für EL PARAISO weisen mehr Haushalte (67 %) mehr als 1 aktives Mitglied auf als für RETAMAS (63 %). Wie aus Tabelle 4.6 hervorgeht, tragen bei den Familien von EL PARAISO sogar bis zu 4 Personen zum gesamten Familieneinkommen bei. Betreffend die RETAMAS-Gruppe wurden fast ausschließlich nur maximal bis zu 2 Verdienern pro Haushalt festgestellt, wobei hier der Anteil (60 %) höher liegt als für die EL PARAISO-Gruppe (55 %). Diese Abweichung zwischen beiden Gruppen läßt sich auf die unterschiedliche Haushaltsgröße und Altersstruktur zurückführen. In größeren Haushalten und in Haushalten mit z. B. älteren Kindern, wie für EL PARAISO gezeigt wurde, arbeiten eher mehr Familienmitglieder mit als in kleinen und noch sehr jungen Familien. Trotzdem liegt die Erwerbsquote der Bevölkerung von RETAMAS aufgrund der kleineren Haushalte doch bedeutend höher als für EL PARAISO:

Erwerbsquote:	städt. Bevölkerung	Ecuador	(1982)	30 %
		Cuenca	(1982)	32 %
	EL PARAISO I u. II		(1978)	34 %
	RETAMAS		(1985)	40 %

Da die Bevölkerung im nicht mehr aktiven Alter in den untersuchten Siedlungen unterrepräsentiert ist, zeigen beide Gruppen eine höhere Aktivitätsrate - im Fall RETAMAS sogar eine deutlich höhere - als die der Stadt Cuenca, bzw. auch die der städtischen Bevölkerung des Landes.

Tab. 4.6: Haushalte nach Anzahl der Verdiener pro Haushalt, "EL PARAISO I u. II" (1978) und "RETAMAS I" (1985), in %

Anzahl Verdiener/Haush.	EL PARAISO	RETAMAS
1	33	37
2	55	60
3	10	3
4	2	-
	100	100

Tab. 4.7: Einkommensstruktur bezogen auf den zur jeweiligen Zeit gültigen Minimallohn (ML), "EL PARAISO I u. II" (1978) und "RETAMAS I"(1985), in %

Einkommensniveau	EL PARAISO 1978 ML 2.000 sucres[1]		RETAMAS 1985 ML 8.400 sucres[2]	
	Familieneinkommen	Hauptverdiener	Familieneinkommen	Hauptverdiener
unter 2 ML	0,4	14,6	48,8	82,2
2 - 4 ML	52,9	71,1	51,2	17,8
ab 4 ML	46,4	14,3	-	-
Gesamt	100,0	100,0	100,0	100,0

(1) 1978 galt noch der 1976 festgesetzte Minimallohn von 1.500 sucres. Diese Höhe schien für 1978 stark veraltet, wofür auch spricht, daß 1979 der Minimallohn auf 2.000 sucres erhöht wurde. So wurde für die Analyse, da realistischer, der Wert von 1979 mit 2.000 sucres eingesetzt.

(2) Der tatsächliche Minimallohn von 1984 liegt bei 8.500 sucres. Wegen runderer Klassifizierungsstufen und in Anlehnung an die Studie des IICT der Universität Cuenca wurde hier der Wert von 8.400 sucres zugrunde gelegt.

Tab. 4.8: Art der Tätigkeit der Hauptverdiener, "EL PARAISO I u. II" (1978) und "RETAMAS I" (1985), in %

Art der Tätigkeit	Hauptverdiener	
	EL PARAISO	RETAMAS
Angestellte	63,9	46,9
Arbeiter	2,9	13,2
Selbständig im Handel	12,5	14,9
Selbständig im Handwerk	10,0	17,2
Selbständig als Taxifahrer	8,2	6,4
Bauer	0,4	0,2
Pensionär	1,4	0,2
Ohne Angabe	0,7	1,0
Gesamt	100,0	100,0

Um die in Tabelle 4.5 dargestellten Einkommensstrukturen vergleichen zu können, wurde versucht, die Einkommenssituation der beiden Bevölkerungsgruppen dem zur jeweiligen Zeit gültigen Minimallohn zuzuordnen. Es wurde dabei davon ausgegangen, daß die staatlich festgesetzten Minimallöhne in einem etwa gleichmäßigen Verhältnis zur Lohn- und Kostensituation der jeweiligen Zeitpunkte stehen und deshalb als Vergleichseinheit dienen können (Tab. 4.7).

Aus Tabelle 4.7 folgt, daß unter Anwendung der in Kapitel 3.2.2. aufgestellten Definitionen für sozio-ökonomische Klassen, die Bevölkerung von EL PARAISO nach dem Hauptverdiener vorwiegend zur Mittelschicht (71 %) gehört, während die Bevölkerung von der späteren Siedlung RETAMAS zur Unterschicht (82 %) zu zählen ist. Wird von dem Familieneinkommen ausgegangen, dann können die Familien von EL PARAISO sogar zu einem hohen Prozentsatz (46 %) den oberen Schichten zugeordnet werden - dabei die Mehrheit aber der unteren Oberschicht, vgl. Tabelle 4.5 - und kaum noch der Unterschicht. Während die Familien von RETAMAS sich fast gleichgewichtig auf die Unter- und Mittelschicht verteilen.

Die Betrachtung der Art der Tätigkeit der Hauptverdiener (Tab. 4.8 und Abb. 4.8) ergänzt obiges Ergebnis. Durch die Auswahlkriterien der JNV begünstigt, stellen die Angestellten in beiden Gruppen das große Übergewicht dar. Das Angestelltenverhältnis bedeutet ein regelmäßiges Einkommen, wenn auch die Gehälter mäßig sind, und ist eine gute Vorbedingung für die Kreditwürdigkeit. Hier zeigen die mittel- und gutsituierten Familien von EL PARAISO einen 20%ig höheren Anteil der Angestellten als die Familien von RETAMAS. Relativ viele Lehrer und einige junge Ärzte wurden registriert. Arbeiter dagegen verdienen um den Minimallohn und sind sichtlich stärker in der RETAMAS-Gruppe vertreten, ebenso wie die besser verdienenden Fahrer (meist Taxi) weniger Gewicht einnehmen. Auch die Selbstständigen im Handel und Handwerk der RETAMAS-Gruppe, die relativ zum jeweiligen Minimallohn niedrigere Verdienste erreichen als die entsprechenden Aktiven von EL PARAISO, stellen einen größeren Anteil dar.

Die immer wieder geäußerte Kritik, daß der soziale Wohnungsbau in den Ländern der Dritten Welt der Mittelschicht und nicht der wirklich bedürftigen Unterschicht zugute kommt, trifft wohl im Fall EL PARAISO zu. Nachdem im nationalen Entwicklungsplan von 1980-84 ausdrücklich das wohnungspolitische Ziel, die ärmste Bevölkerungsschicht vorrangig bei der Wohnungsversorgung zu unterstützen formuliert wurde, scheint die Siedlung RETAMAS einer Umsetzung dieses politischen Willens schon etwas näher zu kommen. Aus dem Beispiel RETAMAS könnte geschlossen werden, daß große Bemühungen seitens der JNV unternommen wurden, in stärkerem Maß die Unterschicht zu erreichen, wobei die Bemühungen vorwiegend darin lagen, die Häuser billiger, d. h. hier kleiner, zu bauen. Demgegenüber stehen erhebliche finanzielle Anstrengungen seitens der Interessenten, die aber nur zum Ziel führen, wenn die Zahlungsregeln der Bank (BEV) erfüllt werden können.

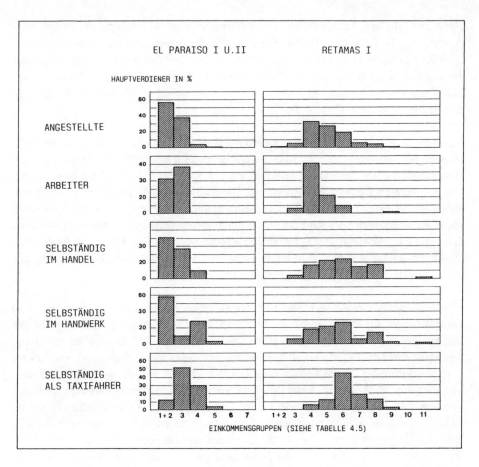

Abb. 4.7: Hauptverdiener nach der Art der Tätigkeit, "EL PARAISO I und II" (1978) und "RETAMAS I" (1985)

4.4. Die vorherige Wohnsituation

4.4.1. Art der Wohnungen

Betreffend den Wohntypus waren die Angaben in den Fragebögen nicht immer sehr eindeutig. Z. B. erschien öfter die Aussage "Zimmer in Untermiete" gleichzeitig mit "eigene Küche und Bad". In diesem Fall schien es angebracht, die Wohnung der Kategorie "Wohnung im Mehrfamilienhaus" zuzuordnen. Ebenso wurde eine angegebene "Wohnung im Mehrfamilienhaus" als solche auch anerkannt, wenn, trotz fehlendem privaten Bad und eigener Küche, wenigstens 3 Zimmer zur Verfügung standen. D. h., die Kategorie "Wohnung im Mehrfamilienhaus" bedeutet nicht unbedingt, daß es sich um eine abgeschlossene, komplette Wohnung handelt.

Tab. 4.9: Haushalte nach Art der vorherigen Wohnung, "EL PARAISO I u. II" (1978), "RETAMAS I" (1985) und Stadt Cuenca (1982), in %

Art der Wohnung	Haushalte		
	EL PARAISO	RETAMAS	Stadt Cuenca
Haus/Villa	11,1	6,5	52,7
Wohnung im Mehrfamilienhaus	53,1	43,4	18,5
Zimmer in Untermiete	31,4	38,6	18,3
Media agua[1]	1,3	6,7	7,1
Tienda[2] o. ä.	3,1	4,8	-
Hütten u. ähnl.	-	-	1,5
Andere u. nicht z. Wohnen best. Räume	-	-	0,6

(1) Art Nebengebäude, 1-gesch., aus festen Baumaterialien, mit Pultdach.
(2) Wie in Kap. 3. beschrieben (Abb. 3.12), im Zensus nicht speziell ausgewiesen, dort zur Kategorie "Andere..." gehörig.

Die Kategorie "tienda oder ähnl." schließt, abgesehen von den "tiendas" (Kap. 2.3.3. u. Abb. 3.1), Räume ein, die nicht innerhalb einer anderen Wohnung liegen. Die Versorgung dieser Räume mit Wasser, WC, ganz zu schweigen vom Bad, ist häufig besonders mangelhaft.

In Tabelle 4.9 ist die Wohnsituation in bezug auf die Art der Wohnung beider Untersuchungsgruppen der Situation der Gesamtstadt gegenübergestellt. Es zeigt sich zum einen sehr deutlich die ungünstigere Lage der Antragsteller im Vergleich mit dem Gesamtbild der Stadt und zum anderen auch eine unterschiedliche Situation zwischen den beiden Untersuchungsgruppen.

Während gut die Hälfte der Familien Cuencas in einem 1-Familienhaus wohnen - allerdings gehören dazu auch sehr bescheidene Häuschen - , traf dies für die Familien von EL PARAISO nur auf 11 % und für die von RETAMAS nur noch auf gut 6 % zu. Die Mehrheit der untersuchten Haushalte stammt aus Wohnungen in Mehrfamilienhäusern (EL PARAISO rd. 53 %, RETAMAS rd. 43 %), wobei nach der hier angewandten Definition dies auch eine "großzügigere Untermiete" einschließt. Hinsichtlich der prekärsten Wohnsituation, wie "media agua" und "tienda", liegen die RETAMAS-Familien an der Spitze mit gut 11 %, dann folgt die Stadt mit über 9 %. Die EL PARAISO-Gruppe ist nur zu rd. 4 % betroffen. Damit wird wieder deutlich, daß diese Bevölkerungsgruppe nicht zu den untersten Schichten gehört. Sicherlich im Zusammenhang

Tab. 4.10: Mietstruktur in bezug zu den zur jeweiligen Zeit gültigen Minimallöhnen (ML), "EL PARAISO I u. II" (1978) und "RETAMAS I" (1985) in %

Miethöhen	Haushalte						
	ELPARAISO 1978				RETAMAS 1985		
	Gesamt	Stufen nach ML (angenähert)			Gesamt	Stufen nach ML (angenähert)	
(sucres)	%	bis 1/2 ML	bis 1 ML	1 ML bis 2 ML	%	bis 1/2 ML	bis 1 ML
Gratis	6,8						
0 - 1.000	42,3	49,1			23,6		
1.001 - 2.000	47,7		96,8		16,6		
2.001 - 3.000	2,9				24,2		
3.001 - 4.000	0,3			3,2	19,9	84,3	
4.001 - 5.000	-				9,1		
5.001 - 6.000	-				3,9		
6.001 - 7.000	-				1,2		
7.001 - 8.000	-				1,5		100,0
Gesamt	100,0				100,0		

mit ihrem besseren sozio-ökonomischen Stand können die EL PARAISO-Familien auf eine günstigere Wohnungsherkunft zurückblicken als die RETAMAS-Gruppe. Im Hinblick auf die Kategorien der besseren Wohnverhältnisse wie "Haus" und "Wohnung im Mehrfamilienhaus" liegt aber auch die EL PARAISO-Gruppe unter dem städtischen Durchschnitt.

Die gehobenere Wohnsituation der Bewohner der Siedlung EL PARAISO spiegelt sich auch in der Höhe der Mieten wider, die die Haushalte zahlten bzw. zahlen konnten, wenn als Vergleichsmaßstab wieder die Minimallöhne der entsprechenden Zeit eingesetzt werden. So geht aus Tabelle 4.10 hervor, daß nur rd. 50 % der Haushalte von EL PARAISO, aber rd. 85 % der Haushalte von RETAMAS bis zu 1/2 Minimallohn an Miete zahlten. Gute 3 % der EL PARAISO-Haushalte zahlten sogar zwischen 1 bis 2 Minimallöhnen, während von den RETAMAS-Haushalten nicht einmal 3 % bei "Spitzenmieten" von etwa 0,75 bis 1 ML lagen.

Die relativ niedrigeren Mieten, die die RETAMAS-Haushalte aufbrachten, zeigen auch wie die wirtschaftlich schwache Situation der Familien nur den Zutritt zum Billigstsektor des Wohnungsmarktes erlaubt. Dabei bleibt, an den niedrigen Einkommen gemessen, immer noch eine starke Mietbelastung der Haushalte, wenn auf der einen Seite etwa 82 % der Hauptverdiener unter 2 ML erhalten und auf der anderen Seite ca. 85 % der Haushalte bis zu 1/2 ML an Miete ausgeben müssen.

4.4.2. Wohnungsgrößen und Belegung

Anhand der Art der Wohnungen wurde die vorherige Wohnsituation der beiden Bevölkerungsgruppen von EL PARAISO und RETAMAS annähernd aufgezeigt. Mit Hilfe der Größe und der Belegung der Wohnungen soll im folgenden die vorherige Wohnungsversorgung vertieft untersucht werden. Da genauere Informationen fehlen, dienen die Angaben zur Anzahl der Schlafzimmer dazu, eine ungefähre Vorstellung über die Wohnungsgrößen zu entwickeln. Entsprechend ist die Wohnungsgrößenstruktur in Tabelle 4.11 dargestellt.

Tab. 4.11: Wohnungsgrößenstruktur, "EL PARAISO I u. II" (1978), "RETAMAS I" (1985) und städtische Haushalte Ecuador (1982), in %

Anzahl Schlafzimmer	Haushalte		
	EL PARAISO	RETAMAS	Ecuador städt. Haushalte
nur 1 Raum	5,8	23,1	0,4[1]
dazu 1 Schlafz.	34,1	41,0	49,5
2	35,4	28,3	24,9
3	22,6	6,5	16,2
4	1,3	1,1	6,1
5	0,4	-	1,9
6	0,4	-	0,6
7 u. mehr	-	-	0,4
Gesamt	100,0	100,0	100,0

(1) Ohne Schlafzimmer (Anzahl Räume unbekannt)

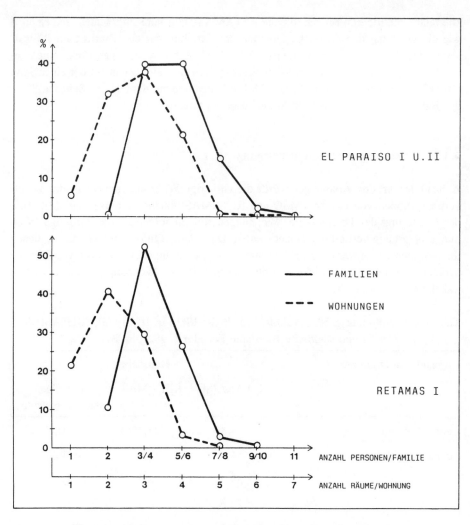

Abb. 4.8: Überlagerung von Wohnungsgrößen- und Familiengrößenstruktur, "EL PARAISO I und II" (1978) und "RETAMAS I" (1985)

Die Aussagen der Tabelle 4.9 bestätigen sich: Verglichen mit der Situation aller städtischen Haushalte des Landes[9], nehmen die Untersuchungsgruppen eine ungünstigere Position ein, wobei die EL PARAISO-Gruppe wieder um ein Erhebliches besser mit Wohnraum versorgt war als die Antragsteller für RETAMAS.

---

[9] Entsprechende Vergleichszahlen für die Stadt Cuenca sind nicht erhältlich.

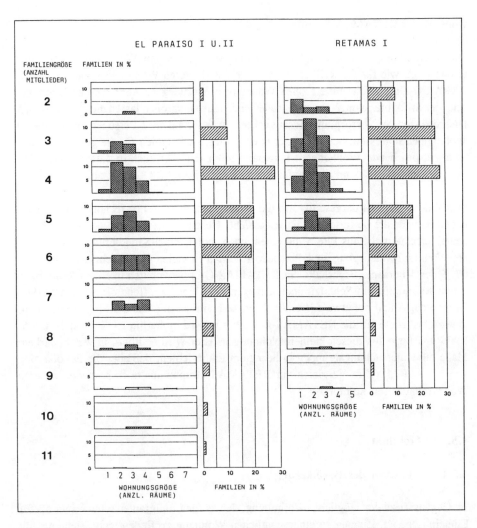

Abb. 4.9: Belegungsdichten der vorherigen Wohnungen, "EL PARAISO I und II" (1978) und "RETAMAS I" (1985)

In nur einem Raum, ohne ein separates Schlafzimmer, lebten fast ein Viertel der Haushalte der RETAMAS-Gruppe; diese Situation betraf nur knappe 6 % der Familien von EL PARAISO und nur noch 0,4 % aller städtischen Haushalte Ecuadors. Mittelgroße Wohnungen, 1 bis 2 Schlafzimmer, wurden von rd. 70 % der Haushalte beider Gruppen bewohnt. Dabei überwogen aber bezüglich der RETAMAS-Gruppe die Haushalte in Wohnungen mit nur 1 Schlafzimmer (41 %). Über große Wohnungen mit 3 Schlafzimmern verfügte ein hoher Anteil von gut 22 % der EL PARAISO-Familien - dieser Wert liegt sogar über dem Landesdurchschnitt von 16 % - dagegen nur der geringe Anteil von 6 % der RETAMAS-Familien.

Die in Abbildung 4.8 dargestellte Verteilung der vorherigen Wohnungen nach ihrer Größe zeigt, wie für die RETAMAS-Gruppe die kleineren Wohnungen und für die EL PARAISO-Gruppe die mittelgroßen Wohnungen überwiegen. Aber erst die Überlagerung der Strukturen von Wohnungsgrößen und Haushaltsgrößen lassen die rechnerischen Diskrepanzen des Versorgungsniveaus erkennen: Während die 2-Personen-Haushalte mit Wohnungen mit einem Schlafzimmer überversorgt sind, fehlen für die größeren Haushalte entsprechende Wohnungen. Insgesamt schneidet aber auch in diesem Vergleich, trotz größerer Haushalte, die Bevölkerung von EL PARAISO besser ab.

In Abbildung 4.9 ist dargestellt, wie die Wohnsituation nicht nur rechnerisch, sondern tatsächlich für die betreffenden Fälle aussieht. Geht man davon aus, daß die 3-Personen-Haushalte meist aus Eltern mit einem noch sehr kleinen Kind bestehen, dann wird die Wohnraumversorgung ab 4-Personen-Haushalt in vielen Fällen sehr kritisch: Etwa 67 % der 4-Personen-Haushalte der RETAMAS-Gruppe wohnten in einem Raum bzw. einem Raum plus ein Schlafzimmer, dagegen liegt hier betreffend die EL PARAISO-Gruppe der Anteil bei etwa 47 %. Auch große Familien mit 5 und 6 Mitgliedern stammen zu fast 60 % für die RETAMAS-Bewerber und zu immerhin 35 % für die EL PARAISO-Gruppe aus diesen kleinen Wohnungen. Hier wird deutlich, in welch starkem Maße die Untersuchungsgruppen in beengtem Raum lebten, daß aber die Bevölkerung von EL PARAISO im Vergleich zur RETAMAS-Gruppe aus doch sehr viel besseren Wohnverhältnissen kommt.

4.5. Mobilität

4.5.1. Herkunft der Bevölkerung

Im Gegensatz zu der möglichen Vermutung, daß es für Immigranten schwieriger als für Einheimische ist, Zugang zu einer staatlichen Wohnung zu finden, zeigt sich aber für beide Untersuchungsgruppen ein hoher Anteil an Immigrantenhaushalten (d. h. der Antragsteller ist nicht in Cuenca geboren), wenn dazu im Vergleich die Bevölkerung der Stadt betrachtet wird (rd. 26 %, vgl. Tab. 3.7).

Haushalte in %:	in Cuenca geboren	nicht in Cuenca geboren
EL PARAISO	54,9	45,1
RETAMAS	45,3	54,7

Über die Hälfte, knapp 55 %, der Antragsteller von RETAMAS sind nicht in Cuenca geboren. Für die EL PARAISO-Gruppe liegt dieser Anteil um etwa 10 % niedriger, beträgt aber immerhin noch 45 %. Zwar könnte gefolgert werden, daß sich die zugezogene Bevölkerung, da stark motiviert, zu eigenem sicherem Wohnraum zu gelangen, besonders um die staatlichen Wohnungen bemüht. Andererseits ist bekannt, daß die Zugezogenen in ihrer Mehrheit den unteren Bevölkerungsschichten angehören. So ergab z. B. die Befragung der "Conventillo-Familien", die vorwiegend der untersten Bevölkerungsschicht angehören, einen Anteil der nicht in Cuenca geborenen Haushaltsvorstände von 71 % (vgl. Kap. 5.2.1., Tab. 5.2). Ob hier also eine Abweichung zu den entsprechenden Schichten der Gesamtstadt besteht, kann nicht geklärt werden. Aber wie in Kapitel 3.2.4. aufgeführt, hat die Zuwanderung in den letzten Jahren kontinuierlich zugenommen, so daß der Anteil der Immigranten an der Stadtbevölkerung zur Zeit der Siedlung RETAMAS höher liegt als noch zur Zeit der Siedlung EL PARAISO.

Tab. 4.12: Immigrantenhaushalte nach ihrer Wohndauer in Cuenca, "EL PARAISO I u. II" und "RETAMAS I", in %

Wohndauer	Haushalte in %		Immigranten
Jahre	EL PARAISO (1978)	RETAMAS (1982)	Stadt Cuenca (Zensus 1982)
2 - 4	10,7	20,5	38,3 [1]
5 - 9	31,2	24,9	29,0
10 - 14	20,5	16,9	10 Jahre u. mehr:
15 - 19	14,3	10,8	32,7
20 - 24	9,8	14,5	
25 u. mehr	13,4	12,4	
Gesamt	100,0	100,0	100,0

(1) Dieser Wert bezieht sich auf 0 - 4 Jahre

Die Betrachtung der zugezogenen Bevölkerung nach ihrer jeweiligen Wohndauer in der Stadt (Tab. 4.12) läßt für beide Gruppen ein Schwergewicht der zwischen 5 und 9 Jahren am Ort Ansässigen erkennen. Diese Anzahl von Jahren, so ließe sich erklären, benötigt ein Zuwanderer der unteren Schichten, um eine gesicherte Existenz aufzubauen und damit auch die Wohnungsfrage auf Dauer zu lösen. Auffällig ist für RETAMAS der hohe Anteil von gut 20 % der erst seit 2 - 4 Jahren in Cuenca lebenden Antragsteller. Das heißt, daß eine relativ große Zahl von Zuwanderern schon nach sehr kurzer Zeit am Ort (Bedingung für die Antragstellung sind mindestens 2 Jahre am Ort) erreicht, sich mit Wohneigentum, wenn auch bescheidenem, zu versorgen. Die Ursache kann aber auch im strukturellen Unterschied der Bevölkerungsgruppen liegen, wie die verstärkte Zuwanderung der jüngeren Zeit und die Zugehörigkeit zu einer sozio-ökonomisch schwächeren Gruppe der RETAMAS-Bevölkerung.

Der im Gegensatz zu RETAMAS höhere Anteil der 5 - 9 und 10 - 14 Jahre am Ort ansässigen Zuwanderer der EL PARAISO-Gruppe spricht wieder dafür, daß die Familien von EL PARAISO länger auf das eigene Haus gewartet und daher auch bei Einzug den Stand einer konsolidierten Familie erreicht hatten (vgl. Kap. 4.3.1. und 4.3.2.). Die schon sehr lange, ab 15 Jahre, in Cuenca lebenden Immigranten nehmen für beide Gruppen gleichermaßen ein bemerkenswertes Gewicht (knapp 38 %) ein. Hier dürfte es sich um eine junge Zuwanderergeneration handeln, die mit ihren Eltern oder als Jugendliche alleine in die Stadt zogen und inzwischen ihr Leben in der Stadt eingerichtet haben. Für die EL PARAISO-Familien ergibt sich sogar ein größerer Anteil der über 25 Jahre am Ort Lebenden im Vergleich zu den erst sehr kürzlich Zugezogenen.

4.5.2. Vorheriger Wohnstandort

Im ersten Teil dieses Kapitels wurde auf die segregative Wirkung des staatlichen Wohnsiedlungsbaus hingewiesen. Dieser Prozeß der Entmischung kann hier anhand der beiden Untersuchungsfälle anschaulich nachgewiesen werden. Für einen sehr hohen Prozentsatz der Haushalte beider Untersuchungsgruppen konnten die Wohnstandorte zum Zeitpunkt der Antragstellung auf eine staatliche Wohnung lokalisiert werden:

	Untersuchte Haushalte	Lokalisierte Wohnstandorte	
	Anzahl	Anzahl	%
EL PARAISO	279	250	90
RETAMAS	484	473	98

In Abbildung 4.10 und 4.11 wurden für jede Untersuchungsgruppe das Verteilungsbild zusammengefaßt und die entsprechenden Berechnungsergebnisse in Tabelle 4.13 dargestellt.

Die untersuchten Wohnstandorte verteilen sich, allerdings mit sehr unterschiedlicher Dichte, in etwa innerhalb des, der jeweiligen Zeit entsprechenden, städtischen Siedlungsgebietes (vgl. Dichtekarten, Abb 3.4 und 3.5). Das heißt, Wanderungen der untersuchten Bevölkerungsgruppen aus fast allen Stadtteilen in Richtung der neuen Siedlungen fanden statt. Dabei lagen beide Siedlungen jeweils mit gewisser Distanz vor bzw. außerhalb der östlichen Front der sich vorschiebenden Stadtgrenze. Diese Rolle als "Schrittmacher" des räumlichen Stadtwachstums konnte auch bei der Nachfolgesiedlung von RETAMAS, der zur Zeit der Untersuchung im Bau befindlichen Siedlung EUCALIPTOS beobachtet werden (vgl. Abb. 4.1).

Die Haushalte der Siedlung EL PARAISO stammen zu rd. 64 % aus dem gesamten Kernbereich, zu rd. 26 % aus den Erweiterungsgebieten, und nur rd. 11 % lebten vorher an einzelnen entfernteren Standorten. Oberschichtsviertel sind, bis auf wenige Ausnahmen, ausgespart. Innerhalb des Kernbereichs können Häufungen der ehemaligen Wohnstandorte festgestellt werden, die in etwa mit den Gebieten hoher Dichten zusammenfallen (vgl. Abb. 3.4 und 3.5). Entsprechend wenig Standorte (nur 3) ergeben sich um den Platz in einem Abstand von bis zu einem Block. Einzelstandorte in den nordöstlichen peripheren Bereichen finden sich in älteren sozialen Wohnsiedlungen (vgl. Abb. 4.1).

Nur noch gut 42 % der Haushalte von RETAMAS wohnten zur Zeit der Antragstellung im Kernbereich, aber fast 40 % in den Erweiterungsgebieten, die sich inzwischen, nach 6 Jahren, nach Osten ausgedehnt und weiter konsolidiert haben. Auch die weit gestreuten peripheren Standorte haben nicht nur an Gewicht zugenommen (gut 18 %), sondern verteilen sich auch über einen größeren Raum. Wie für EL PARAISO oben beschrieben, lassen sich auch für RETAMAS im Kernbereich ähnliche Häufungen vorheriger Wohnstandorte beobachten, die aber hier etwas größere Gebiete umfassen.

In noch stärkerem Maß als für die EL PARAISO-Gruppe wurde für die RETAMAS-Gruppe beobachtet, daß Haushalte aus anderen, älteren sozialen Siedlungen, insbesondere aus den eigenen Siedlungen der JNV stammen, wie eine doch schon recht sichtbare Zahl von 7 Haushalten aus EL PARAISO und 12 Haushalten aus TOMEBAMBA (vgl. Abb. 4.1). In den meisten Fällen, so konnte aus den Daten ersehen werden, handelte es sich hierbei um junge, bei Verwandten wohnende Familien. Absolut keine Wohnstandorte fanden sich in den bekannten Gebieten der oberen Schichten, wie südlich des Flusses und im Westen und Norden innerhalb der Umgehungsstraße.

Die Frage, ob die Immigrantenhaushalte ein anderes Verteilungsmuster zeigen als die Einheimischen, kann wegen der sehr kleinen Anzahl der Fälle nur andeutungsweise abgeleitet werden. Nach Tabelle 4.13 weisen die vorherigen Standorte der Immigrantenhaushalte von EL PARAISO ein ähnliches Bild auf wie die der Einheimischen, nur mit einer leichten Verschiebung der Gewichte nach außen. So stammen aus dem Kerngebiet 66 % der Einheimischen und 60 % der Zugezogenen, aus den Erweiterungsgebieten knapp 25 % der Einheimischen, aber 27 % der Zuwanderer. Aus den peripheren Herkunftsorten gilt ein ähnliches Verhältnis: nur knapp 10 % der in Cuenca Geborenen, aber knapp 13 % der Zuwanderer.

Im Fall RETAMAS haben sich die Gewichte so stark verlagert, daß nun die zugezogenen Familien häufiger aus den Erweiterungsgebieten stammen als aus dem Kernbereich (rd. 44 % zu rd. 38 %), während für die Einheimischen der Kernbereich weiter überwiegt (Erweiterungsgebiete 34 %, Kernbereich rd.47 %). Hinsichtlich der peripheren Standorte ergeben sich kaum Unterschiede. Für beide Gruppen, Einheimische wie Immigranten, haben die außerhalb der konsolidierten Bereiche liegenden vorherigen Wohnstandorte im Gegensatz zu EL PARAISO eine sichtlich größere Bedeutung gewonnen.

Auf Wohndauergruppen der Zuwanderer bezogen, ist keine grundsätzliche Abweichung zur Durchschnittsverteilung zu beobachten. Unter dem Vorbehalt der fragwürdigen Interpretierbarkeit kann festgestellt werden: Betreffend die länger am Ort Ansässigen (10 Jahre und mehr) zeigt das Herkunftsmuster für beide Untersuchungsgruppen eine Annäherung an das jeweilige Bild der Einheimischen, d. h., es dominieren der Kernbereich bei der EL PARAISO-Gruppe, die Erweiterungsgebiete bei der RETAMAS-Gruppe. Dagegen wohnten relativ häufiger die "jüngsten" Immigranten (2 - 4 Jahre am Ort) von EL PARAISO in den Erweiterungsgebieten, ebenso wie die etwas länger am Ort lebenden (5 - 9 Jahre am Ort) von RETAMAS. Augrund des zeitlichen Unterschieds der Siedlungen (6 Jahre) dürften beide Zuwanderergruppen zur selben Immigrantengeneration gehören. Dieser Zusammenhang läßt die Vermutung aufkommen, daß etwa seit zehn Jahren Immigranten auch häufiger in den Erweiterungsgebieten, die, wie die Abbildungen 4.10 und 4.11 zeigen, eine räumliche Ausdehnung erfahren haben, eine Wohnung finden.

Ein Rückblick auf Abbildung 3.19 erinnert, daß die Zonen mit Überrepräsentanz der "alten" Immigranten im Kernbereich liegen. Gleichzeitig geht aber auch aus Abbildung 3.18 (Stand 1982) hervor, daß die erst kürzlich Zugewanderten in einigen zentralen Sektoren des Kernbereichs ebenfalls überdurchschnittlich vertreten sind. Die "jüngsten" Immigranten der RETAMAS-Gruppe zeigen wieder eine leichte Verschiebung der Gewichte zugunsten des Kernbereiches auf Kosten der Erweiterungsgebiete. Hieraus könnte nun gefolgert werden, daß der Kernbereich in der jüngeren Zeit für Zuwanderer wieder eine größere Bedeutung erlangt hat, und/oder aber für ärmere Immigranten, die her im Zentrum eine Unterkunft finden (vgl. Kap. 5.), der Zutritt zur bescheideneren Siedlung RETAMAS leichter zu erreichen ist als zur früheren und teureren Siedlung EL PARAISO (vegl. Kap. 4.3.3.: Einkommensstruktur). Es ist hier aber nicht zu belegen, ob sich die Immigranten proportional zu ihrer Verteilung in der Stadt und in Abhängigkeit ihrer Schichtzugehörigkeit rekrutieren.

Zusammenfassend kann festgehalten werden:

Zur Zeit von EL PARAISO (1978) hatte der Kernbereich als Herkunftsort eine große Bedeutung. Die Zuwanderer stammten geringfügig häufiger auch aus den Erweiterungsgebieten und entfernteren Zonen. Nur die vorherigen Wohnstandorte der erst kürzlich Zugezogenen lagen überdurchschnittlich häufig in den Erweiterungsgebieten.

Zum späteren Zeitpunkt der Siedlung RETAMAS (1985) dominiert der Kernbereich sehr viel weniger. Die Erweiterungsgebiete als Herkunftsort erreichen fast die gleiche Bedeutung. Auch die relative Häufigkeit der entfernteren Standorte, ihre räumliche Ausdehnung und ihre Entfernung zum Zentrum haben zugenommen. Diese Gewichtsverschiebung, im Gegensatz zur Siedlung EL PARAISO, wird insbesondere durch die Zuwanderer beeinflußt, die in ihrer Mehrheit aus den Erweiterungsgebieten stammen.

Tab. 4.13: Rechnerische Zusammenfassung der räumlichen Verteilung der vorherigen Wohnstandorte zu Abb. 4.10 und 4.11

Zusammengefaßte Gebiete (1)		Gesamt %	In Cuenca Geborene %	Nicht in Cuenca Geborene									
				Gesamt		Wohndauer am Ort in Jahren							
						2 - 4		5 - 9		10 u. mehr		unbekannt	
				%		abs.	%	abs.	%	abs.	%	abs.	%
EL PARAISO 1978	Kerngebiet	63,6	65,9	60,4		6	54,5	17	54,8	35	58,4	9	100,0
	Erweiterungsgebiete	25,6	24,5	27,0		5	45,5	8	25,8	17	28,3	-	-
	Weitgestreute Standorte	10,8	9,6	12,6		-	-	6	19,4	8	13,3	-	-
	Gesamt	100,0	100,0	100,0		11	100,0	31	100,0	60	100,0	9	100,0
					100,0		9,9		27,9		54,1		8,1
RETAMAS 1985	Kerngebiet	42,1	46,7	37,7		18	37,5	21	33,3	52	39,1	6	46,2
	Erweiterungsgebiete	39,3	34,0	43,9		21	43,8	31	49,2	56	42,1	5	38,4
	Weitgestreute Standorte	18,6	19,3	18,3		9	18,7	11	17,5	25	18,8	2	15,4
	Gesamt	100,0	100,0	100,0		48	100,0	63	100,0	133	100,0	13	100,0
					100,0		18,7		24,5		51,8		5,0

(1) Bis auf den Kernbereich, der annähernd der Ausdehnung der konsolidierten Stadt von 1947/49 (Abb. 2.3) basierend auf den Zensuszonen von 1982 entspricht, sind die "zusammengefaßten Geiete" der jeweiligen Situation entsprechend, unterschiedlich.

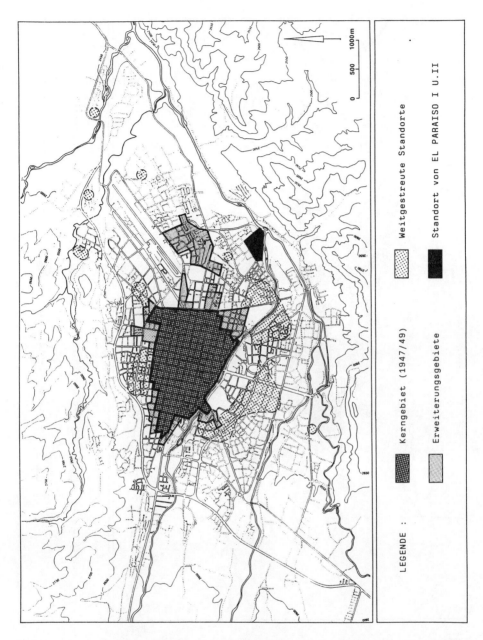

Abb. 4.10: Standorte der vorherigen Wohnsitze, "EL PARAISO I und II" (1978), siehe Tabelle 4.13

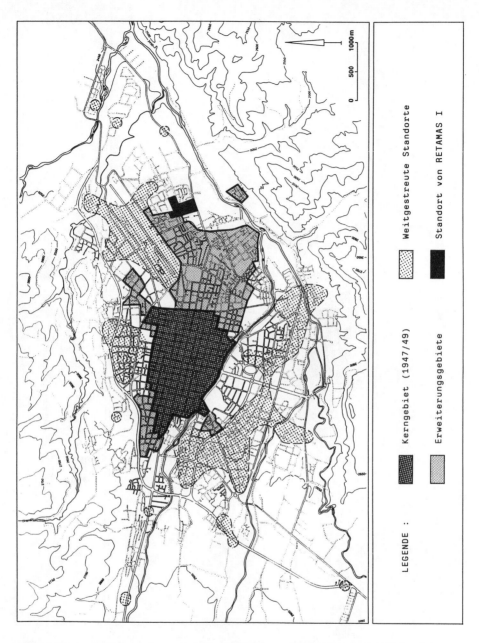

Abb. 4.11: Standorte der vorherigen Wohnsitze, "RETAMAS I" (1985), siehe Tabelle 4.13

4.6. Ergebnisse

Trotz des Zieles mittels des staatlichen Wohnungsbaus den ärmeren Schichten bei der Wohnraumversorgung zu helfen, waren die ersten in Cuenca realisierten Wohnungsbauprogramme eher vergleichbar mit dem privaten Bausektor und weit davon entfernt, die ärmste Bevölkerung zu erreichen. Das durchschnittliche Einkommen der Käufer der während der 70er Jahre erstellten Siedlungen lag zwischen fünf und sechs Minimallöhnen, d. h. diese Familien gehörten keineswegs den unteren Schichten an. Dabei belasteten die zu zahlenden Monatsraten das Familieneinkommen durchweg zu (nur) 10 - ca. 25 %. Mit Beginn der 80er Jahre änderte sich die Politik der JNV. Nun finden Familien mit durchschnittlichen Einkommen zwischen 2,4 und 3,5 Minimallöhnen Zugang zu den staatlichen Projekten, wobei allerdings die monatliche Belastung durch die Ratenzahlungen bis auf über 30 % des Familieneinkommens zunimmt. Die allerärmsten Bevölkerungsgruppen bleiben aber weiterhin von diesen Programmen ausgeschlossen.

Die untersuchten Siedlungen demonstrieren jeweils die Situation der 70er und 80er Jahre: Die Bewohner der älteren Siedlung EL PARAISO gehören vorwiegend der Mittelschicht, die Bewohner von RETAMAS der oberen Unterschicht an. Beide Bewohnergruppen zeigen hohe Anteile an Angestellten, ein gute Ausgangsposition für die Kreditwürdigkeit (vgl. Kap.5.: die Bewohnergruppe der "conventillos"). Auf die gehobenere wirtschaftliche Lage der PARAISO-Gruppe weisen deutlich die stärkere Beteiligung an besser verdienenden Berufsgruppen hin.

Wenn auch die Altersstruktur beider Bevölkerungsgruppen typisch ist für randliche Neubausiedlungen (junge Familien mit Kindern), so überrascht, daß die ärmeren RETAMAS-Familien aber eher, in bezug auf den Familienzyklus, zu Wohneigentum gelangen. Hier spielen vermutlich der relativ niedrige Preis und das sehr kleine Haus eine Rolle. Für eine größere Familie ohne die Mittel zum sofortigen Erweiterungsbau wäre die RETAMAS-Lösung, vom Raum her gesehen, wohl kaum eine Verbesserung, da die Durchschnittsfamilie der RETAMAS-Gruppe bei Einzug auch nur über ca. 9 qm/Person verfügt.

Ebenso überrascht der hohe Anteil der zugewanderten Familien (45 % EL PARAISO, 55 % RETAMAS), insbesondere der relativ hohe der erst kürzlich seit zwei bis vier Jahren in Cuenca lebenden (20 % RETAMAS). Es wurde eher erwartet, daß "jüngere" Immigranten größere Schwierigkeiten haben, zu Informationen zu gelangen und bürokratische Hürden zu überwinden, um in eine Sozialsiedlung einziehen zu können, wie auch BÄHR (1976a) für die lateinamerikanischen Großstädte beschrieb. In Cuenca, als kleinerer Stadt, ist die Kommunikation leichter und das Leben weniger anonym als in den Metropolen. Außerdem stammen viele Zuwanderer aus der Region Cuenca und kennen vermutlich die Stadt schon über längere Zeit. Über die Hälfte der zugezogenen Familien lebte aber seit mehr als zehn Jahren am Ort. Diese Bevölkerung ist zu einem großen Teil in Cuenca aufgewachsen und dürfte fast als einheimisch betrachtet werden. Ähnlich stellte BÄHR fest, daß länger am Ort lebende Immigranten, im Fall der Großstädte ehemalige Bewohner illegaler Hüttensiedlungen, in Sozialsiedlungen einen großen Anteil ausmachen.

Die räumliche Verteilung der vorherigen Wohnstandorte läßt sich in die Ergebnisse des Kapitel 3.2. (Abb. 3.11) einordnen: Mit deutlicher Ausnahme der Oberschichtviertel stammen die Bewohner der untersuchten Siedlungen in ihrer Mehrheit aus dem gesamten Kernbereich und außerhalb des Kernbereiches aus allen Richtungen, seien es Erweiterungsgebiete oder Übergangszonen mit sinkender Häufigkeit nach außen; hier kommt noch ein annähernd kreisförmiges Muster zum Ausdruck, wenn auch nicht in idealer Form. Gundsätzlich unterscheidet sich dabei die Herkunft der Mittelschicht (EL PARAISO) kaum von der der oberen Unterschicht (RETAMAS). Nur die in den Jahren 1978 bis 1985 zunehmende bebaute Fläche in Richtung Osten spiegelt sich wider in einer Gewichtsverschiebung der vorherigen Standorte vom Kernbereich zu den Erweiterungsgebieten und den Übergangszonen hin und damit in einem sehr viel größeren Einzugsgebiet der Siedlung RETAMAS.

Das Wanderungsmuster der zugezogenen Bevölkerung entspricht in seiner Tendenz dem der Einheimischen mit leicht stärkerer Betonung auf den Gebieten außerhalb des Kernbereichs. Nur innerhalb der Herkunftsgebiete der Familien von RETAMAS fand eine Gewichtsverschiebung statt: Die Erweiterungszonen werden nun wichtigster Herkunftsort (vgl. Abb. 3.17). Wird aus diesem Verteilungsbild auf die Gesamtstadt geschlossen, dann hat zwar der Kernbereich zur Zeit von RETAMAS als Wohngebiet für Zuwanderer weiter eine starke Bedeutung - zur Zeit von EL PARAISO gab es außerhalb des Kernbereichs weniger Alternativen - , aber die neuen Wohnviertel der Mittel-, unteren Mittel- und oberen Unterschicht werden für diese zunehmend zu wichtigen Aufnahmegebieten.

Die behandelten Beispiele machen deutlich, wie spezifische Wohnungsangebote eine entsprechende Bevölkerungsgruppe, die bisher über den größten Teil der Stadt verteilt lebte, an einen Punkt zusammenführt. So entstehen die als moderne Strukturelemente bezeichneten Inseln oder Zellen, homogene Gebiete in städtebaulicher und sozioökonomischer Hinsicht. Die staatlich geförderten und gebauten Siedlungen der letzten Dekade, in der auch die umfangreichsten Projekte entstanden, konzentrieren sich - neben anderen Kooperativen und Baugenossenschaften - im Osten Cuencas, wobei die Entfernung zum Zentrum immer größer wird (vgl. Kap. 4.1.). Vor dem Hintergrund der wirtschaftlichen Probleme der 80er Jahre, der enormen Preissteigerungen des Bodens und der Baukosten (zum Vergleich EL PARAISO zu RETAMAS: Das Grundstück steigt um 500 %, die Baukosten um 320 %) gelingt es nur durch drastische Reduzierung der Standards (Grundstücksgröße, Wohnbaufläche, Bauqualität) untere Einkommensschichten mit Wohnraum zu versorgen. Aus der Suche nach größeren zusammenhängenden und billigen Bauflächen folgen Standorte, die nicht nur in großer Distanz vom Stadtzentrum, sondern auch außerhalb des Wachstumsrandes liegen.

Diese weit entfernten, außerhalb des konsolidierten Stadtgebietes liegenden zellenförmigen Wohngebiete verursachen hohe Infrastrukturkosten und eine ineffiziente Ausnutzung derselben. Ihre Bewohner gewinnen zwar Wohneigentum, müssen aber weite Wege, d. h. Zeit und Geld, zu Versorgungseinrichtungen und Arbeitsplätzen in Kauf nehmen. Die geringen Einkünfte und die hohe Belastung der Monatsrate der RETA-MAS-Familien dürften wenig Spielraum für zusätzliche Haushaltsausgaben lassen. Dennoch hat die Wohnraumverbesserung und Wohnraumsicherheit für diese jungen Familien höchste Priorität.

Von den peripheren Investitionen profitieren nachziehende Bevölkerungsgruppen, so daß sich die ländlich geprägten Zwischenräume langsam verdichten. Es entsteht teilweise der Eindruck, daß die Stadt, statt von innen nach außen, von außen nach innen wächst. Dieser Prozeß der Vereinnahmung größerer landschaftlich zusammenhängender Flächen im Außenbereich der Stadt, in Kapitel 3.4. mit dem Begriff der "residential resource areas" verglichen, wird im Osten der Stadt von den Siedlungen der JNV angeführt.

Die in den 80er Jahren von den mittleren und unteren (ohne unterste) Schichten getragene Wachstumsdynamik nach Osten scheint die Oberschicht ganz auszuschließen. AMATOs These entgegen, so könnte man schließen, nehmen drei der größten Siedlungen der JNV (EL PARAISO, TOMEBAMBA, EUKALIPTPOS) privilegierte Standorte am Fluß ein. Dem kann aber entgegengehalten werden, daß es sich hier um tiefergelegene Gelände unterhalb der Stadt handelt, und landschaftlich attraktivere Ufergelände[10] flußaufwärts zu finden sind. Zur Zeit der Untersuchung bleibt offen, ob überhaupt eine konkurrierende Nutzung seitens des Wohnens der Oberschicht zur Diskussion steht. Somit fördern die Siedlungen der JNV nicht nur die Segregation der Bevölkerung, sondern werden zu Hauptakteuren der Zersiedelung, bestimmen die Wachstumsrichtung der Stadt und beeinflussen ihre innere Struktur.

---

[10] Abgesehen von der Flußverschmutzung besonders unterhalb der Stadt, da kein Klärwerk vorhanden ist.

5. Fallstudie II: Charakteristiken und Herkunft der Bewohner von "conventillos" - Ergebnisse einer Befragung

5.1. Ziel und Methode der Befragung

Ebenso wie in der Fallstudie I geht es hier um das Ziel, Kenntnisse über die Charakteristiken, über die Herkunft und den Wohnstandortverlauf in der Stadt einer speziellen Bevölkerungsgruppe, hier den Bewohnern der "conventillos", innerstädtischer Elendsquartiere, zu erhalten. Zusätzlich wird auch versucht, Hinweise zu finden über die Aussichten der Familien, ihre augenblickliche Wohnsituation zu verbessern, und, damit verbunden, über mögliche zukünftige Wohnstandorte. Im Gegensatz zu den in der Fallstudie I behandelten Bevölkerungsgruppen, die sich aufgrund bestimmter Kriterien heute in randlichen Siedlungen konzentrieren, betrifft diese Untersuchung die Situation der Bewohner der im alten Kern der Stadt gelegenen sogenannten "conventillos". Der Begriff der "conventillos" wird allgemein mit billigen Wohnquartieren in vernachlässigten und überbelegten Wohngebäuden, größtenteils ehemalige Wohnhäuser der oberen Schichten, verbunden und auch als innerstädtische Slums bezeichnet.

Zur Zeit als in Cuenca der Auszug der Elite aus dem Zentrum einsetzte, hatten sich moderne Funktionen eines Stadtzentrums noch kaum entwickelt, so daß die Nachfrage nach zentral gelegenem Raum für Büros und Geschäfte vorerst gering war. Wenn man aber die Bevölkerungsentwicklung seit den 50er Jahren betrachtet (vgl. Anhang), dann wird klar, daß ein zunehmender Bedarf an Wohnraum bestand. Nur wer ein genügend großes Einkommen hatte, konnte sich ein eigenes Haus außerhalb des konsolidierten Stadtgebietes bauen. Der größte Teil der Zuwanderer, die aus der verarmten ländlichen Gebirgsregion um Cuenca in die Stadt zogen, um ein besseres Auskommen zu finden, war auf billigen Mietraum angewiesen, ebenso wie die neu entstehenden Haushalte der ärmeren Bevölkerung der Stadt selber.

Über Popayán wird berichtet (MERTINS 1991), daß die Elite eine starke Bindung an den Familiensitz besaß und diesen trotz Auszug weiter unterhielt. In Cuenca dürfte ein geringeres Traditionsbewußtsein geherrscht haben, denn viele der frei werdenden spanisch-kolonialen Innenhofhäuser (vgl. Abb. 3.1) werden, der starken Nachfrage entsprechend, zimmerweise vermietet. Die Qualität der um den offenen Innenhof im Erd- und Obergeschoß liegenden Räume hängt stark von der Größe des Gebäudes und seines bauliches Zustandes ab und davon, ob es sich um das Haupthaus mit dem ersten Hof oder um ein Hinterhaus mit einem weiteren Hof handelt. So besteht ein großer Unterschied zwischen z. B. einem großen Raum an einem weiten Innenhof mit repräsentativer in Stein gehauener Freitreppe zur Galerie des Obergeschosses und einem winzigen Raum ohne Fenster in einem abbruchreifen Hinterhaus, der nur über eine unsichere Stiege zu erreichen ist (vgl. Fotos des Gebäudes Nr. 40). Meist befinden sich Wasserhahn und Waschsteine im Erdgeschoß an einer Seite des Innenhofes und ebenfalls dort in einer Ecke eine oder mehrere Toiletten.

Die Bezeichnung "conventillo" (Verkleinerungsform von "convento", Kloster) ist wohl auf eine gewisse Parallelität zum Prinzip der Klosteranlage, das heißt die Aneinanderreihung von Zellen, zurückzuführen. Nachdem sich in Cuenca die meisten Elendsquartiere des Zentrums in inzwischen verlassenen Innenhofhäusern befinden, ist der Begriff mit dieser Art von Unterkünften eng verbunden. Seltener sind speziell für die ärmere Bevölkerung errichtete neue "conventillos" anzutreffen (z. B. das Gebäude Nr. 39, siehe Fotos). In anderen lateinamerikanischen Ländern werden die von den oberen Schichten verlassenen und in viele Wohneinheiten geteilte alten Innenhofhäuser als "casas subdivididas" (z. B. in Arequipa, Peru, CUSTERS/VREMAN 1988) bezeichnet, während unter "conventillo" oder auch "callejones" auch häufig an langen Gängen aufgereihte Räume verstanden werden, die in der 2. Hälfte des vorigen und in der 1. Hälfte dieses Jahrhunderts als Billigwohnungen angelegt wurden.

Die zu befragende Zielgruppe stellt also die Familien oder Haushalte[1] dar, die in den zentral gelegenen "conventillos" leben und aufgrund ihrer Wohnsituation als eine relativ homogene Gruppe und der untersten sozio-ökonomischen Schicht angehörig betrachtet werden können. Da für eine systematisch angelegte Befragung, d. h. für den Aufbau einer Stichprobe nach statistischen Kriterien, keine Datengrundlagen vorhanden waren, weder genauere absolute Werte zur Bevölkerungszahl noch Strukturdaten zur Bevölkerung - ganz zu schweigen von vollständigen Adressen der Elementareinheiten -, wurde eine einfache Explorationsbefragung vorgesehen.

Um die Zielgruppe zu lokalisieren mußten die Gebäude, die den Wohntyp "conventillo" darstellten, identifiziert werden. Dazu wurden zunächst auf der Grundlage einer vorliegenden Wohnungszählung[2] im Umkreis von vier Blöcken Entfernung vom zentralen Platz[3] die Gebäude, in denen mehr als sieben Wohneinheiten gezählt worden waren, festgestellt und nach Ortsbegehungen diejenigen Gebäude eliminiert, die kein "conventillo" darstellten - oft waren dies 3- bis 4geschossige Mietshäuser neueren Datums. Während der Begehung konnte auch der "conventillo"-Typ in Gebäuden mit weniger Wohneinheiten und in Hintergebäuden, zur Straße durch einen moderneren Trakt versteckt, entdeckt werden. So entstand eine Liste von 75 Adressen potentieller Befragungsgebäude.

---

[1] Die Begriffe "Familie" und "Haushalte" sind in dieser Studie identisch.

[2] Es handelt sich um eine Wohnungszählung für den inneren Bereich der Stadt, die etwa 1983 von Studenten der Architekturabteilung für das IICT der Universität Cuenca realisiert wurde. Der Zweck der Zählung ist unbekannt, die Ergebnisse wurden bisher (1986) weder kartiert noch ausgewertet.

[3] Ausgenommen wurden die Blöcke, die zu einem kürzlich befragten Gebiet gehören. Ausnahme: Später wurden zwei Gebäude dieses Gebietes hinzugenommen, davon ist das Gebäude Nr. 18 ein bekannter "conventillo".

Auf der Grundlage eines standardisierten, strukturierten Fragebogens wurden die Interviews durchgeführt und dabei die Antworten der mündlich gestellten Fragen eingetragen.

Der Fragebogen selbst baute sich folgendermaßen auf:

- ein erster Teil, als Einstieg in das Gespräch gedacht, beinhaltet unpersönliche Fragen wie Größe der Wohnung, Zimmerzahl, Versorgung und geht über zu ein wenig persönlicheren Fragen wie Aktivitäten, die in der Wohnung stattfinden, Mietpreis und Wohndauer.
- ein zweiter Teil befragt Charakteristiken der Familienmitglieder, wie Geburtsort und Alter, alle durchlaufenen Wohnstandorte des Haushaltsvorstandes und, innerhalb der Frage nach Art der Beschäftigung, auch den etwas diffizilen Punkt der Einkünfte[4].
- in dritter Teil, im Gegensatz zu den beiden vorangehenden, behandelt in teils offenen, teils geschlossenen Fragen, die Aussichten, Pläne und Wünsche der Befragten im Hinblick auf eine andere Wohnung.

Während einer Laufzeit von 14 Tagen wurden von acht Befrager/innen[5] in 45 Gebäuden 375 Haushalte befragt. Von der ursprünglichen Adressenliste waren weitere 30 Gebäude eliminiert worden, da es sich beim Betreten der Gebäude und Zählen der vorhandenen Wohneinheiten ergab, daß der "conventillo"-Typ nicht vorlag (besser gestellte Bevölkerungsgruppe, bessere und weniger Wohnungen, als angenommen), oder, daß statt Wohnungen Lagerräume, Werkstätten, Büros, Läden oder auch eine Pension vorkamen.[6] Bei Sichtung der ausgefüllten Fragebögen wurden weitere sieben Gebäude wegen nicht zur Zielgruppe gehörender Bewohner aussortiert.

Damit umfaßt die Untersuchung 38 Gebäude - Abbildung 5.1 gibt einen Überblick der Standorte wieder -, in denen bei der Befragung etwa 482 Wohneinheiten festgestellt wurden. Daraus errechnet sich ein Durchschnitt von ca. 13 Wohneinheiten pro Gebäude. Es konnten 338 gültige Befragungen erreicht werden; das sind gut 70 % der in den ausgewählten Gebäuden wohnenden Familien. Die Verteilung dieser Familien auf die Gebäude zeigt Tabelle 5.1.

---

[4] Es wurde festgestellt, je ärmer die Bevölkerung, um so leichter wird Auskunft über Einkünfte gegeben. Schwieriger scheint es zu sein, für Frager und Befragte, bei unregelmäßigen Einkünften im informellen Sektor eine klare Antwort zu finden.

[5] Drei Studentinnen der Sozialarbeit im vierten und letzten Studienjahr, drei Architektinnen, zwei Studenten der Architektur im fünften und letzten Studienjahr.

[6] Diese Beobachtung weist darauf hin, daß Wohnraum von Gewerbe verdrängt wird.

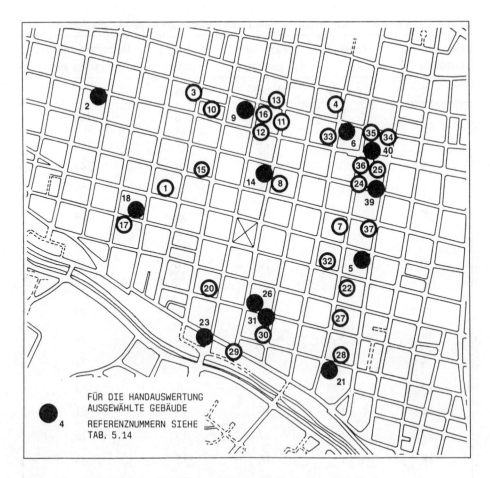

Abb. 5.1: Die Standorte der Wohngebäude der befragten Familien

Um einen visuellen Eindruck über den Wohntyp "conventillo" zu vermitteln folgen Fotos zu zwei Beispielen. Das Gebäude Nr. 39 stellt ein "modernes conventillo" dar. Von der Straße aus ist ein mehrgeschossiges modernes Wohn- und Bürohaus zu erkennen. Zwischen Läden im Erdgeschoß führt ein schmaler Gang in einen ebenfalls schmalen und länglichen Innenhof, von dem aus eine Treppe zu Galerien im 1. und 2. Obergeschoß führt. Vom Hof und von den Galerien aus gehen Türen und Fenster ab zu den 46 festgestellten Wohnungen bzw. Räumen.

Das Gebäude Nr. 40 repräsentiert ein typisches "conventillo" in einer spanisch-kolonialen Gebäudeanlage mit, im Vergleich zu anderen "conventillos" in Cuenca, extrem niedrigem Standard. Hier wurden etwa 53 Familien registriert, die sich auf drei Innenhöfe verteilen, die, nur einen schmalen Umgang freilassend, zusätzlich mit 1geschossigen Gebäuden gefüllt wurden.

Tab. 5.1: Verteilung der befragten Familien auf die ausgewählten Gebäude

Familien pro Gebäude	Gebäude	Familien gesamt	Befragte Familien	Befragte Familien/ Familien ges.
	Anzahl	Anzahl	Anzahl	%
4	2	8	8	100
5	4	20	19	95
6	3	18	8	44
7	6	42	30	71
8	7	56	36	64
9	1	9	7	78
10	2	20	16	80
11	1	11	10	91
12	1	12	9	75
13	3	39	36	92
14	2	28	20	71
15	1	15	8	53
16	1	16	13	81
17	1	17	13	76
18	1	18	15	83
24	1	24	9	38
30	1	30	23	77
46	1	46	37	80
53	1	53	21	40
Gesamt	38	482	338	70

GEBÄUDE NR. 39 :

Eingang
Straße Mariscal Lamar

Erdgeschoß

1. Obergeschoß

GABÄUDE NR. 40 :

Gang in den 1. Hinterhof

3. Hinterhof

1. Hinterhof

3. Hinterhof

5.2. Die Bevölkerung

5.2.1. Haushaltsgrößenstruktur

Die 338 befragten Familien ergeben eine Bevölkerung von 1.253 Bewohnern mit einer durchschnittlichen Familiengröße (Haushaltsgröße) von 3,7. Dieser Wert liegt weit unter dem für die Stadt gültigen Wert von 4,96 (vgl. Tab. 4.4) und läßt sich aus der Größenstruktur der befragten Haushalte erklären (Tab. 5.2). Zu den im Durchschnitt sehr kleinen Haushalten tragen besonders die Immigranten[7] bei, die hier im Vergleich mit den untersuchten Familien der staatlichen Wohnsiedlungen einen sehr hohen Prozentsatz von 71 ausmachen.

Tab. 5.2: Haushaltsgrößenstruktur der "conventillo"-Bevölkerung (alle Haushalte, Einheimische, Immigranten)

Personen pro Haushalt	Alle Haushalte		Haushalte Einheimische		Immigranten	
	abs.	%	abs.	%	abs.	%
1	49	14,5	7	7,1	42	17,5
2 - 3	131	38,7	37	37,7	94	39,2
4 - 5	92	27,2	32	32,6	60	25,0
über 5	66	19,6	22	22,6	44	18,3
Gesamt	338	100,0	98	29,0	240	71,0
Pers./H.	3,7		4,0		3,6	

Gut die Hälfte aller Haushalte (53 %) besteht aus nur 1 - 3 Personen. Der entsprechende Anteil der Immigrantenhaushalte allein betrachtet, liegt sogar noch etwas höher (rd. 57 %), wobei hier die 1-Personenhaushalte mit rd. 18 % sehr stark vertreten sind. Jüngere Zuwanderer stammen oftmals aus kleinen bäuerlichen Familienbetrieben der Region, die die junge Generation nicht miternähren können, und versuchen, in Cuenca Arbeit zu finden. Andere lassen ihre Familien zu Hause, um sie ev. erst später, nachdem sie sich etabliert haben, nachzuholen. Obwohl für die Einheimischen der Anteil der Haushalte mit 4 und mehr Personen höher liegt (50 %) als für die Immigranten (39 %), erreicht ihre durchschnittliche Haushaltsgröße auch nur einen sehr niedrigen Wert von 4,0 Personen/Haushalt, während der Wert für die Immigranten entsprechend tiefer liegt bei 3,6 Personen/Haushalt.

---

[7] Die Herkunft der Familien wird durch den Geburtsort des Hauptverdieners bestimmt.

Die Gegenüberstellung der Abbildung 5.2 und Abbildung 4.6 veranschaulicht, wie sehr sich die Haushaltsgröße der "conventillo"-Bevölkerung von der Bevölkerung der beiden untersuchten Siedlungen unterscheidet. Während die 4- und 5-Personenhaushalte der EL PARAISO-Gruppe und die 3- und 4-Personenhaushalte der RETAMAS-Gruppe die höchsten Anteile verzeichnen, liegen diese für die "Conventillo"-Bevölkerung bei den nur 2- und 3-Personenhaushalten. Dabei erreichen die 1-Personen-Haushalte, die in den Siedlungen aufgrund der Auswahlbedingungen nicht vorkommen, den dritthöchsten Anteil.

Wie das Bild der Haushaltszusammensetzung ergibt (Tab. 5.3), bildet in der Regel die Kernfamilie den Haushalt, wenn auch öfter ohne Vater. Rein rechnerisch überwiegt die Anzahl der Mütter die der Väter um rd. 30 %. Dabei sind die 2- und 3-Personenhaushalte besonders betroffen. Gut 10 % der Bevölkerung gehören keiner Kernfamilie an. Von diesen lebt aber die Mehrheit (62 %) nicht allein. Die meisten wohnen in den mittelgroßen Haushalten (4 und 5 Personen) vorwiegend als nahe Verwandte wie Großmütter und Geschwister. Alleinstehende in 2-Personenhaushalten stellen oftmals Freunde oder Geschwister dar, die sich den Raum teilen.

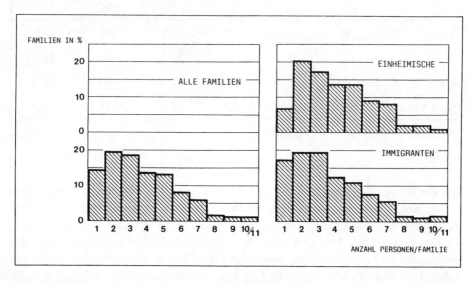

Abb. 5.2: Haushaltsgrößenstruktur: alle Haushalte, Einheimische und Immigranten

Tab. 5.3: Familienkomposition nach Haushaltsgröße

Art der Familienmitglieder		Haushaltsgröße in Anzahl der Mitglieder									Gesamtbevölkerung
		1	2	3	4	5	6	7	8	9	10	
Mütter	abs.	-	44	59	46	44	28	22	7	5	6	261
	%	-	32,8	30,7	24,5	19,6	16,7	14,3	14,6	11,1	12,0	20,8
Väter	abs.	-	27	42	36	36	24	17	6	4	5	197
	%	-	20,1	21,9	19,1	16,0	14,3	11,0	12,5	8,9	10,0	15,8
Kinder	abs.	-	47	83	95	126	111	109	33	29	31	664
	%	-	35,1	43,2	50,6	56,0	66,1	70,8	68,7	64,5	62,0	53,0
Verwandte, Freunde, andere	abs.	49	16	8	10	19	5	6	2	7	8	129
	%	100,0	12,0	4,1	5,4	8,4	3,0	3,8	4,2	15,6	16,0	10,3
Gesamt	abs.	49	134	192	188	225	168	154	48	45	50	1.253
	%	100,0	100,0	100,0	100,0	100,0	100,0	100,0	100,0	100,0	100,0	100,0

Zusammenfassung:

Die Bevölkerung der untersuchten "conventillos" zeichnet sich somit durch einen hohen Anteil kleiner Haushalte (knapp 40 % 2- und 3-Personenhaushalte), insbesondere auch 1-Personenhaushalte (rd. 15 %) vorwiegend der Immigranten aus. Als besonderes soziales Problem müssen die relativ häufigen unvollständigen Haushalte mit alleinerziehenden Müttern angesehen werden. Mitbewohner, die nicht zur Kernfamilie gehören, machen nur einen geringfügigen Anteil aus. Meistens handelt es sich um nahe Verwandte, d. h. Untermieter können nicht festgestellt werden.

5.2.2. Altersaufbau

Der Vergleich der Altersstruktur der befragten Bevölkerung mit dem Gesamtdurchschnitt der Stadt zeigt auf große Altersgruppen bezogen nur geringfügige Unterschiede (Tab. 5.4). Der Anteil der 1 - 29jährigen liegt für die "conventillo"-Bevölkerung nur leicht höher (gut 71 %) als für die Stadt (gut 69 %). Entsprechend nehmen die Altersgruppen der untersuchten Bevölkerung ab 3O Jahre ein leicht geringeres Gewicht ein. Dabei zeigt die Gruppe der Immigranten die größte Abweichung zur städtischen Bevölkerung (28 % bzw. 31 %). Allerdings im Gegensatz zu einer ausgewogeneren Altersgruppenverteilung der städtischen Bevölkerung läßt sich für die Untersuchungsgruppe ein auffallend sprungartiger Rückgang der Anteile der Altersgruppen ab 30 Jahre erkennen. (vgl. Abb. 3.12 und Abb. 5.3). Dies betrifft sowohl die Einheimischen als auch die Immigranten.

Auf kleinere Altersgruppen bezogen, weist die "conventillo"-Bevölkerung leicht geringere Anteile der 1 - 14jährigen und der ab 40jährigen auf (vgl. Tab. 5.4). Im

Tab. 5.4: Altersstruktur der "conventillo"-Bevölkerung (gesamte Untersuchungsgruppe, Einheimische, Immigranten) im Vergleich mit der Stadt

Altersgruppe	"conventillos"			Stadt 1982
	Gesamtbevölkerung	Einheimische	Immigranten	
Jahre	%	%	%	%
0 - < 15	35,8	36,6	35,4	36,0
15 - < 30	35,6	33,6	36,6	33,2
30 - < 40	11,3	11,4	11,3	11,7
ab 40	17,2	18,5	16,7	19,1

Vergleich mit den untersuchten Gruppen der staatlichen Siedlungen ist ein erheblich geringerer Anteil an Kindern (1 - 14jährige) und Älteren (ab 40 Jahre) festzustellen. Dagegen überwiegt aber die Gruppe der 15 - 24jährigen.

Für die Immigranten tritt insbesondere die Gruppe der 20 - 24jährigen und der unter 5jährigen hervor. Diese Altersgruppen dominieren sehr stark, wenn nur die erst kürzlich eingetroffenen Immigrantenhaushalte (bis unter 2 Jahre in der Stadt) betrachtet werden. Allein die Altersgruppen zwischen 15 und 29 Jahren machen die Hälfte dieser Bevölkerung aus. Die unter 5jährigen erreichen mit fast 15 % einen ähnlich starken Anteil, wie er bei den Siedlungen gefunden wurde.

Es läßt sich zusammenfassen:

Hinsichtlich ihrer Altersstruktur steht die "conventillo"-Bevölkerung dem städtischen Durchschnitt näher als die Bewohner der beiden untersuchten Siedlungen. RETAMAS und auch EL PARAISO weisen eine eindeutig "jüngere" Bevölkerung auf; in den "conventillos" dagegen lebt eine nur geringfügig "jüngere" Bevölkerung verglichen mit der Gesamtstadt. Den auffälligsten Unterschied zur Stadt und zu den Siedlungen zeigt die relativ dominierende Altersgruppe der 20 - 29jährigen.

Werden Altersstruktur und Haushaltsgrößenstruktur gegenübergestellt, dann ist der relativ geringere Anteil an Kindern bei einem hohen Anteil an 1-Personenhaushalten verständlich. Ebenso deuten die dominierenden 1- und 2-Personenhaushalte auf die Altersgruppe der 15 - 29jährigen, die auf junge Erwachsene vor und zu Beginn der Familiengründung schließen lassen. Erstaunlich ist, daß gerade unter den erst kürzlich Zugezogenen neben der erwarteten Gruppe der 20 - 24jährigen auch junge Familien mit

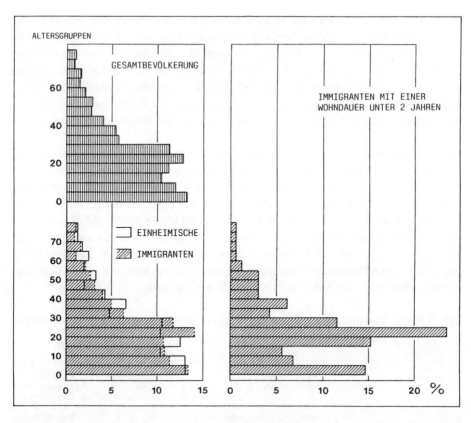

Abb. 5.3: Altersstruktur: gesamte Untersuchungsgruppe, Einheimische, Immigranten und Immigranten mit einer Wohndauer am Ort unter 2 Jahren

noch sehr kleinen Kindern festgestellt werden können, ein sonst typisches Merkmal kürzlich entstandener randlicher Siedlungen.

5.2.3. Einkommensstruktur

Obwohl die Frage nach dem monatlichen Einkommen relativ bereitwillig beantwortet wurde, müssen die Ergebnisse doch mit Vorsicht interpretiert und mehr als Anhaltspunkte gesehen werden. Wahrscheinlich sind die Angaben am vertrauenswürdigsten, die bei einer festen Anstellung und geregeltem monatlichen Verdienst geäußert wurden. Die selbständig Tätigen, die häufig unregelmäßige Einkommen erzielen - wie noch gezeigt wird, arbeiten viele im informellen Sektor - und selten buchführen, hatten oftmals Schwierigkeiten, monatliche Einkommenswerte zu nennen.

Die Durchschnittswerte des Familieneinkommens, bezogen auf die einzelnen Gebäude, zeigen eine sehr gleichmäßige Streuung zwischen etwa 4.000 - 15.000 sucres (Minimallohn 1984: 8.500 sucres). Nur bei drei Gebäuden wurden Extremwerte von über 20.000 - ca. 35.000 sucres errechnet. Die Überprüfung der räumlichen Anordnung der Gebäude ergibt keine Gruppierung von Gebäuden ähnlicher durchschnittlicher Einkommen der Bewohner. Diese Beobachtung deckt sich mit dem Erscheinungsbild vor Ort, das eine große Mischung von Gebäudequalitäten (sozialen Gruppen) erkennen läßt.

Für die Darstellung der Einkommensstruktur der Hauptverdiener und des gesamten Familieneinkommens werden die Einkommensgruppen wie in Kapitel 4.3.3. zugrunde gelegt (Tab. 5.5). Danach bessern auch die Haushalte der "conventillos" ihr Familieneinkommen auf, indem mehrere Mitglieder arbeiten, aber mit 37 % der Haushalte in weit geringerem Maß als die Familien von RETAMAS und EL PARAISO (63 % und 67 %, vgl. Tab. 4.6). In den meisten Fällen tragen zwei Personen zum Gesamteinkommen der Familie bei (31 %), maximal wurden aber bis zu 5 Aktive gezählt. Die überdurchschnittlichen Familieneinkünfte werden mehrheitlich nur mit Hilfe mehrerer Mitarbeiter erreicht. Hier steigt der Anteil auf 70 - 100 % der Haushalte.

Tab. 5.5: Einkommensstruktur "conventillo"-Bevölkerung (Familieneinkommen, Hauptverdiener)

Einkommens-gruppen	Nr.	Familien-einkommen abs.	%	Einkommen des Haupt-verdieners abs.	%	Familien mit mehr als 1 Verdiener abs.	%	Familie mit mehr als 1 Verdiener in % d. Einkommensgr.
0 - 2.800	1	25	7,4	29	8,6	5	1,5	20,0
2.801 - 5.600	2	50	14,8	54	16,0	14	4,1	28,0
5.601 - 8.400	3	65	19,2	86	25,4	16	4,7	24,6
8.401 - 11.200	4	80	23,7	84	24,9	18	5,3	22,5
11.201 - 14.000	5	31	9,2	29	8,6	16	4,7	51,6
14.001 - 16.800	6	28	8,3	25	7,4	12	3,5	42,9
16.801 - 19.600	7	6	1,8	-	-	6	1,8	100,0
19.601 - 22.400	8	20	5,9	19	5,6	11	3,3	55,0
22.401 - 25.200	9	5	1,5	3	0,9	4	1,2	80,0
25.201 - 28.000	10	8	2,4	1	0,3	7	2,1	87,5
28.001 - 30.800	11	6	1,8	3	0,9	6	1,8	100,0
30.001 u. mehr	12	14	4,1	5	1,5	10	3,0	71,4
Gesamt		338	100,0	338	100,0	125	37,0	

Tab. 5.6:   Einkommensstruktur bezogen auf den gesetzlichen Minimallohn (ML), in %

Einkommensniveau	"conventillo"-Bevölkerung				Vergleich mit RETAMAS			
Stufen nach ML (1)	Familien-einkommen		Einkommen des Hauptverdieners		Familien-einkommen		Einkommen des Hauptverdieners	
bis 1 ML	41,4	82,6	50,0	90,9	0,4	48,8	6,4	82,2
über 1 ML bis 2 ML	41,2		40,9		48,4		75,8	
über 2 ML bis 3 ML	9,2	17,5	6,5	9,2	45,9	51,2	17,0	17,8
über 3 ML bis 4 ML	8,3		2,7		5,3		0,8	

(1)   1986 wurde ein neuer ML von 10.000 sucres festgelegt. Hier wird aus methodischen Gründen noch mit dem Wert von 8.500 bzw. 8.400, siehe dazu Anmerkung zu Tabelle 4.7, gearbeitet, was die Aussage im Prinzip in keiner Weise beeinflußt, da die hier schon relativ sehr viel schlechtere wirtschaftliche Situation der befragten Bevölkerung bei einem höheren ML Wert nur noch extremer gezeigt würde.

Insgesamt wurden 491 Verdiener festgestellt, das ist eine Aktivitätsrate von 39 %. Dieser Wert kann als relativ hoch angesehen werden, denn die Aktivitätsraten von Land (1982: 30 %), Stadt Cuenca (1982: 32 %) und der Siedlung EL PARAISO (1978: 34 %) liegen deutlich niedriger. Nur die Siedlung RETAMAS bildet eine Ausnahme mit einem sehr hohen Aktivitätsniveau (1984: 40 %, vgl. Kap. 4.3.3.). Wie aus Tabelle 5.5 zu erkennen, so liegt zwar das Schwergewicht der Familieneinkommen durch weitere Verdienste um eine Einkommensgruppe höher als das der Einkommen der Hauptverdiener, aber im Vergleich mit RETAMAS (zwei Stufen höher, vgl. Tab. 4.5) hat die Zuarbeit einen geringeren Erfolg.

Die ökonomische Situation der Bevölkerung wird deutlich, wenn, in Anlehnung an Tabelle 4.7, die Einkommensklassen gruppiert und dem gesetzlichen Minimallohn gegenüber gesetzt werden (Tab. 5.6). Klar läßt sich die befragte Bevölkerungsgruppe wirtschaftlich eine Stufe tiefer einordnen als die Bevölkerung von RETAMAS. Gut 40 % der Familien haben ein Gesamteinkommen von unter 1 ML, im Gegensatz zu nicht einmal 1 % der Familien von RETAMAS. 50 % der Hauptverdiener erarbeiten weniger als 1 ML, dies trifft nur für 6 % der RETAMAS-Familien zu. Und sogar 25 % der Hauptverdiener erreichen nicht mehr als 3/4 des ML, dies gilt nicht einmal für 1 % der Hauptverdiener von RETAMAS. Die Wirtschaftsbereiche, in denen diese Einkommen erarbeitet werden, sind in Tabelle 5.7 dargestellt[8].

Fast ein Drittel der aktiven Bevölkerung arbeitet in der Branche Handel und Gaststätten. Dann folgen mit etwas mehr als einem Viertel der Aktiven die Handwerker und in größerem Abstand die Bauarbeiter mit einem Anteil von nur gut 12 %. Alle drei Gruppen sind im Vergleich mit dem städtischen Durchschnitt stark überrepräsentiert (vgl. Tab. 2.9). Ein relativ geringes Gewicht nehmen die Beschäftigten in der Verwaltung (knapp 19 %) und die Haushaltshilfen ein. Kaum nennenswerte Anteile zeigen die Bereiche Verkehr und Landwirtschaft, wobei es überrascht, im Zentrum der Stadt Beschäftigte in der Landwirtschaft zu finden.

---

[8] Die Primärergebnisse der Befragung erforderten eine Gruppierung in Kategorien, die einerseits den gebräuchlichen Begriffen möglichst entsprechen, andererseits auch die Eigenarten der untersuchten Bevölkerungsgruppe berücksichtigen sollten. So entstanden folgende Zusammenfassungen:

1. Die Art der wirtschaftlichen Aktivitäten oder auch Wirtschaftsbereiche:
    1 - öffentliche Verwaltung: einbegriffen auch Lehrer
    2 - private Verwaltung
    3 - Handel und Gaststättenbetriebe: hier gruppieren sich Laden- und Restaurantbesitzer und -angestellte, Essensverkäufer, Marktfrauen, fliegende Händler u. ä.
    4 - Verkehr: Taxi- und Lastwagenfahrer
    5 - häusliche Dienste: z. B. Haushilfen, Waschfrauen und sonstige Dienste
    6 - Handwerker: dies ist eine große Gruppe, in die auch die Kunsthandwerker fallen, wie z. B. Heimarbeiterinnen, die stricken, nähen, oder Goldschmiede und Flechter von Panamahüten
    7 - Bauarbeit: hier geht es um Handwerker des Bausektors und um Tagelöhner
    8 - Landwirtschaft: sehr vereinzelte Bewohner arbeiten als Bauer oder Angestellter auf einem größeren Bauernhof

2. Die Art der Beschäftigung:
    1 - pensioniert: Bewohner, die eine Rente erhalten
    2 - selbstständig: z. B. vom Handwerker mit eigener Werkstatt, über den Lastwagenfahrer, der seinen eigenen Wagen fährt, zum ambulanten Händler oder gar zur "ambulanten" Waschfrau
    3 - angestellt: dazu wurden auch diejenigen Aktiven gerechnet, die zwar bei einem festen Arbeitgeber arbeiten, aber kein festes regelmäßiges Gehalt beziehen
    4 - mithelfende Familienangehörige: ursprünglich wurde davon ausgegangen, daß hier kein Gehalt erscheint, aber die Befragten nannten entweder ein Gesamtgehalt, das durch zwei geteilt wurde, oder aber ein Teilgehalt
    5 - arbeitslos: diese Kategorie traf nur auf einige wenige Fälle zu, bei Antworten wie "hat keine Arbeit" oder "sucht Arbeit".

Tab. 5.7: Aktive Bevölkerung nach Wirtschaftsbereichen (alle Aktiven, Einheimische, Immigranten)

Wirtschaftsbereiche	Gesamt		Einheimische		Immigranten	
	abs.	%	abs.	%	abs.	%
Öffentliche Verwaltung	43	9,2	15	10,8	28	8,6
Private Verwaltung	44	9,5	17	12,2	27	8,3
Handel u. Gaststätten	149	32,0	46	33,1	103	31,6
Verkehr	13	2,8	5	3,6	8	2,5
Häusliche Dienste	29	6,2	3	2,2	26	6,2
Handwerk	124	26,7	48	34,5	76	23,3
Bauarbeit	57	12,3	5	3,6	52	15,9
Landwirtschaft	6	1,3	-	-	6	1,8

Größere Unterschiede zwischen Einheimischen und Zuwanderern lassen sich im Handwerk, in der Bauarbeit und den häuslichen Diensten feststellen (Abb. 5.4). Im Handwerk überwiegen die in Cuenca Geborenen (fast 35 %) gegenüber den Zugezogenen (gut 23 %). Das Handwerk hat in Cuenca Tradition ebenso wie sein Standort im Kernbereich der Stadt (vgl. Kap. 3.3.), insofern läßt sich der höhere Anteil der Handwerker unter den Einheimischen gut erklären. Umgekehrt erreichen die Zugezogenen in der Bauarbeit mit rd. 16 % ein deutlich stärkeres Gewicht als die Einheimischen mit nur 4 %. Auf dem städtischen Arbeitsmarkt pflegt besonders der Bausektor Arbeitsmöglichkeiten für ungelernte Kräfte aus der ländlichen Umgebung zu bieten. Vermutlich läge der Prozentsatz der zugezogenen Bauarbeiter in den "conventillos" noch höher, wenn nicht die Mehrheit der in Cuenca beschäftigten Bauarbeiter in den umliegenden Dörfern leben und täglich in die Stadt pendeln würde, wie in Kapitel 2.4. erwähnt.

Auch die in häuslichen Diensten Tätigen stammen fast alle nicht aus Cuenca. Die Arbeit in Haushalten gehört zu den typischen Beschäftigungen weiblicher Zuwanderer. Der zentrale Standort der "conventillos" allerdings dürfte nicht unbedingt sehr typisch für diese Zuwanderergruppe sein; darauf läßt sich vermutlich auch der geringe Anteil zurückführen. Im Großstadtmodell BÄHR/MERTINS (1981) wurde gezeigt, daß weibliche Immigranten insbesondere als Bedienstete in die Oberschichtviertel ziehen. Auch für Cuenca könnte dies vermutet werden, obwohl sich aus der Untersuchung zur Verteilung der sozio-ökonomischen Gruppen (Kap. 3.2.2. und 3.2.4.) in dieser Hinsicht kein eindeutiges Bild ableiten läßt.

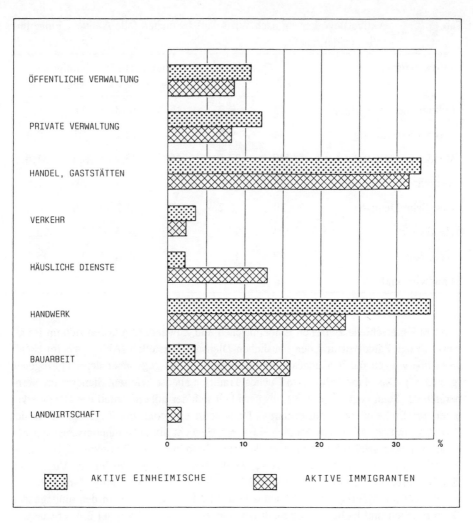

Abb. 5.4: Vergleich der Einheimischen und Immigranten nach Wirtschaftsbereichen

Die dominierende Gruppe der im Handel und Gaststätten Beschäftigten zeigt keinen nennenswerten Unterschied zwischen Einheimischen und Zugezogenen. Für die Tätigkeiten dieser Bevölkerung ist der Wohnstandort im Zentrum von großer Bedeutung. Händler, darunter häufig fliegende Händler, Kellner, Essensverkäufer u. ä., leben in nächstem Kontakt zu ihren jeweiligen Aktionsfeldern wie die Märkte und vielen kleinen Läden, bzw. die entsprechende Klientel auf der Straße. Alle Entfernungen in der Altstadt können als kurz bezeichnet werden, dennoch wurde öfter beobachtet, daß sich in einem Gebäude Beschäftigte derselben Tätigkeit häufen, die alle am selben Ort "um die Ecke" arbeiteten. Z. B. im Gebäude Nr. 26, das neben dem Hauptquartier der Polizei lag, wurden mehrere Angestellte der Polizei festgestellt. Oder im Gebäude Nr. 39, das im Nachbarblock zum Markt "9 de Octubre" liegt, lebten mehrere Händler, die diesen Markt als Arbeitsplatz angaben. Allgemein geht aus der Befragung hervor, daß nur ausnahmsweise (Bauarbeiter und Landarbeiter) der Ort der Beschäftigung nicht im Kernbereich liegt, und sehr oft sich sogar Wohn- und Arbeitsplatz in nächster Nachbarschaft befinden.

Hinsichtlich der Art der Beschäftigung (Tab. 5.8) beherrschen die Gruppen der Angestellten mit einem Anteil von knapp 50 % und der Selbständigen mit rd. 42 % das Bild. Mithelfende Familienangehörige spielen keine bedeutende Rolle (gut 5 %). Die genannte Arbeitslosigkeit von nur rd. 1 % ließe eine fast-Vollbeschäftigung vermuten, wenn nicht die niedrigen Löhne (vgl. Tab. 5.6) auf eine Unterbeschäftigung (verdeckte Arbeitslosigkeit) deuten würden, wie sie in der Regel im informellen Sektor vorkommt.

Tab. 5.8: Aktive Bevölkerung nach Art der Beschäftigung

Art der Beschäftigung	Aktive Bevölkerung	
	abs.	%
Pensionär	10	2,0
Selbständig	204	41,5
Angestellt	241	49,1
Mithelfende Familienangehörige	26	5,3
Arbeitslos	6	1,2
Ohne Antwort	4	0,8
Gesamt	491	100,0

Innerhalb der Gruppen der Angestellten und der Selbständigen besteht eine weite Spanne der Einkommenshöhen (Abb. 5.5). Während bei den Angestellten die Einkommen um den Minimallohnbereich dominieren, liegt das Schwergewicht der Einkommen der Selbständigen noch tiefer bei nur um 3/4 ML. Gegenüber der RETAMAS-Gruppe, für die ein ähnlich hoher Anteil der Selbständigen beobachtet wurde (39 %), erarbeiten die Selbständigen der "conventillos" aber erheblich niedrigere Einkommen (vgl. Abb. 4.7).

Wenn nun Abbildung 5.6 und dazu Abbildung 5.7 betrachtet wird, dann ist zu erkennen, daß alle Wirtschaftsbereiche, die einen relativ hohen Anteil Selbständiger aufweisen, zu den Bereichen mit überwiegend niedrigen Einkommen gehören. Eine Ausnahme bilden die im Verkehr Beschäftigten, die zwar nur ein geringes Gewicht ausmachen (knapp 3 %), aber als meist selbständige Taxifahrer, seltener auch als Lastwagenfahrer mit eigenem Wagen, höhere Einkommen erzielen (vgl. Abb. 4.7 und Tab. 3.4).

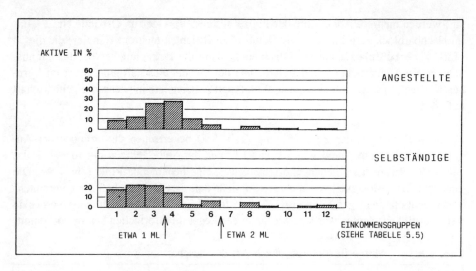

Abb. 5.5: Vergleich der Einkommenshöhen der Selbständigen und Angestellten

Die Mehrheit der Frauen, die häusliche Dienstleistungen erbringen, erhalten die niedrigsten Löhne. Etwas mehr als ein Viertel von ihnen arbeitet "auf eigene Rechnung" (cuenta propia) als Waschfrau, Büglerin u. ä. Besonders hohe Anteile der selbständig Tätigen finden sich im Handwerk, rd. 52 %, und im Handel und Gaststätten, rd. 70 %. Für diese beiden Gruppen zeigt die Darstellung in Abbildung 5.7 eine starke Tendenz zu den unteren Einkommen. Auch ausschließlich hier können die mithelfenden Familienangehörigen festgestellt werden. Das heißt, der hohe Anteil der Selbständigen in den "conventillos" bedeutet im Gegensatz zu RETAMAS vorwiegend Selbständigkeit aufgrund von Mangel an Arbeit. Zur Existenzsicherung werden die "Nischen" der städtischen Wirtschaft gesucht - dabei bietet der Handel ein weites Feld, z. B. Kartons werden gesammelt und verkauft -, aber eine niedrige Produktivität, kleinste und unregelmäßige Einkommen zeugen eher von verdeckter Arbeitslosigkeit.

Die Gegenüberstellung aller in Cuenca und außerhalb der Stadt geborenen Aktiven zeigt eine für die Zugezogenen ungünstigere wirtschaftliche Lage. Die beschäftigten Zuwanderer, die 70 % der Aktiven ausmachen, erhalten ein um 12 % niedrigeres Durchschnittseinkommen (7.500 sucres, unter dem ML) als die Einheimischen (8.500 sucres, entspricht dem ML). Das Einkommenstrukturmuster (Abb. 5.8) bestätigt diese Werte: In den Niedriglohngruppen liegen die relativen Anteile der Zuwanderer über und ab Einkommensgruppe 5 (etwa ab 1,3 ML) deutlich unter denen der Einheimischen. Es muß also vermutet werden, daß die Zuwanderer noch stärker von der Arbeit im informellen Sektor leben.

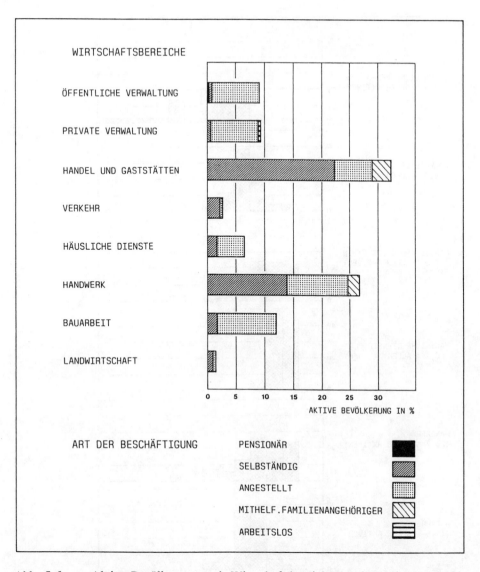

Abb. 5.6: Aktive Bevölkerung nach Wirtschaftsbereichen und Art der Beschäftigung

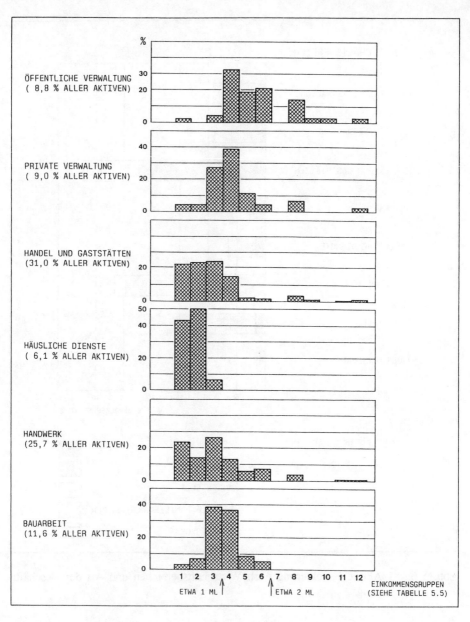

Abb. 5.7: Aktive Bevölkerung nach wichtigsten Wirtschaftsbereichen und Einkommenshöhen

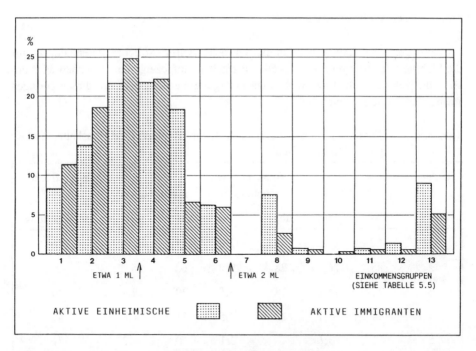

Abb. 5.8: Vergleich der Einkommenshöhen der Einheimischen und der Immigranten

Zusammenfassung

Einkommensmäßig muß die untersuchte Bevölkerung also noch eine Stufe tiefer als die RETAMAS-Gruppe eingeordnet werden. 40 % der Haushalte erzielen Einkommen unter dem Existenzminimum (Minimallohngrenze). Dieser prekären wirtschaftlichen Situation liegt eine hohe Beteiligung im informellen Sektor und damit eine erhebliche Unterbeschäftigung zugrunde. Entsprechend hoch (fast 60 %) ist der Anteil der im Handel/Gaststätten und im Handwerk Tätigen, Bereiche, in denen die niedrigen Einkommen und die Selbständigkeit dominieren. Unter den Aktiven nehmen die Zuwanderer das größte Gewicht ein (70 %). Sie erzielen häufiger als die Einheimischen niedrigere Löhne und können damit als besonders unterprivilegiert gelten.

Fast alle Arbeitsplätze befinden sich innerhalb des Kernbereichs. Es entsteht der Eindruck, daß trotz der allgemein guten Erreichbarkeit zu Fuß Wohnstandorte in nächster Nähe zur Arbeit angestrebt werden.

5.3. Die Wohnsituation

Im vorhergehenden Kapitel wurden die schwachen wirtschaftlichen Potentiale, die für die Mehrheit der "conventillo"-Bevölkerung gelten, aufgezeigt. Im folgenden wird untersucht, welche Qualität der Wohnungsversorgung die Bewohner mit diesen geringen finanziellen Mitteln erreichen.

Tab. 5.9: Wohnungsgrößenstruktur nach Anzahl Räumen (alle Haushalte, Einheimische, Immigranten), in %

Räume	Gesamt		Wohneinheiten Einheimische		Immigranten		Wohnfläche
Anzahl	abs	%	abs.	%	abs.	%	qm/Wohnung
1	152	45,2	31	32,3	121	50,4	16
2	88	26,2	28	29,2	60	25,0	29
3	47	14,0	18	18,8	29	12,1	40
4	24	7,1	13	13,5	11	4,6	55
5	12	3,6	2	2,1	10	4,2	71
6	5	1,5	2	2,1	3	1,2	99
7	8	2,4	2	2,1	6	2,5	107
Gesamt	336	100,0	96	100,0	240	100,0	31

Die Wohnungsqualität läßt sich mit Hilfe zahlreicher Indikatoren messen. Neben Bauzustand, Standort, Ausstattung u. ä. muß als ein sehr maßgeblicher Indikator die Wohnfläche angesehen werden, die einer Familie bzw. dem einzelnen Bewohner zur Verfügung steht.

Um einen Anhaltspunkt über die Wohnungsgrößen zu erhalten, wurde außer nach der Zahl der Räume auch noch nach ihrer Größe in qm gefragt. Da es nicht möglich war, während des Interviews die Räume auszumessen[9], aber zur Feststellung der Raumzahl die gesamte Wohnung gesehen werden mußte, versuchten die Interviewer die qm-Zahl zu schätzen bzw. die Räume abzuschreiten. Entsprechend sind die Werte der Flächen

---

[9] Abgesehen von dem erforderlichen großen Aufwand hätte dies auch zu Störungen führen können, wie sie die Gemeinde bei ihrer kurz vorher realisierten Befragung (wie schon erwähnt) erfuhr: Nur mit polizeilicher Unterstützung gegen den Widerstand der Hausbesitzer konnten die geplante Bauaufnahme der Wohnungen und das Interview durchgeführt werden.

als Annäherung zu verstehen. Bei der Bestimmung der Raumzahl wurde in Zweifelsfällen - derartige Fälle traten unter Umständen in großen alten Gebäuden mit entsprechend weitem Raumzuschnitt und deshalb von den Mietern unterteilten Räumen auf - eine Raumteilung als solche anerkannt, wenn die Trennwand aus festem Material, d. h. auch dünnen Holzplatten, vom Fußboden bis zur Decke durchgängig, bestand.

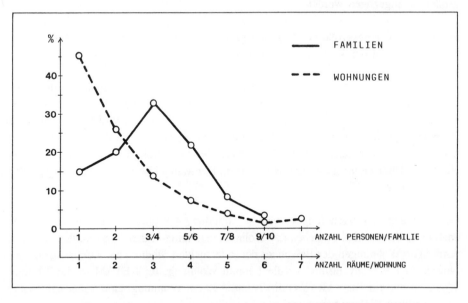

Abb. 5.9: Überlagerung von Wohnungsgrößen- und Familiengrößenstruktur

Aus der Anzahl der Räume und der geschätzten Fläche der Wohnungen geht eine Wohnungsgrößenstruktur hervor (Tab. 5.9), die im Vergleich mit den vorherigen Wohnungen der Familien der beiden Siedlungen EL PARAISO und RETAMAS (vgl. Tab. 4.11) eine sehr viel ungünstigere Wohnraumsituation für die Familien der "conventillos" zeigt: 71 % der Familien leben in 1 bis 2-Raum-Wohnungen, wobei die 1-Raum-Wohnungen stark überwiegen. Für die Bevölkerung von RETAMAS liegt dieser Prozentsatz auch sehr hoch (64 %), aber hier dominieren die 2-Raum-Wohnungen.

Hinsichtlich der Anzahl der Räume und damit auch der Wohnfläche ist eine weite Spanne zu beobachten. Immerhin fast 8 % der Haushalte wohnen in 5 bis 7 Räumen mit Durchschnittsgrößen pro Raum um 15 qm. Hier zeigt sich vermutlich ein Vorteil der traditionellen Anlage des spanisch-kolonialen Hofhauses, insbesondere wenn es sich um räumlich großzügigere Gebäude handelt, denn die Unterteilung kann, je nach Bedarf, flexibel gehandhabt werden. Wer die entsprechende Miete aufbringt, hat die Möglichkeit mehrere Räume zu belegen.

Ungünstiger sieht die Lage der Zuwanderer aus: Die Hälfte dieser Familien lebt in einem einzigen Raum, und der Anteil der Familien in mittelgroßen Wohnungen mit 2 bis 4 Räumen liegt unter dem der Einheimischen (ca. 42 % bzw. 62 %). Nur über die 5- bis 7-Raum-Wohnungen verfügen die Zuwanderer etwas häufiger (9 %) als die Einheimischen (6 %). Allerdings müssen hier für eine genauere Bewertung die Haushaltsgrößen herangezogen werden.

Wird die Wohnungsgröße der Haushaltsgröße gegenübergestellt, zeigt sich die strukturelle Disparität der Wohnungsversorgung (Abb. 5.9).

Ein Überschuß an 1-Raum-, geringfügig auch an 2-Raum-Wohnungen und an den größten Wohnungen mit 7 Zimmern (zahlenmäßig allerdings unbedeutend) steht einem Überschuß an 3- bis 10-Personenhaushalten, d. h. einem Mangel an Wohnungen mit 3 - 6 Räumen, gegenüber. Eine ähnliche Problematik hatte sich auch für die Bevölkerung der beiden untersuchten staatlichen Siedlungen ergeben (vgl. Abb. 4.8). Für diese galt aber ein starker Überschuß an 2-Raum-Wohnungen. Der Mangel betraf alle Wohnungsgrößen ab 3 Zimmern.

Der Vergleich der Verteilungskurven in Abbildung 4.8 und 5.9 veranschaulicht den deutlichen Unterschied zwischen der Wohnraumsituation in den "conventillos" und den vorherigen Wohnungen der Bewohner der untersuchten Siedlungen. Kurz ausgedrückt, typisch für die "conventillos" ist die 1-Raum-Wohnung, für RETAMAS die 2-Raum-Wohnung und für EL PARAISO die 2- und 3-Raum-Wohnung, eine Rangfolge analog zur jeweiligen Einkommenssituation.

Wenn als Kriterium für eine Mindestversorgung dem 1-Personenhaushalt 1 Raum und den Haushalten ab 2 Personen 1 Raum plus 1 weiterer Raum für alle 1 bis 2 Personen zuerkannt wird, dann ergibt sich aus der tatsächlichen Verteilung, daß nur ein Viertel aller Haushalte diesem Standard entsprechend versorgt ist. Gut 61 % der Familien dagegen müssen als unterversorgt beurteilt werden, aber auch 14 % der Wohneinheiten dürften als unterbelegt gelten (Tab. 5.10).

Tab. 5.10: Versorgungsniveau der Haushalte (alle Haushalte, Einheimische, Immigranten)

Versorgungsniveau	Haushalte in %		
	Gesamt	Einheimische	Immigranten
Mindestversorgung	24,7	24,0	25,0
Überlegung	61,6	58,3	62,9
Unterbelegung	13,7	17,7	12,1

Aus Tabelle 5.10 ist auch wieder zu erkennen, daß die Zugezogenen, zwar nur leicht, ungünstiger mit Wohnraum versorgt sind. Gerade hinsichtlich des höheren Anteils der Einheimischen in unterbelegten Wohnungen ist denkbar, daß diese aufgrund ihrer besseren örtlichen Kenntnisse und Kontakte die größeren Chancen besitzen, eine "gute" und geräumigere Wohnung zu finden.

Die graphische Darstellung in Abbildung 5.10 zeigt im Überblick die Situation der Belegung in den "conventillos". Überbelegte Wohneinheiten finden sich erwartungsgemäß insbesondere unter den 1- und 2-Raum-Wohnungen. Je mehr Räume zu einer Wohneinheit gehören, um so häufiger tritt eine Unterbelegung auf. Die günstigste, d. h. großzügigste, Versorgung ist für die 5-Raum-Wohnungen zu erkennen. Nur selten leben hier tatsächlich Familien mit 7 bis 8 Mitgliedern. Die relativ häufigste Mindestversorgung ergibt sich für die 4-Raum-Wohnungen, erreicht aber auch hier nicht den Bedarf.

Als sehr stark betroffen von beengten Wohnverhältnissen stellen sich die 3- und 4- sowie die 7- und 8köpfigen Familien heraus (77 % bzw. 85 % in überbelegten Wohnungen). Werden innerhalb der Haushaltsgrößengruppen einheimische und zugezogene

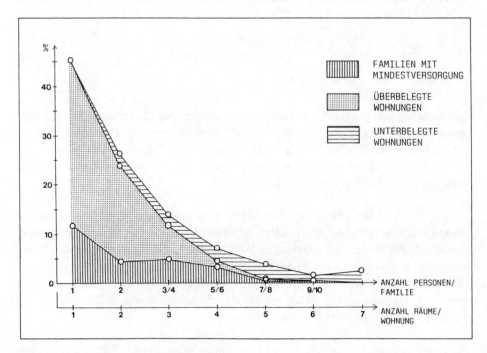

Abb. 5.10: Belegung der Wohneinheiten

Haushalte gegenübergestellt (Tab. 5.11), so können zum Teil sehr unterschiedliche Versorgungsebenen festgestellt werden. Gerade hinsichtlich der kritischen Kategorie der Überbelegung liegen die Anteile der Zuwanderer besonders in den zahlenmäßig am stärksten vertretenen Gruppen, wie die 2- und die 3- und 4-Personen-Haushalte, erheblich über denen der Einheimischen. Z. B. leben 83 % der 3- und 4-Personen-Haushalte der Zuwanderer in zu kleinen Wohnungen, aber nur 60 % der Einheimischen. Umgekehrt wohnen häufiger einheimische Familien in "zu großen" Wohnungen. Je kleiner die Familie und, erstaunlicherweise, je größer die Familie, um so häufiger wird eine "zu große" Wohnung belegt. 43 % der einheimischen 1-Personen-Haushalte bewohnen mehr als einen Raum (d. h. Unterbelegung), im Gegensatz zu nur 14 % der entsprechenden Zuwanderer. Die Mindestversorgung, von der erwartet werden sollte, daß sie für die Mehrheit der Familien zutrifft, wird, mit Ausnahme der kleinsten Haushalte (Einheimische: 57 %, Zuwanderer: 86 %), in keiner Gruppe von mehr als einem Viertel der Familien erreicht.

Tab. 5.11: Versorgungsniveau der Haushalte nach Haushaltsgröße (Einheimische, Immigranten)

Versorgungsniveau	Haushalte nach Größe und Einheimischen (E), Immigranten (I), in %										
	1		2		3 + 4		5 + 6		7 + 8		9 + 10
	E	I	E	I	E	I	E	I	E	I	E	I
Mindestversorgung	57,1	85,7	25,0	19,1	24,2	10,3	20,8	12,5	11,1	-	-	14,3
Überbelegt	-	-	55,0	68,1	60,6	83,3	70,8	68,8	66,7	94,4	66,7	57,1
Unterbelegt	42,9	14,3	20,0	12,8	15,2	6,4	8,4	18,7	22,2	5,6	33,3	28,6

Die Wohnungsbelegungsdichten (Tab. 5.12) bestätigen obige Ergebnisse: Mit 1,8 Personen/Raum im Gesamtdurchschnitt weisen die Immigranten eine leicht stärkere Belegung als die Einheimischen (1,7 Personen/Raum) auf; im Gegensatz dazu ist die Lage der Immigranten in den kleineren Wohnungen günstiger, was wohl ihrem relativ hohen Anteil an kleineren Familien zu verdanken ist.

Die auf der Basis der geschätzten Wohnfläche berechneten qm/Person zeigen die extreme Unterversorgung der untersuchten Bevölkerung. Bei einem Gesamtdurchschnitt von 8,3 qm/Person liegt der ungünstigste Wert bei den Einheimischen in 1-Raum-Wohnungen bei 6 qm/Person, ab 4 Räumen steigt dieser Wert dann auf über 10 qm/Person. Hinter diesen Durchschnittswerten verbergen sich Extreme von 1,75 qm/Person - immerhin 11 Haushalte verfügen über weniger als 2,5 qm/Person und 60 (18 %) über weniger als 5 qm/Person - bis zu 46 qm/Person.

Die Gegenüberstellung von Mieten und Einkommenssituation (vgl. Tab. 5.6 und 5.13) verdeutlicht die schwere ökonomische Belastung, die den Familien durch die Finanzierung der Behausung entsteht: Nur 20 % der Haushalte zahlen die geringsten Mieten

Tab. 5.12: Belegungsdichten nach Wohnungsgrößen (alle Haushalte, Einheimische, Immigranten)

Wohnungs-größe Anzahl Räume	Belegungsdichten					
	qm/Person			Personen/Raum		
	Gesamt	Einheimische	Immigranten	Gesamt	Einheimische	Immigranten
1	6,2	6,0	6,3	2,6	2,9	2,6
2	7,3	7,0	7,4	2,0	2,1	2,0
3	8,4	8,6	8,3	1,6	1,4	1,7
4	11,0	12,2	10,1	1,2	1,2	1,3
5	13,5	10,2	14,4	1,0	1,3	0,9
6	14,6	18,2	12,3	1,1	1,1	1,2
7	13,9	11,4	14,9	1,1	1,1	1,0
Gesamt	8,3	8,6	8,2	1,8	1,7	1,8

von bis zu ca. 12 % eines Minimallohns. Weitere 35 % müssen schon zwischen 12 und 23 % und 18 % der Haushalte sogar mehr als 35 % eines Minimallohnes für die Miete aufbringen. Demgegenüber stehen rd. 41 % aller Haushalte, die nur bis zu 1 ML und weitere etwa 41 %, die nur 1 bis 2 ML verdienen.

Der Vergleich der Mieten, die in den "conventillos" gezahlt werden, mit denen, die die RETAMAS-Bewohner zahlten (Tab. 4.10), zeigt für die "conventillos" ein insgesamt niedrigeres Mietniveau, wobei der Unterschied bei Berücksichtigung des 2jährigen Zeitabstandes[10] und der Annahme zwischenzeitlicher Mietsteigerungen vermutlich etwas größer anzunehmen ist, als in Tab. 5.13 dargestellt. Insbesondere bei den höchsten Mieten konnte ein sehr viel höherer Anteil als für die "conventillos" festgestellt werden. Trotz leicht niedrigerer Mieten, aber aufgrund der doch viel ärmeren Bevölkerung dürfte die Finanzierung der Unterkunft für die "conventillo"-Haushalte eine größere Belastung darstellen als für die RETAMAS-Familien.

Zwar erlaubt der Gebäudetyp des spanisch-amerikanischen Hofhauses eine weite Spanne bezüglich der Anzahl der Räume pro Haushalt (bis zu 7 Räume), dennoch überwiegen eindeutig die 1- und 2-Zimmer-Wohneinheiten (45 % und 26 %). Gemessen an dem Minimalbedarf der jeweiligen Haushalte, fehlen aber insbesondere Wohneinheiten mit 3 bis 6 Räumen. Die tatsächliche Situation der Haushalte zeigt, daß nur ein Viertel der Familien über Wohnungen verfügen, die der Familiengröße in etwa entsprechen. Die Mehrheit der Haushalte lebt in überbelegten Verhältnissen (62 %), die in Extremfällen bis zu 1,75 qm/Person führen. Trotz des großen Defizits können fast 14 % der Wohn-

---

[10] RETAMAS - Informationen aus dem Jahr 1984/85; Befragung - 1986

Tab. 5.13: Mietstruktur, "conventillo"-Haushalte im Vergleich mit "RETAMAS I"

Mietgruppen	Haushalte			
		"conventillos"		RETAMAS
in sucres	abs.	%	% akum.	% akum.
1 - 1.000	66	19,5	19,5	23,6
1.001 - 1.500	63	18,6	38,1	-
1.501 - 2.000	57	16,9	55,0	40,2
2.001 - 2.500	41	12,1	67,1	-
2.501 - 3.000	33	9,8	76,9	64,4
3.001 - 3.500	16	4,7	-	-
3.501 u. mehr	46	13,6	-	-
Eigentümer o. ä.	11	3,3	-	-
Ohne Antwort	5	1,5	-	-
Gesamt	338	100,0	100,0	100,0

einheiten als unterbelegt gelten. Der Wohnraummangel betrifft die zugezogene Bevölkerung relativ häufiger als die einheimische und hier besonders stark die 3- bis 4-Personen-Haushalte (83 %). Im Vergleich mit den vorherigen Wohnungen der Bewohner der Siedlung RETAMAS ist das Niveau der Wohnungsversorgung der "conventillo"-Bevölkerung erheblich niedriger einzustufen. Trotz des minderen Wohnstandards und der folglich sehr niedrigen Mieten, nehmen diese doch einen erheblichen Teil des Einkommens in Anspruch. Die zentrale Lage der "conventillos", die Nähe zu Arbeit - bzw. zu Arbeitschancen - und sonstigen Einrichtungen, dürfte die relativ hohen Mietkosten und die häufig elenden Unterkünfte für viele Bewohner kompensieren.

5.4. Mobilität

5.4.1. Auswertungsmethode

Da die Frage nach der Geschichte der Wohnstandorte der Untersuchungsgruppe sehr unterschiedlich genaue Adressenangaben ergab, war es nicht möglich mit Hilfe der elektronischen Datenverarbeitung den Wohnstandortverlauf aller Befragten auszuwerten. So wurde, neben einigen ergänzenden Gesamtberechnungen, eine Handauswertung für einen Teil der Haushalte vorgenommen. Dadurch ergab sich die Möglichkeit eine noch charakteristischere Gruppe - nach Standort und sozio-ökonomischer Schicht - auszuwählen. Das heißt, es konnte untersucht werden, welche Wohnstandorte diejenigen Haushalte durchlaufen haben, die heute in den ehemaligen Wohnhäusern der Oberschicht wohnen und gleichzeitig zu den ärmsten Bewohnern gehören. Um diese Gruppe zu erfassen, wurden nach folgenden Kriterien Gebäude ausgewählt, wobei alle Kriterien möglichst optimal erfüllt sein sollten:

- Gebäude mit größter Anzahl an Wohneinheiten
- Gebäude, in denen die Haushalte einen Durchschnittswert der Belegungsdichte zeigen, die über dem Durchschnittswert der Untersuchungsgruppe liegt
- Gebäude, deren Bewohner einen Durchschnittswert des Familieneinkommens erzielen, der unter dem Durchschnittswert der Untersuchungsgruppe liegt
- Gebäude mit traditioneller Grundrißanlage
- Gebäudestandorte, verteilt über das Untersuchungsgebiet

Daraus ergaben sich 12 Gebäude mit 169 Haushalten, das entspricht 66 % der in den Gebäuden insgesamt gezählten Haushalte und 50 % aller befragten Haushalte. Für die Untersuchung der Mobilität der Haushalte wird als Repräsentant der Hauptverdiener der Familie gewählt, d. h. für Mischfamilien (Einheimische und Zuwanderer), daß diese nach Herkunft des Hauptverdieners zugeordnet werden.

Ausgewählte Gebäude Nr. vgl. Abb. 5.1	Alle Familien	Befragte Familien
2	18	15
5	10	8
6	7	5
9	13	11
14	8	7
18	30	23
21	14	8
23	24	9
26	16	13
31	17	13
39	46	37
40	53	20
12 Gebäude	256 (100 %)	169 (66 %)

5.4.2. Herkunft der Familien und Wohndauer in der Stadt

Die hier ausgewählten Haushalte zeigen (Tab. 5.14) einen geringfügig höheren Anteil an Immigrantenhaushalten (78 %), als es die Gesamtauswertung ergab (71 %, vgl. Tab. 5.2). Die Ursache hierfür kann an den Auswahlkriterien, die auf eine sozio-ökonomisch schlechter gestellte Bevölkerung zielen, liegen, denn, wie aus Kapitel 5.2.3. hervorgeht, trifft dies in stärkerem Maße für die Immigranten als für die Einheimischen zu.

Tab. 5.14: Für die Handauswertung ausgewählte Haushalte nach Gebäuden (alle Haushalte, Einheimische, Immigranten)

Gebäude	Ausgewählte Haushalte							
	Gesamt		Einheimische		Immigranten		Immigranten mit 1. Wohnsitz	
Nr.	abs.	%	abs.	%	abs.	%	abs.	%
40	20	100,0	4	20,0	16	80,0	10	
39	37	100,0	4	11,0	33	89,0	14	
31	13	100,0	3	23,0	10	77,0	2	
26	13	100,0	5	38,0	8	62,0	1	
23	9	100,0	1	11,0	8	89,0	8	
21	8	100,0	2	25,0	6	75,0	3	
18	23	100,0	3	13,0	20	87,0	11	
14	7	100,0	3	43,0	4	57,0	1	
9	11	100,0	1	9,0	10	91,0	1	
6	5	100,0	3	60,0	2	40,0	-	
5	8	100,0	4	50,0	4	50,0	-	
2	15	100,0	4	27,0	11	73,0	1	
Gesamt	169	100,0	37	22,0	132	78,0	52	40,0

40 % dieser Zuwanderer leben an ihrem ersten Wohnort in der Stadt. Wie aus Tabelle 5.14 hervorgeht, konzentrieren sie sich insbesondere in den Gebäuden, die durch eine extrem hohe Anzahl an Wohneinheiten und einen ohnehin schon hohen Anteil an Immigrantenfamilien auffallen. Vielleicht spielt auch der Standort der Wohnung für neu Zugezogene eine Rolle: Die Gebäude 39 und 40 liegen im Nordosten nebem dem Markt "9 de Octubre", die Gebäude 18 und 23 im Südwesten ebenfalls sehr nahe am Markt "10 de Agosto".

gonalen und Avenidas zur besseren Erschließung, Durchgrünung und Durchlüftung vorsahen, abgelehnt wurden. Als Grund vermutet er eine unbewußte Verteidigung des traditionellen Rasters wegen eines hohen Grades an Symbolwert und Identifikation für die Bevölkerung. Ähnliche Motive, die sich heute in dem Versuch, den historischen Kern der Stadt zu erhalten, reflektieren, dürften auch für Cuenca zutreffen. Die lange Zeit der Isolation hat der Stadt eine gewisse Unabhängigkeit und Selbständigkeit gegeben; man ist sich ihrer Geschichte und kulturellen Bedeutung bewußt. Der Hang zum Konservativen, das Bewahren-Wollen bzw.-Können, wurde bisher von der sehr spät einsetzenden und relativ mäßigen Wachstumsdynamik unterstützt.

Dieser weitgehenden Konservierung des Rastermusters und der Baustruktur der Altstadt steht eine überproportionale Flächenausdehnung neuer Wohngebiete gegenüber. Der seit der Mitte dieses Jahrhunderts zu beobachtende starke Bevölkerungszuwachs konnte während der ersten zwei Dekaden vorwiegend von der bestehenden Stadt unter zunehmender innerer Verdichtung aufgenommen werden. Dann begann eine maßstabslose Inanspruchnahme des bisher sehr dünn besiedelten städtischen Umlands. Obwohl die Bevölkerungszahl des Kernbereichs insgesamt gesunken ist, sind die höchsten Dichten weiterhin dort zu finden, während der Wachstumsring im Anschluß an die Altstadt teilweise sehr niedrige Dichtewerte aufweist. Aber auch kleinere Gebiete mit höheren Dichten - zur Zeit des Zensus 1982 zwar noch sehr vereinzelt, aus eigener Anschauung im Jahre 1986 schon häufiger - treten am Rande oder sogar außerhalb des Wachstumsringes auf. Die bauliche Struktur spiegelt diese Situation wider, wie der Luftbildausschnitt zu den Übergangszonen zeigt (Kap. 3.1.).

Nicht nur wegen der Dichte der Bevölkerung und der Bebauung kann die Altstadt als kompakt bezeichnet werden, sondern auch, da sich hier das Schwergewicht der Arbeitsplätze und Versorgungseinrichtungen befindet. So liegen Wohnstandorte und Arbeitsstätten für einen Großteil der Bevölkerung am selben Ort, und der Begriff der Fußgängerstadt scheint hier noch angebracht zu sein. Insbesondere hat das Handwerk die althergebrachten Standorte bewahrt, und mehr als die Hälfte der Handwerksbetriebe vereinen Wohnen und Arbeiten.

Ebenso erinnert die ringförmige Anordnung der wirtschaftlichen Aktivitäten und der Bevölkerung an das vorindustrielle Schema. Die "plaza" (der Hauptplatz) hat ihre dominante Stellung wie zur Kolonialzeit beibehalten. Hier liegen seit Gründungszeiten die ranghöchsten Einrichtungen von Verwaltung und Kirche.

Die größten Veränderungen gegenüber dem ursprünglichen Muster haben in der zentralen Zone im Anschluß an die "plaza" stattgefunden. Die Oberschicht hat, bis auf einzelne Mitglieder der älteren Generation, ihre alten Stammhäuser verlassen. An ihre Stelle rückte die untere Mittel- und Unterschicht nach, sowie Aktivitäten eines modernen tertiären Sektors (z. B. Banken, Luxushotel, Geschäfte des gehobenen Bedarfs). Die zu beobachtenden baulichen Veränderungen und die sinkende Bevölkerungsdichte im Zentrum weisen darauf hin, daß mit wachsenden Cityfunktionen und in der Folge mit der Verdrängung der Wohnbevölkerung zu rechnen ist.

Als ein weiterer Einschnitt der klassischen kreissymmetrischen Struktur sind die beiden sektorförmigen Marktbereiche nordöstlich und südwestlich des Zentrums zu nennen. Insbesondere das nordöstliche Gebiet ist Ausgangspunkt für eine starke asymmetrische Entwicklung weit über den Kernbereich hinaus. Beide Marktzonen stehen in Kontrast zu dem zwischen ihnen liegenden zentralen Geschäftsbereich, der eher dem gehobeneren und städtischen Bedarf der oberen Schichten dient, während die Marktzonen die ärmere Bevölkerung versorgen und den ländlichen und gewerblichen Bedarf decken. Analog zu der hohen Dichte an Arbeitsplätzen, besonders auch an Arbeitsplätzen mit niedrigsten Umsätzen (informeller Sektor), sind hier auch die höchsten Bevölkerungsdichten bei Dominanz der unteren Schichten zu beobachten. Hinsichtlich der sozialräumlichen Gliederung ist somit eine Bevölkerungsverlagerung der extremen Schichten festzustellen: Die Oberschicht fehlt fast ganz, und die unteren Schichten, dabei sind überdurchschnittliche Anteile an Zuwanderern zu verzeichnen, dominieren im Zentrum und in den zwei diagonal ausgerichteten Sektoren zwischen Zentrum und Kernbereichsrand, statt im Randbereich der Altstadt, wie es das vorindustrielle Modell beschreibt (nach außen fallender Sozialgradient).

Wenn auch die sektorförmigen Zonen des Kernbereichs eher als Ergebnis einer modernen Entwicklung verstanden werden können - achsenartige Konzentration bestimmter Funktionen, Segregation der unteren Schichten - so geht ihr Ursprung doch auf vorindustrielle Zeiten zurück. Die Kombination aus Markt und in Marktnähe gelegene Ausfallstraßen erster Ordnung (im Nordosten nach Quito, im Südwesten nach Loja) dürfte früher schon gewisse Standorteffekte ausgelöst haben (vgl. Kap. 3.1., Traditionelle Siedlungsachsen). Daher wird angenommen, daß sich auch in Zeiten vor dem Umbruch im Umkreis Markt-Stadtausgang eine Spezialisierung der Funktionen (z. B. Handel und Transportgewerbe) ausgeprägt und eine dem Arbeitsangebot entsprechend ärmere Bevölkerung angesiedelt hat. Demnach tendierte die ehemals konzentrische Anordnung der Stadt schon in vorindustrieller Zeit in dem Maße zu einer asymmetrischen Form, in dem die Erreichbarkeit, d. h. in diesem Fall die Anbindung, regional oder national, an Gewichtigkeit gewann.

Die neuen Siedlungsgebiete außerhalb des Kernbereichs repräsentieren das moderne Cuenca. Noch als Bezug zur Tradition könnte die bisher vorwiegend flache Bebauung, eine teilweise konzentrische Anordnung nach sozio-ökonomischer Zugehörigkeit der Wohnbevölkerung - zusammenfassend betrachtet - und die Ausrichtung aller Wohngebiete auf das Zentrum des Kernbereichs, das bisher ohne Konkurrenz der Mittelpunkt der Stadt ist, genannt werden. Aber der Industriesektor im Nordosten mit begleitenden Unterschichtvierteln, die ausgedehnten Villenviertel und isoliert liegenden Wohnsiedlun-

In der Gruppe der Immigranten, die an ihrem ersten Wohnsitz in Cuenca leben, wurden vereinzelte Fälle beobachtet, die eher einen Zustand zwischen Pendler und "echtem" Zuwanderer darstellten. Z. B. berichtete eine Bewohnerin, die ihr Einkommen als Wäscherin und in der Landwirtschaft verdiente, daß sie ihren gemieteten Raum nur zeitweilig zum Übernachten oder zum Ausruhen benutze, wenn sie in der Stadt zu tun habe. Dieser Raum muß als Zweitwohnsitz bezeichnet werden. Eine andere Situation stellte sich für eine Familie dar, in der die Frau als Händlerin in Cuenca arbeitet, während der Mann in der Landwirtschaft im Dorf seiner Herkunft beschäftigt und daher selten zu Hause ist. Diese Fälle weisen wieder darauf hin (vgl. Kap. 2.4.), daß eine starke Beziehung zwischen der Stadt und ihrem Umland besteht. Solange der Wohnort im Dorf aufrecht erhalten wird, und sei es auch nur durch nähere Verwandte, solange bleibt die Bindung zum Herkunftsort als ständige Möglichkeit zur Rückkunft erhalten.

Nach Tabelle 5.15 leben rund 24 % der ausgewählten Immigrantenhaushalte erst bis zu einem Jahr, etwa 45 % bis unter fünf Jahre in der Stadt. D. h. im Vergleich mit der Immigrantengruppe insgesamt liegt ein höherer Anteil der erst kürzlicher Zugezogenen vor, der auf eine häufigere Rolle als Erststandort der ausgewählten Gebäude hinweisen könnte. Bemerkenswert ist, daß aber auch 40 % seit 10 und mehr Jahren bzw. - auf die Gesamtgruppe bezogen - davon etwas mehr als die Hälfte seit über 20 Jahren in den untersuchten "conventillos" leben. Für die ausgewählte Untergruppe ist erstaunlicherweise ein Viertel der Haushalte mit einer Wohndauer in Cuenca von 10 bis 19 Jahren festzustellen. Diese Familien bzw. ihre Haushaltsvorstände trafen folglich in der Periode 1965 - 1975 ein, als in Ecuador der starke Urbanisierungsprozess einsetzte und damit auch Cuenca zum Attraktionspol für die verarmte ländliche Bevölkerung wurde (vgl. Kap. 2.4.1.).

Tab. 5.15: Wohndauer der Immigrantenhaushalte in Cuenca

Wohndauer Jahre	Immigranten-Haushalte	
	Handauswertung %	Gesamte Untersuchungsgruppe %
bis 1	24,3	18,8
über 1 - 4	20,4	19,1
5 - 9	15,1	22,1
10 - 19	25,0	18,8
20 und mehr	15,2	21,2

Auf einen vergleichbaren Nenner zu den Immigrantenhaushalten der untersuchten Siedlungen gebracht (dabei wurden die bis zu 2 Jahren am Ort Wohnhaften unberücksichtigt gelassen), zeigt sich für die befragte Bevölkerung der "conventillos", daß sie, hinsichtlich der Wohndauer in der Stadt, der RETAMAS-Gruppe wieder sehr nahekommt (Tab. 5.16), während für die Immigrantenfamilien von EL PARAISO eine weitaus längere Wohndauer in Cuenca zutrifft.

Tab. 5.16: Wohndauer der Immigrantenhaushalte im Vergleich mit "EL PARAISO I u. II" und "RETAMAS I"

Wohndauer in Jahren	Immigranten-Haushalte in %		
	EL PARAISO	RETAMAS	Conventillos
2 - 4	10,7	20,5	17,7
5 - 9	31,2	24,9	29,3
10 und mehr	58,0	54,6	53,0

Zusammenfassung:

Bezogen auf die enger gefaßte Untersuchungsgruppe der ärmeren "conventillo"-Bevölkerung überwiegen die Immigrantenhaushalte noch stärker (78 %), verglichen mit der Gesamtgruppe (71 %, vgl. Kap. 5.2.1.). Fast die Hälfte dieser Familien (40 %) lebt am ersten Wohnsitz und ein Viertel erst bis zu 1 Jahr in Cuenca. Andererseits aber werden die "conventillos" auch von sehr ortsverbundenen Familien bewohnt. Allein 30 % aller Haushaltsvorstände sind in Cuenca geboren, und von den gut 70 % Zugezogenen leben über 20 % schon länger als 20 Jahre am Ort. Hinsichtlich der Ortsverbundenheit ist in den "conventillos" eine äußerst heterogene Bevölkerung zu finden.

5.4.3. Wohndauer am Befragungswohnsitz

Die durchschnittliche Wohndauer der untersuchten Haushalte am Befragungswohnsitz ergab etwa 5 1/2 Jahre, wobei die einheimischen Familien hier doch erheblich länger wohnten, nämlich gut 8 Jahre und doppelt so lang wie die Zuwanderer. Bei näherer Betrachtung (Tab. 5.17) sieht das Bild der relativen Seßhaftigkeit aber erheblich anders aus.

Rund 50 % der Immigrantenfamilien lebten hier erst bis zu 12 Monaten und auch noch 27 % nur bis zu 6 Monaten. Die entsprechenden Anteile der Einheimischen liegen erwarteterweise niedriger, aber 35 % bzw. 22 % deuten auch hier auf kurzfristiges Wohnen und häufigeren Wohnwechsel hin, wogegen der Anteil von 30 % bei einer

Wohndauer von über 10 Jahren für die einheimischen Haushalte plausibel erscheint. Auch bei den Immigranten, wenn auch erheblich seltener, kommen seßhafte Familien mit über 20jähriger Wohndauer vor.

Tab. 5.17: Wohndauer der Untersuchungshaushalte am Befragungswohnsitz (alle Haushalte, Einheimische, Immigranten)

Wohndauer in Monaten (M)/Jahren (J)	Haushalte in %					
	Gesamt	akum.	Einheimische	akum.	Immigranten	akum.
bis 1 M	5,4	5,4	4,2	4,2	5,8	5,8
über 1 M - 6 M	20,2	25,6	17,7	21,9	21,2	27,0
über 6 M - 12 M	19,6	45,2	13,5	35,4	22,1	49,1
über 1 J - < 5 J	23,8	69,0	20,8	56,2	25,0	74,1
über 5 J - < 10 J	13,1	82,1	13,5	69,7	12,9	87,0
über 10 J - < 20 J	11,6	93,7	18,8	88,5	8,8	95,8
20 J und mehr	6,3		11,4		4,2	
Gesamt (abs.)	336		96		240	
Durchschnittl. Wohndauer (J)	5,4		8,3		4,2	

Dieselbe Strukturuntersuchung bezüglich der für die Handauswertung ausgesuchten Haushalte zeigt eine Tendenz, die wahrscheinlich wieder den Auswahlkriterien zuzuschreiben ist (Tab. 5.18): Der Anteil der erst höchstens bis zu 1 Jahr am Befragungsort wohnenden Haushalte steigt für die Zuwanderer auf 53 % und für die Einheimischen dieser Gruppe auffallend stark um 11 % auf 46 %. Entsprechend niedriger liegen die Anteile der stabileren Haushalte, wobei hier keine Zugezogenen mit einer Wohndauer von länger als 20 Jahren festgestellt wurden.

Werden hier die Gebäude einzeln betrachtet, dann kann bei bestimmten Gebäuden eine bedeutende Fluktuation vermutet werden, d. h. sehr niedrig liegende Werte der Durchschnittswohndauer von ca. 2 Jahren kommen vor. Bei diesen Gebäuden handelt es sich wieder um Gebäude mit einer extrem hohen Anzahl an Wohneinheiten, hohem Anteil an Immigrantenfamilien und hohem Anteil an "Neuankömmlingen". Obwohl in diesen Gebäuden auch Familien mit sehr langer Wohndauer leben, könnte eventuell hier von Gebäuden mit Auffangfunktion gesprochen werden (Gebäude Nr. 2, 18, 31, 39, 40).

Tab. 5.18: Wohndauer der für die Handauswertung ausgewählten Haushalte am Befragungswohnsitz (alle Haushalte, Einheimische, Immigranten)

Wohndauer in Monaten (M)/ Jahren (J)	Gesamt abs.	% akum.	Haushalte Einheimische abs.	% akum.	Immigranten abs.	% akum.
bis 1M	15	8,9 8,9	3	8,1 8,1	12	9,1 9,1
über 1M - 6M	44	26,0 34,9	10	27,1 35,2	34	25,7 34,8
" 6M - 12M	28	16,6 51,5	4	10,8 46,0	24	18,2 53,0
" 1J -< 5J	42	24,9 76,4	8	21,6 67,6	34	25,8 78,8
5J -< 10J	21	12,4 88,8	3	8,1 75,7	18	13,6 92,4
10J -< 20J	17	10,0 98,8	7	18,9 94,6	10	7,6
20 J und mehr	2	1,2	2	5,4		
Gesamt	169		37		132	
Durchschnittl. Wohndauer (J)	3,9		6,3		3,2	

Zusammenfassung:

So wie in den Unterkünften der "conventillos" Familien mit sehr unterschiedlicher Wohndauer in der Stadt vorgefunden wurden (vgl. Kap. 5.4.2.), so unterschiedlich stellt sich auch die Wohndauer bezogen auf den Wohnsitz im Moment der Befragung dar. Die Hälfte der Zuwandererfamilien und gut ein Drittel der Einheimischen wohnen nicht länger als ein Jahr am Befragungswohnsitz. Aber auch ein knappes Drittel der Einheimischen und immerhin noch 13 % der zugezogenen Familien leben schon länger als 10 Jahre und davon wieder rd. die Hälfte sogar länger als 20 Jahre in demselben Gebäude. Wird nun nur die noch ärmere Gruppe in den größeren Massenquartieren erfaßt, dann verschieben sich die Anteile zugunsten der kürzeren Wohndauer, insbesondere für die einheimischen Familien. Je niedriger der Wohnstandard (Massenquartiere) und je billiger die Unterkunft um so größer die beobachtete Fluktuation. Für die Zugezogenen könnte daraus gefolgert werden, daß es sich hier um ein erstes "Standbein" handelt, und nach einer Orientierungsphase eine bessere Unterkunft gefunden bzw. auch nur vorübergehend in der Stadt gewohnt wird. Hinsichtlich der Einheimischen dagegen, könnte es bedeuten, daß z. B. Rückstand der Miete und ähnliche Probleme zum wiederholten Verlust der Wohnung führen, oder, ähnlich den Zuwanderern, junge Erwachsene bzw. Paare (vgl. Tab. 5.2: Haushaltsgröße und Tab. 5.4: Altersaufbau) ihr selbständiges Leben in einer möglichst billigen Wohnung starten. Familiengründung und das Wachsen der Familie scheinen ein häufiges Motiv des Wohnungswechsels zu sein. Es wurde sehr oft beobachtet, daß immer dann, wenn ein Kind bzw. ein weiteres Kind geboren wurde, eine neue Adresse angegeben war.

5.4.4. Mobilität und Standorte der vorherigen Wohnsitze

Im Gesamtdurchschnitt zogen die befragten Haushalte etwa 1 bis 2 mal innerhalb der Stadt um, d. h. sie wohnen jetzt in ihrer 2. oder 3. Wohnung[11]. Bei der Gruppe der Einheimischen sind alle Wohnstandorte des Haushaltsvorstandes (Hauptverdiener) seit Geburt inbegriffen, während bei den Immigranten erst ab erstem Wohnstandort des Haushaltvorstandes in der Stadt gezählt wurde. Geht man davon aus, daß die einheimischen Haushaltsvorstände die Kindheit durchschnittlich an einem Ort verbrachten, dann ergeben sich ähnliche Werte wie für die Immigranten:

	Alle Haushalte	Einheimische	Immigranten
Wohnstandorte pro Haushalt	(2,7)	(3,5)	2,4

Diese Werte scheinen auf keine auffällige Mobilität hinzuweisen, obwohl in einigen Extremfällen bis zu 9 Wohnsitze bei den Immigranten und bis zu 11 Wohnsitze bei den Einheimischen vorkommen.

Die Mehrheit der Immigranten, rd. 60 % (Abb. 5.11 und Tab. 5.19), lebt erst an ihrem 1. oder 2. Wohnsitz. Diejenigen, die 1 mal die Wohnung gewechselt haben (25 %) zeigen eine relativ hohe durchschnittliche Wohndauer in Cuenca von 10 Jahren. Ein Drittel der Familien ist 2 oder 3 mal umgezogen (3. und 4. Wohnsitz), und nur eine Minderheit (7,5 %) lebt am 5. bis 9. Wohnsitz. Für die Mehrheit der letzteren lag die durchschnittliche Wohndauer zwischen 30 und 44 Jahren. D. h., diese Zuwanderer trafen in den 40er und 50er Jahren in Cuenca ein, zu einer Zeit, in der die ersten Vorboten des Umbruchs zu spüren waren (vgl. Kap. 2.3.2.) und die Oberschicht noch an ihrem traditionellen zentralen Standort wohnte.

Die für die Handauswertung ausgewählten Haushalte der Immigranten zeigen eine tendenziell parallele Struktur zur Gesamtgruppe (Tab. 5.20, vgl. Tab. 5.19). Dabei nehmen aber die Anteile der Haushalte mit bisher nur 1 Wohnsitz ein etwas größeres Gewicht ein entsprechend der kürzeren Wohndauer dieser Gruppe am Ort (vgl. Tab. 5.15). Der leicht höhere Anteil der Haushalte mit 5 bis 9 Wohnsitzen läßt sich vermutlich durch die Art der ausgewählten Gebäude erklären, die eine besonders hohe Fluktuation zeigen (vgl. Tab. 5.18). Einheimische Haushalte mit nur 1 Wohnsitz können bis auf eine Ausnahme nicht beobachtet werden. Dies spricht wieder dafür, daß in Cuenca Geborene nach Auszug aus dem Elternhaus den Start des eigenen Haushalts in den "conventillos" als billige Wohnmöglichkeit beginnen. Hier dürften einheimische

---

[11] In Einzelfällen kamen zwischenzeitliche Wohnsitze außerhalb der Stadt vor. Diese sind nicht einberechnet.

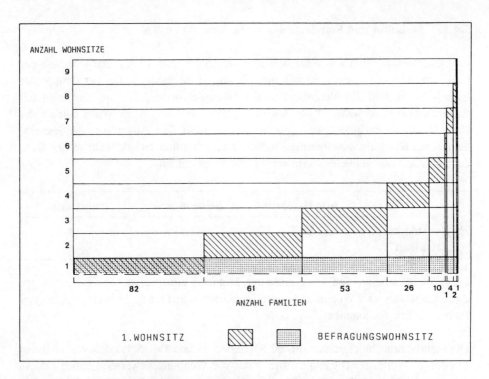

Abb. 5.11: Immigrantenfamilien nach der Anzahl ihrer Wohnsitze in Cuenca

Familien den zugewanderten etwa gleichen (vgl. Tab. 5.4: Altersaufbau). Weiterhin zeigen die Einheimischen eine geringere maximale Anzahl an Wohnsitzen, aber auch einen höheren Anteil an Familien mit mehreren Wohnsitzen (auch unter Berücksichtigung, daß mindestens 1 Wohnsitz dem Elternhaus entspricht). Vermutlich finden in Cuenca Geborene aufgrund ihres Orientierungsvorsprungs und ihrer besseren Beziehungen eher eine passende Wohnung, aber durch eine längere Wohndauer am Ort sowie ein etwas höheres Alter werden häufigere Wohnwechsel erreicht.

Die in Kapitel 3.2.4. erwähnte Befragung von Immigranten in Cuenca im Jahre 1988 (BORRERO 1992) ergab, daß rd. 20 % der untersuchten Gruppe ihren Wohnsitz in Cuenca geändert hatte. BORRERO spricht daher von einer sehr dynamischen Bewegung in der Stadt. Nach der hier vorliegenden Untersuchung haben 66 % der in den "conventillos" lebenden Immigranten ihren Wohnstandort in der Stadt geändert. Sollte das Ergebnis von BORRERO repräsentativ sein, so müßte von der "conventillo"-Bevölkerung als von einer sehr instabilen Gruppe gesprochen werden. Wie gezeigt wurde, trifft dies aber nicht für alle Haushalte zu.

Tab. 5.19: Immigrantenhaushalte und durchschnittliche Wohndauer in Cuenca nach Anzahl der Wohnsitze

Wohnsitze	Immigranten-Haushalte		Durchschnittliche Wohndauer
Anzahl	abs.	%	Jahre
1	82	34,2	4,0
2	61	25,4	10,1
3	53	22,1	15,9
4	26	10,8	15,0
5	10	4,2	31,1
6	1	0,4	12,5
7	4	1,7	43,6
8	2	0,8	21,2
9	1	0,4	25,0
Gesamt	240	100,0	

Wie sich die Standorte der vorherigen Wohnsitze (Handauswertung) innerhalb der Stadt verteilen, ist in Tabelle 5.21 zusammengefaßt, und in Abbildung 5.12 sind ergänzend dazu die räumlichen Bezugszonen dargestellt. Zu den Herkunftsgebieten zählen das konsolidierte Stadtgebiet etwa in den Grenzen von 1947 (Kernbereich, vgl. Abb. 3.3) einschließlich der Ausweitungen im Südwesten (San Roque) und im Nordosten (stadtnahe Teile der "traditionellen Siedlungskonzentrationen", vgl. Abb. 3.1), Teile des Erweiterungsringes und periphere Standorte, d. h. ältere ländliche Siedlungsgruppen, die inzwischen teilweise von Neubaugebieten überwachsen wurden oder in den Übergangszonen (vgl. Kap. 3.2.) liegen. Im Kernbereich wird zusätzlich die zentrale Zone von einer Randzone unterschieden, da auffällig häufige Bewegungen vom Rand in den zentralen Bereich, etwa begrenzt entsprechend der Stadtausdehnung gegen Ende des 19. Jahrhunderts (vgl. Abb. 2.3), registriert wurden.

Nach Tabelle 5.21 A liegt der weitaus größte Teil aller durchlaufenen Wohnstandorte im Kernbereich (fast 80 %) und dort wiederum der größere Anteil (ca. 50 %) im engeren Kernbereich (zentrale Zone), d. h. die Bewegungen der Haushalte fanden vorwiegend in einem relativ begrenzten innerstädtischem Raum statt. Es wurde sogar oftmals beobachtet, daß sich mehrere räumliche Wechsel eines Haushalts in der zentralen Zone auf ein Gebiet von nur wenigen Blöcken beschränkten.

Tab. 5.20: Anzahl der Wohnsitze in Cuenca der für die Handauswertung ausgewählten Haushalte (alle Haushalte, Einheimische, Immigranten)

Wohnsitze	Haushalte					
	Gesamt		Einheimische		Immigranten	
Anzahl	abs.	%	abs.	%	abs.	%
1[1]	53	31,4	1	2,7	52	39,4
2	39	23,1	9	24,3	30	22,7
3	36	21,3	9	24,3	27	20,5
4	19	11,2	8	21,6	11	8,3
5	8	4,7	5	13,5	3	2,3
6	7	3,5	4	10,8	3	2,3
7	3	2,4	1	2,7	2	1,5
8	2	1,2	-	-	2	1,5
9	2	1,2	-	-	2	1,5
Gesamt	169	100,0	37	100,0	132	100,0

(1) Der Befragungswohnsitz ist im Moment der Befragung der bisher einzige Wohnsitz gewesen

Eine unterschiedliche Verteilung der Einheimischen und Immigranten ist zu erkennen. Die Wohnsitze der Immigranten tendieren stärker zur zentralen Zone (54 %) und den Stadträndern, aber eindeutig weniger zum Rand des Kernbereichs. Die der Einheimischen hingegen dominieren eindeutig in der Randzone des Kernbereichs (46 %), dann erst folgt die zentralen Zone, während die Stadtränder unterdurchschnittliche Anteile aufweisen.

Werden nun die 1. Wohnstandorte mit den vorletzten verglichen - hier sind die Haushalte mit dem Befragungswohnsitz als 1. Wohnsitz nicht enthalten - (Tab. 5.21 B und C), so ergibt sich für die Einheimischen eine deutliche Verschiebung der Wohnsitze zum Zentrum hin. Lagen noch 50 % der 1. Wohnsitze der in Cuenca geborenen Haushaltsvorstände in der Randzone des Kernbereichs, so sank der Anteil bezüglich der vorletzten Wohnsitze auf nur noch 40 %, ebenso nahmen die Anteile in den Zonen außerhalb des Kernbereichs leicht ab. Dagegen gewann die zentrale Zone an Gewicht, so daß sie mit fast 46 % der vorletzten Wohnsitze dominierte.

Tab. 5.21: Räumliche Verteilung der in Cuenca durchlaufenen Wohnstandorte der für die Handauswertung ausgewählten Haushalte (alle Haushalte, Einheimische, Immigranten)
A) Alle durchlaufenen Wohnstandorte
B) Alle 1. Wohnstandorte der Haushalte, die mindestens am 2. Wohnstandort leben
C) Alle vorletzten Wohnstandorte (vor dem Befragungswohnsitz)

	Stadtbereiche (siehe Abb. 5.12)		Wohnsitze in %		
			Alle Haushalte	Einheimische	Immigranten
A)	Kernbereich	Zentrale Zone	48,4	36,9	54,4
			78,3	83,1	75,9
		Randzone (1)	29,9	46,2	21,5
	Außerhalb des Kernbereichs	Erweiterungszonen (2)	12,0	8,5	13,7
			21,7	16,9	24,1
		Periphere Zonen	9,7	8,4	10,4
B)	Kernbereich	Zentrale Zone	44,8	32,4	50,0
			74,6	82,4	71,3
		Randzone (1)	29,8	50,0	21,3
	Außerhalb des Kernbereichs	Erweiterungszonen (2)	14,0	8,8	16,2
			25,4	17,6	28,7
		Periphere Zonen	11,4	8,8	12,5
C)	Kernbereich	Zentrale Zone	48,7	45,7	50,0
			75,3	85,7	70,0
		Randzone (1)	26,6	40,0	20,5
	Außerhalb des Kernbereichs	Erweiterungszonen (2)	15,0	5,8	19,3
			24,7	14,3	29,5
		Periphere Zonen	9,7	8,5	10,2

(1) Eingeschlossen "San Roque" (2) Eingeschlossen "El Vecino"

Für die Haushalte der Immigranten zeigt sich ein anderes Bild. Wie aus Tabelle 5.20 hervorgeht, lebten allein schon 40 % der Familien an ihrem 1. und bisher einzigen Wohnsitz in der zentralenZone. Für die restlichen Zuwanderer konnte die Hälfte der 1. und gleichermaßen die Hälfte der vorletzten Wohnsitze in der zentralen Zone festgestellt werden. Die Mehrheit der Familien bevorzugte also von Beginn an die zentralsten Wohnmöglichkeiten der Stadt, und weitere Wohnungswechsel fanden dann ebenfalls innerhalb dieser Zone statt (Ausnahmen von zwischenzeitlichen Wohnsitzen außerhalb des Kernbereichs wurden beobachtet). Zwar nimmt die Randzone als Standort den nächstwichtigsten Rang ein - fast gleichgewichtig betreffend den 1. und vorletzten Wohnsitz - , spielt aber im Gegensatz zur Gruppe der Einheimischen eine viel unbedeutendere Rolle. Die einzige relativ größere Veränderung in der Verteilung der 1. und vorletzten Standorte betrifft die Erweiterungszonen, deren Bedeutung für die vorletzten Wohnsitze auf Kosten der peripheren Zonen geringfügiger gewachsen ist. D. h. auch hier ist, wenn auch nur schwach ausgeprägt, eine Tendenz der Annäherung an das Zentrum der Stadt spürbar.

Zusammenfassung:

Einheimische (ab 2. Wohnsitz) und zugezogene Haushalte zeigen eine ähnliche durchschnittliche Dynamik ihrer innerstädtischen Bewegungen (1 oder 2 Umzüge). Aber ebenso wie sich in bezug auf die Wohndauer (vgl. Kap. 5.4.3.) große Unterschiede der Seßhaftigkeit ergaben, so ist auch eine breite Spanne der Anzahl der Wohnungswechsel festzustellen: Gut ein Viertel der einheimischen Familien wechselten die Wohnung 4 bis 6 mal, während nur gut 17 % der Immigranten aber 3 bis 8 mal umzogen. Dagegen bewohnte nur eine Familie der in Cuenca Geborenen den Geburtswohnsitz des Haushaltsvorstandes, aber 40 % der Zuwanderer ihre 1. Wohnung in Cuenca.

Die Richtungen der räumlichen Wechsel können in 2 Gruppen zusammengefaßt werden: Bewegungen von außen in die zentrale Zone und kleinräumige Bewegungen innerhalb dieser Zone, wobei viele Haushalte, die von außen in das Zentrum ziehen, dort wiederum mehrmals die Wohnung wechseln. Diese Tendenzen treffen für beide, Einheimische und Immigranten, zu, nur mit unterschiedlicher Betonung.

Die Hälfte der Immigranten erreichte die zentrale Zone ohne Zwischenetappe direkt. Die andere Hälfte fand die erste Wohnung außerhalb des Zentrums, aber mit zunehmender Häufigkeit in Richtung Zentrum. Die Hälfte der einheimischen Haushalte stammt aus der Randzone des Kernbereichs und etwa ein Drittel aus der zentralen Zone. Nur ein geringer Anteil lebte außerhalb in Gebieten, die teilweise vor 1974 noch nicht zur Gemeinde gehörten, dieselben Gebiete, in denen auch die ersten Wohnsitze der Immigranten lagen. Auch diese Familien näherten sich, manchmal über mehrere Etappen, dem aktuellen Wohnsitz.

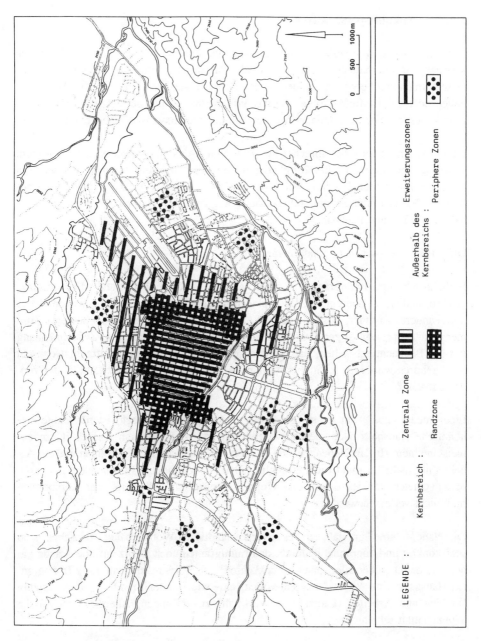

Abb. 5.12: Standorte aller vorherigen Wohnsitze in Cuenca (Handauswertung), siehe Tabelle 5.21

5.5. Zukunftsperspektiven

Die Frage nach eventuellen Wünschen oder gar konkreten Plänen zum zukünftigen Wohnen war innerhalb der Interviews nur als "Abrundung" gedacht. Fundierte Erkenntnisse wurden nicht erwartet, sondern eher einige Hinweise auf ein mögliches Wohnverhalten oder auf Einflußfaktoren, die das Wohnverhalten der befragten Bevölkerungsgruppe bestimmen. Im folgenden werden einige Ergebnisse zusammengefaßt.

Es antwortete jeweils ein Sprecher des Haushaltes (dessen Antworten natürlich nicht unbedingt die Meinung aller Mitglieder widerspiegel müssen), so daß von den 338 befragten Haushalten 192 Sprecher äußerten, Wohnwechselwünsche zu haben (das betrifft 57 %). Darunter konnten 60 Haushalte Angaben zu konkreten Plänen, 108 Haushalte zu Wünschen machen.

Die P l ä n e sahen folgendermaßen aus:

Einheimische und Immigranten stimmen in ihrer Tendenz, betreffend Mietwohnung, Zimmer und Haus, überein: rd. 13 % planen, in eine Mietwohnung umzuziehen, 10 % in ein anderes Zimmer, 60 % planen ein eigenes Haus. Der Plan, in ein besseres Zimmer (größer, preisgünstiger, schöner etc.) umzuziehen, dürfte auch im Zusammenhang mit der Beobachtung stehen, daß oft dann ein Wohnungswechsel stattfand, wenn ein Kind geboren wurde, d. h., immer wenn ein anderer Raumbedarf aus familiären Gründen entstand.

Eine "media agua", ein meist 1geschossiger Anbau mit Pultdach, ist für einige einheimische Haushalte wohl deshalb erstrebenswert, da er wie ein kleines Häuschen, meist in einem Hof als Nebengebäude gelegen, ein unabhängigeres Wohnen und ev. Arbeiten mit mehr Luft und Licht ermöglicht. Dieser Gebäudetyp ist besonders in älteren Mischgebieten von Handwerk und Wohnen anzutreffen. Das heißt, der Kernbereich muß nicht verlassen werden.

Die Pläne, in eine "granja", ein bescheidenes ländliches Wohngebäude, zu ziehen, sind sehr konkret und begründet dadurch, daß Immigranten noch Besitz auf dem Lande haben und dahin früher oder später zurückkehren[12]. Es verwundert, daß nur 2 Immigranten-Haushalte eine "tienda" mieten wollen, da - wie in alter Tradition - diese erlaubt Wohnen und Arbeiten (Laden oder Werkstatt) zu verbinden. Allerdings ist oft die Wohnqualität sehr niedrig.

---

[12] Charakteristisch für Cuenca ist die starke Verbindung zwischen Stadt und nahegelegenen Dörfern, siehe Kap. 2.4.3.

Tab. 5.22: Haushalte mit Umzugsplänen nach geplantem Wohnungstyp (alle Haushalte, Einheimische, Immigranten)

Wohnungstyp	Alle	Einheimische		Immigranten	
	%	abs.	%	abs.	%
Mietwohnung	13,4	3	13,6	5	13,3
Haus, 1-3geschossig	60,0	13	59,1	23	60,5
"media agua"[1]	8,3	4	18,2	1	2,6
1 o. mehrere Zimmer, größeres Zimmer	10,0	2	9,1	4	10,5
"granja"[2]	5,0	-	-	3	7,9
"tienda"[3]	3,3	-	-	2	5,3
Gesamt	100,0	22	100,0	38	100,0

(1) Meist ein 1geschossiger Anbau mit Pultdach
(2) Bescheideneres ländliches Haus
(3) Siehe Kapitel 2.2.4., Fußnote 22

Tab. 5.23: Haushalte mit Umzugswünschen nach gewünschtem Wohnungstyp (alle Haushalte, Einheimische, Immigranten)

Wohnungstyp	Alle	Einheimische		Immigranten	
	%	abs.	%	abs.	%
Mietwohnung	30,6	11	33,3	22	29,3
Haus, 1-3geschossig	37,0	13	39,4	27	36,0
"media agua"	4,6	2	6,1	3	4,0
1 o. mehrere Zimmer, größeres Zimmer	25,9	7	21,2	21	28,0
"granja"	1,9	-	-	2	2,7
"tienda"	-	-	-	-	-
Gesamt	100,0	33	100,0	75	100,0

Die W ü n s c h e sehen folgendermaßen aus:

Bei den Antworten, die Wünsche darstellen, fällt auf, daß die Anteile doch erheblich verschoben sind: Nur noch 36 - 40 % wünschen ein Haus, stattdessen stellen sich viel mehr Haushalte eine Mietwohnung vor (30 - 33 %) und erheblich mehr Haushalte ein anderes Zimmer, wobei hier die Immigranten überwiegen (fast 30 %). Diese anderen Wünsche lassen sich vielleicht dadurch erklären, daß die Haushalte, die nur Wünsche äußerten, im Vergleich zu denen, die konkrete Pläne hatten und zum Teil kurz vor ihrem Umzug standen, d. h. ihr Wohnungsproblem erst einmal gelöst hatten, die finanziell schlechter gestellten waren und im Moment wenig Aussichten hatten, ihre Wohnsituation zu ändern bzw. sich lediglich geringfügige Verbesserungen ausmalen konnten. Daher ist auch der Wunsch nach einem schöneren und/oder größeren Zimmer sehr leicht zu erklären, und wer die "conventillos" gut kennt, hat auch die Möglichkeit, ohne übergroße Mieterhöhungen ein besseres Zimmer zu finden.

Auf die Frage, wo bei Plan oder Wunsch der neue W o h n s t a n d o r t sein sollte, ergab sich folgendes Bild:

Ein knappes Drittel der einheimischen Haushalte plant, an die Peripherie zu ziehen, ein knappes Drittel der Immigranten dagegen will in sein Heimatdorf zurückkehren, aber auch noch einen relativ großen Anteil (20 %) zieht es an die Peripherie. Insgesamt bestehen für gut die Hälfte der Haushalte Pläne, vom zentralen Bereich fortzuziehen. Die andere Hälfte, abzüglich der "Gleichgültigen", plant, weiterhin im Zentrum zu leben. Hier handelt es sich um diejenigen, die innerhalb des Viertels, in dem sie jetzt wohnen und arbeiten, zu bleiben gedenken - wobei die Arbeitsplätze, wie schon ausgeführt wurde, alle im Zentrum, insbesondere auch um die Märkte, liegen - , und vermutlich handelt es sich um die Familien, die wegen der Art ihrer Tätigkeit stark von einem entsprechenden Umfeld abhängen.

Der Hauptanteil der Haushalte mit konkreten Hausplänen hat als Zielstandort den Heimat- bzw. Herkunftsort im Auge oder die Peripherie. Mietwohnungen und Zimmer, auch "tiendas" werden fast ausschließlich im Zentrum bzw. in kommerziellen Bereichen gesucht.

Die Haushalte mit nur Wünschen zeigen einen hohen Anteil (30 %) ohne örtliche Wunschvorstellungen. Besonders betrifft dies die Zuwanderer. Grund dazu ist vielleicht hier für viele Haushalte, neben der kurzen Wohndauer am Ort, die Ausweglosigkeit, in überschaubarer zeitlicher Nähe ihre Situation verbessern zu können, so daß erste Priorität überhaupt eine Wohnungsverbesserung wäre, ganz gleich wo.

Anders als für die Pläne richtet sich das Schwergewicht der Ortswünsche auf den zentralen Bereich aus. Sehr stark ausgeprägt erscheint dieser Wunsch bei den ein-

Tab. 5.24: Haushalte nach der Art des geplanten/gewünschten Wohnstandorts (alle Haushalte, Einheimische, Immigranten)

Standorte	Pläne					Wünsche				
	Alle %	Einheimische abs.	%	Immigranten abs.	%	Alle %	Einheimische abs.	%	Immigranten abs.	%
Gleichgültig	10,9	3	13,0	4	9,7	29,0	9	18,1	22	29,3
Zentral	17,2	4	17,4	7	17,1	22,4	8	25,0	16	21,3
Kommerzielle Gegend (für Geschäft)	6,3	1	4,4	3	7,3	2,8	3	9,4	-	-
Gleiches Viertel, Nähe zur Arbeit	10,9	4	17,4	3	7,3	11,2	6	18,8	6	8,0
Peripherie	23,4	7	30,4	8	19,5	12,1	3	9,4	10	13,3
Außerhalb der Stadt	4,7	1	4,4	2	4,9	5,6	1	3,1	5	6,7
Herkunftsort, Ort wo die Familie lebt	23,4	3	13,0	12	29,3	10,3	1	3,1	10	13,3
Andere Stadt	3,1	-	-	2	4,9	4,7	1	3,1	4	5,3
Wo preisgünstig zu finden	-	-	-	-	-	1,9	-	-	2	2,7
Gesamt		23		41			32		75	

heimischen Haushalten (53 %), während die Immigranten relativ stärker an die Peripherie und nach außerhalb der Stadt tendieren (zusammen 33 %). Insgesamt gesehen aber unterscheidet sich die Bevölkerung mit Wohnwechselwünschen von der mit konkreten Plänen durch Wunschvorstellungen, die kaum außerhalb des Bereichs ihrer augenblicklichen Lage liegen. Die Standortvorstellungen bei Hauswünschen zielen erstaunlicherweise auf das Zentrum (irreale Vorstellungen) neben Herkunftsort und Peripherie. Die gewünschten Mietwohnungen dürfen für die meisten überall und im Zentrum liegen, in geringem Maß auch an der Peripherie. Die Haushalte, die ein anderes Zimmer wünschen, haben in der Mehrheit keine Ortsvorstellung, ansonsten wird aber der zentrale Bereich und der jetzige Wohn- oder Arbeitsbereich als Wunsch genannt.

Diejenigen Haushalte, die weder den Plan noch den Wunsch hatten, ihre Wohnung zu wechseln, führten als wichtigsten Grund emotionale Aspekte an neben fast gleichgewichtigen wirtschaftlichen Restriktionen. So möchte fast ein Drittel (Einheimische wie auch Immigranten) am augenblicklichen Wohnsitz bleiben, weil Verwandte und Freunde in der Nähe wohnen, die Umgebung gewohnt, die Wohnung ruhig, der Vermieter freundlich ist etc... Hier liegen eindeutig Heimatgefühle und die Identifizierung der Bewohner mit ihrer nächsten Umgebung vor.

Daß die billige Wohnung für etwa ebenso viele Familien den Anziehungspunkt bildet, läßt sich leicht aus der schwierigen Einkommenssituation vieler Haushalte begründen. Als drittwichtigstes Motiv nannten die Zuwanderer (21 %) die Nähe zur Arbeit. Dieser Aspekt hatte für die Einheimischen nur geringe Bedeutung, vielleicht da sie meistens aus dem Kernbereich stammten und die Nähe zur Arbeit als eine gewohnte Normalsituation gesehen wurde. Die zentrale Lage und die Nähe zu Versorgungseinrichtungen wie Schulen u. ä. wurde hingegen von den Einheimischen öfter genannt. Insgesamt nahm dieser Grund ein geringeres Gewicht ein. Daß Hausbesitzer und, wie hier beobachtet wurde, ältere Bewohner (auch "alte Immigranten") keinen Wohnungswechsel wünschen und auch erst kürzlich eingetroffene Immigranten vorläufig keinen Wohnungswechsel vorhaben, ist verständlich.

Tab. 5.25: Haushalte ohne Plan/Wunsch nach der Art der Gründe (alle Haushalte, Einheimische, Immigranten)

Gründe zum Bleiben	Alle abs.	%	Einheimische abs.	%	Immigranten abs.	%
Billige Wohnung	40	29,6	11	32,4	29	28,7
Zentrale Lage, Versorgung in der Nähe	9	6,7	4	11,7	5	5,0
Arbeit in der Nähe	23	17,0	2	5,9	21	20,8
Verwandtschaft, Freunde in der Nähe, ruhig, gewohnt	42	31,1	11	32,4	31	30,7
Bewohner sind sehr alt	4	3,0	2	5,9	2	1,9
Bewohner sind Eigentümer	8	5,9	3	8,8	5	5,0
Bewohner sind erst kürzlich eingetroffen	9	6,7	1	2,9	8	7,9
Gesamt	135	100,0	34	100,0	101	100,0

Zusammenfassung:

57 % der befragten Bevölkerung äußerten Wohnwechselwünsche. Von diesen haben 31 % eine Verbesserung ihrer Wohnsituation in Aussicht - das entspricht ca. 18 % der befragten Bevölkerung - , von denen wiederum 65 % in ein eigenes Haus (einschließlich "granja") ziehen werden.

Werden Pläne und Wünsche zusammen betrachtet, dann ergibt sich folgende Tendenz: 40 % der Familien, die ihre Wohnung wechseln wollen, streben Eigentum in Form eines Einzelhauses/"granja" an, 21 % stellen sich eine Mietwohnung vor, und ein knappes Viertel denkt an eine für die Altstadt typische, damit auch billige Wohnungsmöglichkeit wie Zimmer, "tienda", "media agua".

Die Präferenzen bezüglich des Wohnstandorts - hier auch wieder Wünsche und Pläne zusammengefaßt - liegen deutlich im Zentrum der Stadt, 32 % wünschen bzw. planen im gleichen Viertel zu bleiben, in der Nähe der Arbeit, zentral allgemein. Für einen kleinen Teil (4 %) dieser Gruppe muß es nicht das Zentrum sein, solange es eine kommerzielle Gegend ist (z. B., um ein Geschäft zu betreiben). Rund 15 % bevorzugen die Peripherie und fast gleichrangig ihren Herkunftsort, an dem häufig noch Familienmitglieder leben. Wenn dazu diejenigen Familien hinzugefügt werden, die die Stadt gerne ganz verlassen würden, dann strebt rd. 22 % der Plan/Wunsch-Gruppe von Cuenca weg.

Werden die Haushalte, die positive Aspekte für das Verbleiben an ihrem Wohnsitz äußerten mit denjenigen Haushalten zusammengefaßt, die Pläne oder Wünsche für eine Wohnung im Zentrum hatten, ergäbe sich, daß ca. die Hälfte der "conventillo"-Familien als eine stabile Zentrumsbevölkerung angesehen werden müßte, die auch die (besseren) "conventillos" als eine Wohnalternative akzeptieren würden. Diese Folgerung gilt unter dem Vorbehalt, daß vermutlich einige Wünsche durch die begrenzte ökonomische Lage der Befragten geprägt waren.

5.6. Ergebnisse

Zum Thema der "conventillos", d. h. der innerstädtischen Unterschichtquartiere spanisch-amerikanischer Städte, liegen bisher nur wenige tiefergehende Studien vor. Forschungen, die sich mit den Wohnvierteln unterer Einkommensgruppen beschäftigen, betrafen meistens die randlichen Siedlungen, die teilweise wie Pilze aus dem Boden wuchsen und einige Großstädte in breiten Bändern umlagern. Dagegen weniger sichtbar und von der Straße aus oft kaum zu vermuten, verstecken sich hinter den Fassaden der kolonialen Altstädte in einigen Städten zahlreiche minderwertige Wohnquartiere, wie die hier beschriebenen "conventillos".

Früher herrschte die allgemeine Meinung vor, daß die innerstädtischen Slums einerseits kurzfristig als billige Unterkunft, insbesondere von Immigranten vom Lande, d. h. als Sprungbrett (TURNER: bridgehead) für ein weiteres Fortkommen in der Stadt genutzt wurden, andererseits aber auch für die sozial und wirtschaftlich schwächsten Einwohner, die keine Chancen für die Verbesserung ihrer Lebensverhältnisse besaßen, als einzige Alternative des Wohnens blieben. Die Vorstellung von Aussichtslosigkeit und Elend führte damit zu dem Begriff der "slums of despair" und hatte zur Folge, daß vielerorts Stadterneuerungsmaßnahmen mit Beseitigung der im baulichen und sozialen Zerfall begriffenen Gebiete befürwortet wurden (ECKSTEIN 1990).

Nach neueren Erkenntnissen können diese Ansichten nicht mehr als allgemein gültig aufrechterhalten werden. So lebten nach Erfahrungen von ECKSTEIN in den "vecindades"[13] von México City ein Teil der Bewohner schon immer dort und auch freiwillig. Nachdem in den 80er Jahren in Lateinamerika die große Wirtschaftskrise einsetzte mit der Folge entsprechender Sparmaßnahmen, hat sich außerdem gezeigt, daß die innerstädtischen Billigquartiere gegenüber den randlichen Hüttensiedlungen, die bis dahin als "slums of hope" galten, an Attraktivität zunahmen. Wie Beobachtungen in älteren Hüttenvierteln, in denen sich inzwischen ein informeller Sektor gebildet hat, ergaben, sind die wirtschaftlichen Möglichkeiten im Vergleich zum Zentrum begrenzt (z. B. nur örtliche ärmere Kunden). Für ECKSTEIN folgt daraus, daß das Einkommen aus dem informellen Sektor stark vom Standort abhängig ist, d. h., gerade in ärmeren Zeiten bietet das Zentrum bessere Möglichkeiten der Anpassung. Für sie stellt sich die heutige Situation daher umgekehrt dar, und der Begriff "slums of hope" trifft nun eher für die innerstädtischen Billigquartiere zu.

Van LINDERT (1989 u. 1991) stellte ebenfalls fest, daß die Bewohner der "conventillos" in La Paz (Bolivien) keinesfalls als eine in Hoffnungslosigkeit lebende Bevölkerung anzusehen sind. Nach seinen Beobachtungen verfügt die Mehrheit sogar über höhere Einkommen und eine bessere Ausbildung - relativ viele Akademiker und Techniker wurden vorgefunden -, und entsprechend qualifiziertere Tätigkeiten werden ausgeübt. Ebenso liege die Wohnqualität der "conventillos" im Durchschnitt höher als in den randlichen Siedlungen. Hier haben die Bewohner dem Wohnen im Zentrum vor dem Wohneigentum in der Peripherie den Vorzug gegeben. Das bisher als Hauptmotiv für einen Wohnungswechsel angesehene Ziel des Wohneigentums trifft in diesem Fall nicht zu. Die Bevölkerung, vorwiegend Einheimische und alte Immigranten, ist sehr stabil, und für Neuankömmlinge bestehen wenig Möglichkeiten, eine freie Wohnung zu finden. Ähnliche Ergebnisse aus Folgeuntersuchungen in den viel kleineren bolivianischen Städten Cochabamba und Tarija[14] bestätigen, so van LINDERT, die Beobachtungen aus La Paz.

Die innerstädtischen Billigquartiere in Arequipa (Peru)[15] zeigen nach CUSTERS/VREMAN (1988) allerdings eine andere Situation. Sie meinen, daß hier die "tugurios" einem fortschreitenden physischen Zerfallsprozess unterliegen und daß für die "pueblos jóvenes" (randliche Unterschichtviertel, oft illegal) hoffnungsvollere Aussichten bestehen. Gleichzeitig beobachten sie aber eine auffällige zentripetale Bewegung, d. h. ein

---

[13] In México gebräuchlicher Begriff für "conventillos".

[14] Nach SCHOOP (1980) spielten die innerstädtischen "conventillos" in Bolivien bis auf die Großstadt La Paz keine große Rolle. Bevölkerung Cochabamba: ca. 300.000 (1985), Tarija ca. 40.000 (1983).

[15] Einwohner geschätzt 1985: 700.000

starkes Interesse für das Zentrum bei der armen Bevölkerung. Die Altstadt von Arequipa hat ihren kolonialen Charakter noch weitgehend bewahrt, so daß sich im Zentrum viele Arbeitsplätze, insbesondere des informellen Sektors, und Versorgungseinrichtungen befinden. Damit bieten sich - siehe ECKSTEIN - für die Ärmsten die besten Chancen der Existenzsicherung im Zentrum. CUSTERS/VREMAN gehen davon aus, daß die Bewohner, die in der Mehrheit die Peripherie als Wohnalternative bevorzugen würden, Wohneigentum am Rande der Stadt anstreben werden, sobald ihre wirtschaftliche Lage konsolidiert ist. Nur eine Minderheit der wirtschaftlich abgesicherten Haushalte würde lieber weiter im Zentrum leben - im Gegensatz zu La Paz.

Demgegenüber können die "conventillos" in Cuenca weder eindeutig als verlorene Elendsquartiere angesehen, noch kann das vorgefundene Bild als so positiv bezeichnet werden, wie es für La Paz beschrieben wird. Nun muß allerdings auch berücksichtigt werden, daß allein durch die unterschiedliche Größenordnung der Städte den Altstädten und damit dem Bereich der "conventillos" eine sehr unterschiedliche Stellung innerhalb der Gesamtstadt zukommt. Cuenca ist im Vergleich zur Großstadt La Paz und auch zur Mittelstadt Arequipa eine kleine Stadt, die, wie in Kapitel 3. gezeigt wurde, eine erst spät einsetzende moderne Entwicklung erfuhr. Die Situation der "conventillos" erscheint vielschichtig. Aus den Ergebnissen der Befragung lassen sich drei Bewohnergruppen umreißen:

1. Ein großer Unterschied zu van LINDERTs Beobachtungen in La Paz, andererseits aber eine starke Ähnlichkeit zu Arequipa besteht in dem hohen Anteil der Immigranten (71 %, La Paz: 40 %, Arequipa: 62 %). Die Hälfte dieser Immigranten lebt nicht länger als 1 Jahr in Cuenca, 34 % wohnen erst an ihrem ersten Standort, und, die Gesamtgruppe der Immigranten betrachtet, befinden sich 50 % aller ersten Wohnsitze im Zentrum. Auch der hohe Anteil der 1-Personenhaushalte und die besonders starke Gruppe der 20-24jährigen deuten auf eine neu zugewanderte Bevölkerung hin, die dem "Brückenkopf"-Konzept nahekommt. Die besonders starke Beteiligung der Immigranten in Wirtschaftsbereichen mit niedrigeren Einkommen, wie der Handel und das Gaststättengewerbe, ein typischer Bereich des informellen Sektors, die häuslichen Dienste und die Bauarbeit, weisen auf Neuankömmlinge hin. Im Gegensatz zu den "conventillos" in La Paz bestehen für Neuankömmlinge in Cuenca Möglichkeiten, eine Unterkunft im Zentrum zu finden. Es kann geradezu von speziellen "Auffanggebäuden" gesprochen werden. Eine erhebliche Fluktuation liegt insbesondere bei den Massenquartieren und den baulich verkommeneren Gebäuden vor, d. h. bei den Gebäuden mit den niedrigsten Mieten. Diese "Auffangfunktion" oder auch "Brückenkopffunktion" sollte nicht nur in Hinsicht auf die Zuwanderer gesehen werden. Auch für neu gegründete einheimische Haushalte (1-Personenhaushalte und junge Familien) gelten ähnliche Wohnbedürfnisse wie für neu zugewanderte.

2. Eine weitere Gruppe bilden die Bewohner, Einheimische wie Immigranten, die sich auf dem untersten wirtschaftlichen Niveau befinden und auch keine Ausssichten auf einen Aufstieg haben. Hier würde der Begriff "slums of despair" zutreffen. Dafür spricht, daß 40 % der Familieneinkommen bei maximal bis zu 1 Minimallohn liegen, knapp Dreiviertel der 1-Zimmer-Wohnungen sind überbelegt, ca. 20 % der Bewohner zahlen die niedrigsten Mieten bis zu 12 % des ML. In den Gebäuden niedrigsten Standards und billigster Zimmer, den oben genannten "Auffanggebäuden", leben auch Familien seit vielen Jahren. Dieser Gruppe müssen wohl die alleinstehenden Frauen zugeordnet werden, die häufig Kinder zu versorgen haben, zugewandert sind und ihren Unterhalt als Waschfrau und Haushaltshilfe verdienen. Sie haben kaum eine Chance, ihren Status zu verbessern und finden in einer "conventillo"-Gemeinschaft in Zentrum der Stadt vermutlich die ökonomischste Lebensweise und eine gewisse soziale und moralische Unterstützung. In dieser Hinsicht wurden parallele Beobachtungen in La Paz gemacht und auch damit begründet, daß die "conventillo"-Gemeinschaft für alleinstehende Frauen ein "soziales Polster" bedeuten kann.

3. Mit einer gewissen Ähnlichkeit wie in La Paz, aber auf einem wirtschaftlich doch niedrigeren Niveau, ist eine dritte, positiver zu beurteilende Gruppe auszumachen. Es sind dies die einheimischen Familien und die schon vor längerer Zeit Zugewanderten, eine mit dem Ort verwurzelte und beheimatete Bewohnergruppe. Eine stabile wirtschaftliche Situation (z. B. ca. 18 % arbeiten in der öffentlichen oder privaten Verwaltung), höhere Einkommen (fast 18 % der Familieneinkommen liegen über 2 ML) erlauben diesen Familien, in mehr und besseren Zimmern zu wohnen. Wohneigentum in einer geförderten Siedlung wie RETAMAS, in einer Kooperative oder in einem semilegalen Viertel wäre für diese Familien durchaus erreichbar. Aufgrund der Vorstellungen zum zukünftigen Wohnen wird aber vermutet, daß hier, wie in La Paz, die Familien dem Wohnen im Zentrum vor dem Wohneigentum am Rande der Stadt höchste Priorität einräumen.

Die Ergebnisse zur Mobilität der Haushalte zeigen, daß die Mehrheit der oben beschriebenen Familien nicht aus dem Zentrum der Stadt stammt, d. h., das Zentrum übt eine bedeutende Anziehungskraft aus. Die Haushalte, die nicht schon immer im Zentrum gelebt hatten, wie rd. ein Drittel der Einheimischen oder die Hälfte der Zugezogenen mit erstem Wohnsitz im Zentrum, haben sich von außen, manchmal in mehreren Etappen, an das Zentrum "herangearbeitet". Die Mehrheit der Einheimischen stammt nicht weit entfernt aus der Randzone des Kernbereichs. Dagegen fanden die Immigranten auch relativ häufig ihre ersten und weiteren Zwischen-Standorte in entfernteren Gebieten, doch ihr Streben ging zum Zentrum hin. Hier ist eine starke Parallele zu Arequipa zu sehen.

Nun ist zu fragen, insbesondere hinsichtlich der Familien, die ihre Wohnkarriere in einem zentral gelegenen "conventillo" begonnen haben, welche räumliche Tendenz für das weitere Verhalten erwartet werden kann. Nach den Meinungen und Vorstellungen der befragten Haushalte scheint die Mehrheit dem Zentrum als Wohnstandort Priorität einzuräumen: Wenn man die Äußerungen der Befragten nach ihren Haupttendenzen zusammenfaßt, dann sprechen sich etwa 47 % der Haushalte für das Zentrum als Wohnstandort aus. Die Hälfte dieser Gruppe hat zum Teil schon Pläne oder vorerst nur Wünsche, innerhalb des Zentrums umzuziehen, etwa ein Drittel will sogar im selben Viertel bleiben, und einigen Haushalten kommt es vorwiegend darauf an, in eine kommerzielle Gegend zu ziehen, die allerdings zur Zeit der Untersuchung kaum außerhalb des Zentrums zu finden ist. Die andere Hälfte hat keine Umzugswünsche und führt hierzu positive Gründe an. An erster Stelle stehen hier - gleichermaßen für Einheimische und Immigranten - die emotionalen Gründe des Heimatgefühls wie die Nähe zu Verwandten und Freunden, ein angenehmes Wohnen und die altgewohnte Umgebung. Die Nähe zur Arbeit folgt erst an zweiter Stelle (vorwiegend für Immigranten), und in weitem Abstand steht die zentrale Lage überhaupt (vorwiegend für Einheimische), insbesondere betreffend die Versorgungseinrichtungen. Ein weiterer Anteil von 12 % hat ebenfalls keine Umzugswünsche, vermutlich aus Not, da hier der angegebene Grund die billige Wohnung ist.

20 % aller Haushalte gaben keine klare Antwort, 11 % (meist Immigranten) wünschten zwar eine Veränderung, hatten aber keine Vorstellung. So blieben nur gut 8 % von allen Familien, die eindeutig als Umzugsziel die Peripherie nannten. Erstaunlicherweise will ein höherer Anteil (12 %) die Stadt ganz verlassen, wobei zwei Drittel hiervon an ihren Heimatort zurückkehren möchten. Letztere Gruppe zeigt wieder, wie stark doch die Beziehung zwischen Cuenca und seiner näheren Region ist. Viele Immigranten geben ihren Heimatort während der Zeit in der Stadt nicht auf. Die Peripherie bietet für die meisten der "conventillo"-Bewohner also keine Alternative. Die Vorteile eines eigenen Heims überwiegen hier anscheinend nicht die Attraktion der Standortgunst des Zentrums einschließlich der Gefühlswerte.

Zusammenfassend ergibt sich somit folgendes Bild:

Ein Teil der "conventillo"-Bevölkerung lebt hier freiwillig und fühlt sich beheimatet. Eventuell wurde durch mehrmaligen Wohnungswechsel eine "gute" und der Familie angepaßte Wohnung gefunden. Für einen anderen Teil stellt das Wohnen im Zentrum die einzige Möglichkeit dar, mit geringsten Mitteln zu existieren. Hier können auch Umzüge innerhalb der "conventillos" stattfinden, sei es aus Geldmangel oder familiären Veränderungen. Eine dritte Gruppe schließlich dürfte als mobile Gruppe bezeichnet werden, für die das Wohnen in den zentral gelegenen "conventillos" eine Übergangsstation bedeutet. Als "consolidator" (TURNER-Konzept) ziehen diese Haushalte an den Stadtrand und in ihre Heimatorte. Letzteres muß als eine Besonderheit im Fall Cuenca angesehen werden. Als Frage bleibt aber offen, wie der hohe Anteil der Familien mit unklaren Äußerungen (30 %) einzuordnen ist. Die Vermutung liegt nahe, daß es sich hierbei vorwiegend um sehr arme Familien handelt und um jüngst Zugezogene, die sich noch in einer Orientierungsphase befinden.

Die Aufgaben, die die "conventillos" übernehmen, können also sehr unterschiedlich sein und hängen von einer Vielzahl von Faktoren ab. Als maßgebliche Rahmenbedingungen, die die Rolle der "conventillos" in Cuenca beeinflussen, werden folgende angesehen:

- Die Cityfunktionen haben sich bisher nur in einem gemäßigten Tempo ausgedehnt, so daß die Wohnnutzung als "conventillos" in den ehemaligen Wohnhäusern der Oberschicht noch Bestand hat. Aber die Beobachtungen zeigen auch, daß kaum mit einer Ausweitung dieses Wohnungsangebotes gerechnet werden kann, sondern eher mit einer Reduzierung. Wie sich bei der Identifizierung der "conventillos" herausstellte (vgl. Kap. 5.1.), hatten in mehreren Fällen seit dem Jahr 1983 Umnutzungen von Wohnen zu Gewerbe stattgefunden. Zu erwähnen ist hierbei, daß es sich nicht nur um Citynutzungen handelte, wie z. B. Büros, sondern auch um Aktivitäten, die zum Funktionsbereich der Märkte gehören, wie z. B. Lagerräume. Stadterneuerungsmaßnahmen größeren Ausmaßes nehmen bisher kein Gewicht ein. Denkmalpflegerische Aspekte gewinnen jedoch an Aufmerksamkeit, wozu sicherlich die Unterschutzstellung des historischen Kerns beigetragen hat. Für eine Abnahme an Wohnraum generell spricht auch die zu beobachtende sinkende Dichte im Kernbereich (vgl. Kap. 3.2.1.)

- Außerhalb der Altstadt bieten sich in Cuenca relativ wenige Alternativen für Wohnungsuchende mit bescheidenen Mitteln. Konsolidierte randliche Siedlungen der Unterschicht, wie sie in den Großstädten zu finden sind, und die heute wiederum mangels Alternativen als Auffanggebiete für Zugezogene und neugegründete Haushalte dienen, z. B. in Santiago/Chile (BÄHR 1992) und Arequipa (SCHUURMAN 1986), oder auch jüngere randliche Siedlungen wie in La Paz/Bolivien (van LINDERT 1991) kann Cuenca nicht aufweisen. Zwar zeigen sich auch hier - wie schon in Kapitel 3.1. erwähnt - erste sehr abgelegene semilegale Siedlungen, die, wie einzelne andere periphere Gebiete auch (vgl. Kap. 3.2.), zu Zonen gehören mit überdurchschnittlichen Anteilen unterer Einkommensgruppen (aber nicht dominierend die untere Unterschicht), junger Bevölkerung und erst kürzlich am Ort lebender Immigranten. Begrenzte Möglichkeiten als Mieter oder Untermieter können in älteren Sozialsiedlungen, Kooperativen und ehemaligen dörflichen Häusergruppen außerhalb der Altstadt angenommen werden. Aufgrund der Beobachtung, daß diejenigen Immigranten, die nicht direkt in das Zentrum gezogen waren, sich diesem aber etappenweise näherten, muß geschlossen werden, daß die peripheren Wohnsitze nur Übergangsstation waren, das Zentrum aber angestrebt wurde.

- Wie in Kapitel 3.3. dargestellt wurde, konzentrieren sich im Kernbereich die wirtschaftlichen Aktivitäten sowie die öffentlichen Versorgungseinrichtungen. Charakteristisch für Cuenca sind dabei gerade auch die traditionellen Bereiche wie Handwerk und Handel (Märkte) mit einem entsprechenden Arbeitsmarktangebot. Die Befragung ergab, daß die Mehrheit der "conventillo"-Bevölkerung im Zentrum der Stadt arbeitet und daß auch die Nähe zur Arbeit und auch zu anderen Versorgungseinrichtungen ein Motiv ist, in den "conventillos" zu wohnen. Im Falle Cuenca begünstigt der zentrale Standort wie kein anderer in der Stadt die Sicherung der Existenz der ärmeren Bevölkerung.

- Die "conventillos" werden vorab allgemein als Elendsquartiere bezeichnet. Die Situation in Cuenca zeigt aber, daß hier zu differenzieren wäre. Der Gebäudetyp des klassischen kolonialspanischen Hofhauses läßt zu, daß zimmerweise an verschiedene Familien vermietet wird. Dabei ist es auch möglich, daß eine Familie mit steigendem Einkommen oder wachsender Familie mehr und mehr Zimmer mietet, ohne das Gebäude oder den Stadtteil wechseln zu müssen. Die Befragung ergab, daß in einigen Fällen Familien bis zu 7 Zimmer bewohnen. Bei einer durchschnittlich großen Familie kann raummäßig nun nicht mehr von einem Elendsquartier gesprochen werden. Zudem sind je nach Gebäude große Unterschiede von Zimmer zu Zimmer zu finden. Daher läßt sich auch erklären, daß häufige Umzüge innerhalb des Stadtzentrums unternommen wurden, insbesondere nach Verheiratungen und Geburten. So liegt die Vermutung nahe, daß die meisten Wohnungsänderungen mit einer Verbesserung verbunden waren. Beispielsweise können 2 geräumige Zimmer in einem ehemals feudalen Hofhaus im Zentrum der Stadt attraktiver sein als eine Lehmhütte auf einem semilegalen kleinen Grundstück am Rande der Stadt. Es wird als eine große Qualität der sogenannten "conventillos" gesehen, daß aufgrund des Gebäudetyps ein flexibles Wohnungsangebot möglich ist. Eine Verbesserung der Wohnsituation ist erreichbar, ohne Änderung des Standorts.

Das Bild der "conventillos" bestätigt die Ergebnisse aus Kapitel 3. Moderne Cityfunktionen haben noch nicht die Oberhand gewonnen. Zwar hat die Oberschicht bis auf eine Minderheit das Stadtzentrum verlassen, aber es kann nicht von einer einseitigen Verelendung der nachziehenden Bewohner gesprochen werden. Da sich im Kernbereich die wirtschaftlichen Aktivitäten, besonders auch traditioneller Art, konzentrieren, übt die Stadtmitte für alle unteren Einkommensgruppen eine große Anziehungskraft aus.

6. Zusammenfassung der Ergebnisse und Schlußfolgerungen

6.1. Das Strukturschema der Stadt Cuenca

Wie aus den beschriebenen Beobachtungen hervorgeht, ist die vorindustrielle Stadtstruktur Cuencas, charakterisiert durch Kompaktheit und dominantes Zentrum, noch deutlich spürbar, trotz großräumiger neuer Elemente der modernen Zeit. Das Gesamtbild besteht somit aus einer Kombination traditioneller und moderner Muster und ist in Abbildung 6.1 mit Hilfe der bekannten Elemente - Kreis, Sektor und Zelle - modellhaft dargestellt.

Für den alten "kolonialen Kernbereich" lassen sich z w e i   k o n z e n t r i s c h e   Z o n e n   unterscheiden:

D e r   z e n t r a l e   B e r e i c h ,   Hauptplatz und nähere Umgebung, beherbergt neben den traditionellen Einrichtungen (Kirche und Regierung) moderne Zentrumsaktivitäten, die, ist eine entsprechende Weiterentwicklung gegeben, die Bildung einer "City" einleiten werden. Die Wohnbevölkerung besteht aus allen Bevölkerungsschichten, dabei tritt die obere Unterschicht (Gruppe der Arbeiter, Handwerker, Taxifahrer) kaum in Erscheinung, und die ehemals ansässige noble Oberschicht ist nur noch von wenigen meist älteren Bürgern, oft stark an die Pfarrkirche gebunden, vertreten. Dagegen dominieren die unteren Schichten. Die ältere Bevölkerung konzentriert sich im Zentrum, ebenso wie ein Teil der Immigranten, insbesondere auch die erst kürzlicher in der Stadt Eingetroffenen. Die Dichten bewegen sich zwischen mittleren und niedrigeren Bereichen, wobei im Zensusintervall 1974-82 eine fallende Tendenz zu erkennen war.

E i n e   M i s c h z o n e   umgibt den zentralen Bereich. Hier finden sich handwerkliche, kleingewerbliche und geschäftliche Aktivitäten und dazu Gebiete hoher Wohndichten. Die Bevölkerung besteht aus allen Schichten, aber Konzentrationen der ärmeren Bevölkerung und die höchsten Dichten im räumlichen Zusammenhang mit Polen entsprechender wirtschaftlicher Aktivitäten (Marktzonen) bilden sektorartige Schwerpunkte.

E i n   I n d u s t r i e s e k t o r ,   verstärkt durch die Anlage des Industrieparks, entwickelt sich entlang der Hauptausfallachse als Fortsetzung einer sektorartigen Erweiterung der Mischzone. Alle Bevölkerungsgruppen sind vertreten, am nördlichen Rand des Gebietes dominiert mit höheren Dichten die obere Unterschicht.

S e k t o r e n   d e r   O b e r -   u n d   o b e r e n   M i t t e l s c h i c h t   schließen an jeder Flanke der Altstadt an, jeweils mit direkter axialer Beziehung zum Hauptplatz. Eine gewisse Ausnahme trifft hier allerdings für den südlichen Oberschichtsektor zu, dessen Verbindung zum Hauptplatz durch die natürliche Barriere des Steilhangs am

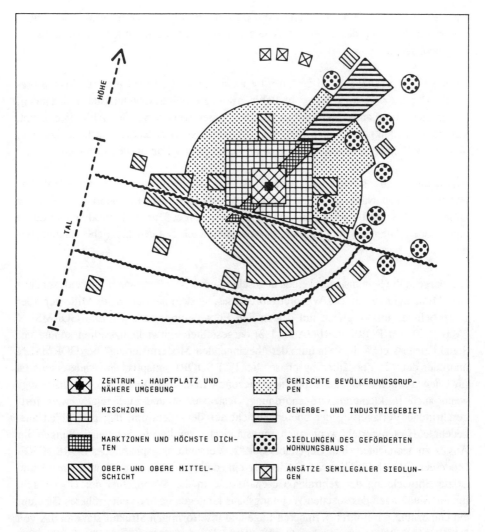

Abb. 6.1: Schematische Darstellung der Stadtstruktur Cuencas

Südrand der Altstadt erschwert wird. Gleichzeitig erlangt er aber innerhalb des Stadtsystems eine besondere Bedeutung aufgrund seiner Größe und der "Prachtstraße" als auffälliges räumliches Element.

Gebiete gemischter Bevölkerungsgruppen (d. h. alle Schichten sind im Durchschnittsbereich vertreten) füllen die Kreissegmente zwischen den Oberschichtssektoren und begrenzen diese nach außen. Eingesprengt erscheinen Bereiche mit dominanter oberer Unterschicht. Dazu handelt es sich auch teilweise um noch nicht konsolidierte Flächen.

I n s e l n   d e r   O b e r - und o b e r e n M i t t e l s c h i c h t werden in peripheren Gebieten des Tales mit Tendenz zu den Flußufern hin als jüngste Entwicklung beobachtet.

I n s e l n vorwiegend d e r   u n t e r e n   M i t t e l s c h i c h t bis o b e r e n   U n t e r s c h i c h t , im Rahmen des geförderten Wohnungsbaus entstanden, finden sich, im Laufe des Stadtwachstums immer weiter von der Altstadt entfernt, schließlich in den periphersten Gebieten. Ihr Schwergewicht tendiert stark zur Ostseite, und ihre stellenweise Häufung führt zu größeren relativ homogenen Gebieten.

Ansatzpunkte zu s e m i l e g a l e n   S i e d l u n g e n sind an der nördlichen Peripherie (auch Nähe zum Industriepark) zu erkennen. Die Bevölkerung gehört der Unterschicht an und zeichnet sich durch ein sehr junges Durchschnittsalter und durch einen hohen Anteil an Immigranten, insbesondere auch den erst kürzlicher eingetroffenen, aus.

Das dargestellte Schema zeigt keinen abgeschlossenen oder konstanten Zustand, sondern eine Momentaufnahme des Wandlungsprozesses, in dem sich die Stadt Mitte der 80er Jahre befand. Im Vergleich mit den in den Entwicklungsmodellen vom GORMSEN (Abb. 1.3) und BORSDORF (Abb. 1.2) dargestellten Entwicklungsstufen könnte der Stand Cuencas etwa dem Stadium der "beginnenden Modernisierung" bei GORMSEN und/oder der "2. Verstädterungsphase" bei BORSDORF entsprechen. Andererseits ist für Cuenca schon eine regelrechte Industriezone wie im Stadium der Metropolisierung, wenn auch in kleinerer Größenordnung, festzustellen und eine relativ weit fortgeschrittene Verlagerung der oberen Schicht aus dem Zentrum, dagegen fehlen ausgedehnte Hüttenviertel, wenn auch randstädtische semilegale Spontansiedlungen im Ansatz zu beobachten sind. Gegenüber der "2. Verstädterungsphase" des BORSDORF-Modells zeigt sich für Cuenca nur teilweise eine deutliche Segregation und ebenso keine axiale Entwicklung der zentralen Geschäftszone in das Wohngebiet der Oberschicht hinein. Siedlungen des sozialen Wohnungsbaus hingegen nehmen ein größeres Gewicht ein und erinnern mit ihrer peripheren Lage und inselförmigen Struktur stark an das von BÄHR/MERTINS entwickelte Großstadtmodell (Abb. 1.1). Das heißt, die Struktur Cuencas setzt sich aus Elementen zusammen, die zwar jeweils unterschiedlichen Entwicklungsphasen der in Kapitel 1.2. zitierten Modelle (Abb. 1.1, 1.2, 1.3) zugeordnet werden können, aber einige deutliche Anzeichen zu Entwicklungen aufweisen, wie sie für die lateinamerikanische Großstadt als typisch gelten. Daneben zeichnen sich auch Züge ab, die weniger den genannten Idealmustern entsprechen. Dies betrifft die weiträumige Verteilung der Oberschicht ebenso wie die der Mittel- und oberen Unterschicht und den geringfügigen Anteil von peripheren Armenvierteln. Dazu wäre auch der fehlende Ansatz zu einer Geschäftsachse in Verbindung mit einem strukturbestimmenden Oberschichtviertel zu zählen.

Als wichtigste Bestimmungsfaktoren der städtischen Struktur gelten Bevölkerung, Wirtschaftsbasis, Verkehr und Topographie. So lassen sich auch gerade die von den Idealmustern abweichenden Formen Cuencas durch spezifische Komponenten dieser vier Aspekte erklären. Die Topographie nimmt dabei eine Sonderstellung ein, da sie aufgrund ihrer unendlichen Vielfalt jeder Stadt eine gewisse Einzigartigkeit gibt.

Für die räumliche Entwicklung Cuencas übt der Faktor T o p o g r a p h i e sogar einen maßgeblichen Einfluß aus, allein daher erhält die Stadt einen sehr individuellen Charakter. Die Geländeterasse, auf der die Stadt gegründet wurde, bildet in Kernbereichshöhe zum Fluß hin eine steile Kante mit einer Höhe bis teilweise um die 20 m. Durch diese natürliche Barriere, die nur über eine steile und enge Serpentine das Zentrum, den Hauptplatz, mit der "Prachtstraße" und damit den im Tal liegenden Oberschichtvierteln verbindet, bietet sich kaum die Möglichkeit einer Ausweitung des Zentrums zu einer Geschäftsachse. Ein Blick auf die Darstellung (Abb. 2.2) der räumlichen Situation zur Zeit der Gründung zeigt, daß sich die Stadt inzwischen auf die ehemaligen Gemeindeweiden, im Osten die Weide für das Arbeitsvieh, im Süden und Westen die Weide für das Mastvieh, ausgedehnt hat. Diese Gebiete liegen in den Höhenstufen von 2.450 bis 2.650 m und entsprechen dem Talgebiet, der erwähnten "resource area". Die tiefergelegene ehemalige Weide des Arbeitsviehs ist identisch mit der Erweiterungszone im Osten, in der sich Flughafen, Gewerbe, Industriesektor und die zahlreichen staatlich geförderten Siedlungen befinden. Zwar sind eindeutige schichtenspezifische Sektoren, bis auf weite Oberschichtgebiete, nicht erkennbar, aber das Kriterium (AMATO 1970), daß die oberen Schichten landschaftlich attraktive Standorte, oft in höheren Lagen, suchen, scheint hier gegeben. Außerdem haben die Weite des Tales und die natürlichen Talein- bzw. -ausgänge die Großzügigkeit und Ausrichtung des Verkehrsnetzes beeinflußt.

Es liegt nahe, das Fehlen von Hüttenvierteln darauf zurückzuführen, daß einerseits Cuenca ein mittleres B e v ö l k e r u n g s w a c h s t u m aufweist, das heißt auch eine gemäßigte Z u w a n d e r u n g s r a t e (vgl. Kap. 2.4.1.), und andererseits die Altstadt, die relativ zur Gesamtstadt ein noch großes Gebiet ausmacht, den Schwerpunkt des Billigwohnsektors darstellt. Auch die Beobachtung, daß in den Haushalten der "conventillos" nur selten Mitbewohner lebten, die nicht zur engeren Familie gehörten, und daß die Mehrheit der "conventillo"-Bewohner etappenweise in den zentraleren Teil des Kernbereichs gezogen sind, deutet darauf hin, daß neue und zugewanderte Haushalte von der bestehenden Struktur bisher aufgenommen wurden.

Eine weitere Ursache für das Fehlen des Elements der randlichen Hüttenviertel liegt in der starken Beziehung Cuencas zu seinem Umland (vgl. Kap. 2.4.). Aus den ländlichen Orten in einem Umkreis bis zu 15 km pendeln viele Arbeitskräfte in die Stadt. BORRERO (1992) spricht von Fast-Schlafdörfern und zitiert das Beispiel des Dorfes Ricaurte mit 7.000 Einwohnern, im Osten des Industrieparkes gelegen, von dem aus täglich mit Kleinbussen 3.500 Personen befördert werden (Angaben des Busbüros 1987). Die Wohnversorgung der Unterschicht betreffend, wird die Stadt also erheblich durch die umliegenden Dörfer entlastet. Anzeichen der jüngeren Zeit sprechen aber auch dafür, daß die Grenzen der Aufnahmekapazität des Bestandes der Stadt erreicht sind: Eine starke Nachfrage nach "conventillos" im Kernbereich steht einer langsamen Abnahme dieser Unterkünfte gegenüber (vgl. Kap. 3.2. und 5.1.), und die ersten semilegalen Siedlungsgruppen entstehen an der Peripherie. Zwar trägt die Abwanderung der unteren Mittel- und oberen Unterschicht aus dem Kernbereich und in jüngerer Zeit auch zunehmend aus den Erweiterungsgebieten (z. B. RETAMAS) in die staatlich geförderten Siedlungen dazu bei, billigen Wohnraum für den Zuwachs frei zu machen, aber das Neubauvolumen steht in keinem Verhältnis zum tatsächlichen Bedarf.

Obwohl Cuenca schon das typische Großstadtelement eines Industriesektors aufweist, nimmt die Industrie keine bedeutende Rolle ein. Durch das Handwerk erhält das produzierende Gewerbe noch ein gewisses Gewicht (vgl. 2.4.2). Aber die w i r t s c h a f t l i c h e G r u n d l a g e der Stadt wird in starkem Maße von Handel und Dienstleistungen, insbesondere auch Dienstleistungen im öffentlichen Bereich, getragen (vgl. Tab. 2.9). Neben den Verwaltungsorganen, die für die Aufgaben von Gemeinde, Kanton und Provinz zuständig sind, hat die Zahl der Regionalbüros zentralstaatlicher Institutionen (z. B. CREA, BEV-JNV) während der Dekade des Ölbooms stark zugenommen, da Cuenca auch das Zentrum der südlichen Region des Landes darstellt. Es flossen Mittel aus Erdöleinkünften, kanalisiert über neugegründete Finanzierungsinstitute, in lokale und regionale Projekte (CARRION M. 1985). Dazu bestehen drei, wenn auch kleine, Universitäten in der Stadt. Entsprechend entstand eine breitere M i t t e l s c h i c h t , die von zahlreichen Angestellten im öffentlichen Dienst und einem überdurchschnittlich hohen Anteil der Akademiker und Techniker geprägt ist. Der Bedarf dieser Bevölkerungsgruppe nach Wohneigentum spiegelt sich in der umfangreichen Baulandnahme wider.

Als im Jahre 1981 die Rezession mit Preiserhöhungen und dem enormen Verfall des ecuadorianischen Sucres gegenüber dem Dollar einsetzte, wuchs aus der Not ein Wirtschaftsfaktor, der schließlich zu einer Hauptstütze der ganzen Region wurde: Laut einer Befragung im Jahre 1988 (BORRERO 1992) arbeiteten von rd. 15 % der cuencanischen Familien Familienmitglieder im Ausland, vorwiegend im Nordosten der U.S.A. Allein aus der Gegend um New York wurden um die zehn Millionen Dollar monatlich nach Cuenca geschickt - zum Vergleich: Der Export der Region belief sich im Jahre 1989 auf knapp neun Millionen Dollar. Das Geld wurde zum Lebensunterhalt oder zur Verbesserung des Lebensstandards verwandt und in den Hausbau und Grundstückskauf investiert. Es muß davon ausgegangen werden, daß auch schon zur Zeit der Untersuchung dieserart motivierte Bauaktivitäten und Grundstückskäufe zum ungeordnet anmutenden Flächenverbrauch beitrugen.

Wie oben erwähnt, hat die Topographie dem Verkehrsnetz der Stadt eine Art Rahmen vorgegeben. Innerhalb dieser natürlichen Gegebenheiten und seinem technologischen Stand entsprechend wirkt das V e r k e h r s s y s t e m Cuencas als maßgeblicher

Strukturfaktor. Seit Mitte der 70er Jahre verbreitet sich das Privatauto zunehmend, und die Gewinne aus dem Erdölexport erlauben größere Investitionen in den Straßenbau. In der Folge beginnt ein weites Straßennetz das Tal um Cuenca zu durchziehen, und einer steigenden Zahl von Autobesitzern wird es ermöglicht, in größerer Entfernung vom Stadtzentrum auf billigerem Baugrund zu siedeln. So schreitet die punktweise und mosaikartige Besetzung der "resource area" fort. Die Eisenbahnlinie Cuencas - von Osten am Südrand des Tales entlangführend - hat in strukturbildender Hinsicht kaum einen Effekt ausgelöst, da sie gegenüber der Straße nie eine größere Bedeutung hatte und in jüngster Zeit fast ganz eingestellt wurde. Nach den Vorschlägen GATTOs (1947) sollte an der südlichen Peripherie in Bahnhofsnähe ein Wohngebiet für Arbeiter und eine Industriezone entstehen. Einzig entstand im Jahre 1969 eine kleine bescheidene Siedlung einer Eisenbahnerkooperative. Im Gegensatz hierzu führte die zunehmende Bedeutung der überörtlichen Anbindung über den Flughafen und die Hauptausfallstraße im Nordosten zur Ansiedlung produktiver wirtschaftlicher Aktivitäten und Komplementärbetriebe, so daß sich die Bildung des Industriesektors und die sich anlehnenden Wohngebiete von Arbeitern und Handwerkern (vgl. Abb. 3.9) als logische Folge ergaben.

Nach den obigen Ausführungen liegt es nahe, Cuenca als einen Stadttypen zu bezeichnen wie: Mittlere Mittelstadt mit mittlerer Wachtumsdynamik und starker Verflechtung mit dem ländlichen Umland, Verwaltungs- und Rentnerstadt mit Tradition und Kultur. So wie HOFMEISTER (1980, S. 488) aus der weltweiten Betrachtungsweise der Kulturerdteile folgert, daß es "um global gleichartige Prozesse bei kulturräumlich unterschiedlichen Gegebenheiten mit der Folge unterschiedlicher Stadtstrukturen" geht, dürfte auch innerhalb eines Kulturerdteils von gleichartigen Prozessen, aber relativ sehr unterschiedlichen regionalen und lokalen Gegebenheiten und damit von Strukturvarianten ausgegangen werden. Dem würde ein allgemein gültiges spanisch-amerikanisches Idealschema nicht widersprechen, wenn dieses im Sinne einer Art "Meßlatte" zur Einordnung der Städte in "Strukturfamilien" (vgl. YUJNOWSKY 1971 und zu Cuenca LOWDER 1987, 1990) diente. Damit könnte gerade den Varianten mehr Aufmerksamkeit gewidmet und in der Folge zur Erkennung der besonderen Potentiale einzelner Städte und ihres effizienten Einsatzes in der Regionalentwicklung beigetragen werden.

6.2. Die Rolle der Stadtplanung

Bisher wurde von der Stadtplanung als ein möglicher Bestimmungsfaktor der Struktur einer Stadt nicht gesprochen. Auch in der einschlägigen Literatur geht es selten um die Rolle, die die Planung auf kommunaler Ebene spielt. Als Grund dazu dürfte die von Planern allgemein als schwach beklagte Macht der kommunalen Planungsinstitutionen in Ländern der freien Marktwirtschaft, zu denen Ecuador gehört, zu nennen sein. In diesem Zusammenhang steht auch die Tatsache, daß die Planungsinstrumente wie Stadtentwicklungsstrategie, Flächennutzungsplan und städtebauliche Normen in Abhängigkeit von den im vorigen Kapitel genannten strukturbildenden Faktoren entwickelt werden, also als abhängige Variablen zu sehen sind[1]. Abschließend wird im folgenden kurz bewertet, inwieweit im Fall Cuenca stadtplanerische Aktivitäten Auswirkungen auf das Strukturmuster zeigen oder zeigen könnten.

Die um die Mitte dieses Jahrhunderts einsetzende Wachstumsdynamik machte es notwendig, die Entwicklung der Stadt in geordnete Bahnen zu lenken. So entstand das "Anteproyecto del Plan Regulador para la Ciudad de Cuenca" (GATTO S. 1947, vgl. Kap. 2.3.3.), dessen Vorschläge zuerst das Bauamt der Stadt, später das neu eingerichtete Amt des "Plan Regulador", umzusetzen versuchte. Erst nach gut zwanzig Jahren wurde GATTOs Entwurf durch den "Plan Director de Desarollo Urbano" ersetzt. Dieser galt aber als nur vorläufig, da man gründlichere und detailliertere Studien, für die weder Geld noch Personal zur Verfügung standen, für notwendig hielt (CARPIO V. 1976). Noch etwa weitere zehn Jahre mußte die Gemeinde warten, bis endlich ein umfassendes Planwerk, der "Plan de Desarollo Urbano del Area Metropolitana de la Ciudad de Cuenca", vorlag[2]. Dieses Werk basiert auf umfassenden Studien (fast 40 Bände) und beansprucht, eine integrierte Planung zu sein. Die Entwicklungsziele werden aus der Analyse der wirtschaftlichen Situation der Stadt Cuenca und ihrer Einflußzone sowie ihrer möglichen Entwicklung unter Berücksichtigung der regionalen und nationalen Pläne abgeleitet. Neben einer Entwicklungsstrategie für den Großraum Cuenca wird ein Flächennutzungsplan der Stadt und für seine Umsetzung und Kontrolle die "Ordenanza del Plan de Ordenamiento Urbano y del Cantón" (1983) erarbeitet. Dazu entsteht ein Katastersystem (20.000 Grundstücke werden aufgenommen), und, um die Durchsetzung des Plans zu gewährleisten, werden Vorschläge für die Verbesserung der Verwaltungsstruktur entwickelt.

Die Zeitspanne zwischen dem beobachteten Entwicklungsstand der Stadt und des In-Kraft-Tretens der jüngsten Planung ist zu kurz, als daß schon größere strukturformende Ergebnisse zu erkennen wären. Die Planungsaktivitäten der vorangegangenen drei Jahrzehnte waren schwach und haben kaum das Stadtwachstum aktiv gelenkt. Nur der Entwurf von GATTO S. hat gewisse noch heute spürbare Anstöße gegeben. Er war richtungsgebend für das Straßennetz (vgl. Kap. 3.1.) und hat damit auch die Flächennutzung beeinflußt, obwohl seine Zoneneinteilung - zur damaligen Zeit sehr fortschrittlich und gut begründet - nicht realisiert wurde. Zu nennen wären z. B. die Lage einer

---

[1] Als ein übergeordneter Faktor gilt die Kultur, die sich äußerlich in der physischen Struktur einer Stadt widerspiegelt. Dieser Aspekt stellt ein weites Thema dar und läßt sich im Rahmen der vorliegenden Arbeit nicht behandeln.

[2] Das Projekt des Planes für den Großraumes Cuenca wurde international ausgeschrieben. Den Zuschlag erhielt die ecuadorianische Firma CONSULPLAN aus Quito. Die Finanzierung lief über den FONAPRE (Fondo Nacional de Preinversión) und die BID (Banco Interamericano de Desarollo).

Industriezone mit begleitendem Arbeiterviertel im Süden der Stadt an Eisenbahnlinie und Fluß - heute: nur eine kleine Siedlung einer Eisenbahnerkooperative und ein stillgelegter Bahnhof -, im Osten im Anschluß an die Altstadt ein weites Gartengebiet mit niedriger Bebauung, das den Flughafen umgibt - heute: die dichteren Neubaugebiete und der Schwerpunkt von Gewerbe und Industrie umgeben den Flughafen -, oder die Anordnung der Villengebiete der Oberschicht am äußeren westlichen Rand (diese Schicht verfügt am häufigsten über ein Auto) - heute: das erste größere Oberschichtviertel entwickelte sich im Süden in nächster Nähe zum Zentrum, nachdem die für die Oberschicht interessanten nähergelegenen Gebiete saturiert sind, entstehen in jüngerer Zeit auch Oberschichtviertel im entfernteren Westen.

Als Ursachen für den mangelnden Einfluß der kleineren Gemeinden auf ihre eigene Entwicklung nennt CARRION M. (1985) den Verlust an Mitteln, Kompetenzen und Legitimität und dazu überalterte Verwaltungsstrukturen, die den komplexen Themen, die sich aus dem Modernisierungsprozess und dem starken Stadtwachstum ergeben, nicht gewachsen sind. Seit den Jahren der hohen Erdöleinnahmen haben sich ehemalige kommunale Aufgaben auf höhere Ebenen wie die nationale oder regionale verschoben. Außerdem werden die Erdöleinnahmen unter Umgehung des nationalen Haushaltes über Regionalentwicklungskörperschaften (z. B. für Cuenca CREA) oder Provinz- und Kantonsregierungen mittels neu geschaffener Finanzierungsinstitute oder zentralstaatlicher Fachbehörden (z. B. BEV-JNV) in regionale und lokale Projekte geleitet. Die Versorgung der Bevölkerung mit technischer und sozialer Infrastruktur, die laut Gemeindegesetz im Verantwortungsbereich der Gemeinde liegt, wird von Organen der Zentralregierung übernommen: Strom, Wasser, Abwasser, Straßen, Erziehung u.s.w. Das heißt, die Steuerung und Kontrolle der städtischen Struktur liegt nicht mehr voll in der Hand der Gemeinde, sondern die Entwicklung der Stadt hängt von individuell agierenden zentralen Fachbehörden ab.

Unter diesen Rahmenbedingungen erscheint es zweifelhaft, ob der Stadtentwicklungsplan von 1983 erfolgreich umgesetzt werden kann, obwohl inzwischen ein Kataster (d. h. Verbesserung der eigenen Einkünfte der Gemeinde) und eine neu strukturierte Planungsabteilung mit drei Sektionen (Planung, Historisches Zentrum und Kontrolle) eingerichtet wurde. Ortsansässige Stadtplaner und -forscher kritisieren an den Beispielen der Siedlungen RETAMAS und EUCALIPTOS, von der JNV/BNV geplant und gebaut bzw. im Bau befindlich und von der Stadt genehmigt, die Mißachtung der gültigen städtebaulichen Normen (PAUTA C./CORDERO C. 1986, CASTRO C./PONCE P./SANCHEZ M. 1987). Zum Beispiel werden die minimale Grundstücksgröße (150 m²) unterschritten, die baulichen Abstände und erlaubten Dichten durch die vorgesehenen Erweiterungen aber überschritten. Die Siedlung EUCALIPTOS liegt in einem peripheren Gebiet, das laut Plan erst in den Jahren 1996-2000 bebaut werden soll. Auch die vorgeschriebenen Flächen für kommunale Einrichtungen werden nicht erfüllt. Ebenso klaffen die Programme der technischen Infrastruktur sowie die im Plan vorgesehenen und die realisierten Dichten auseinander. Es fehlt ein Mechanismus, der die Kooperation zwischen staatlichen (in diesem Falle der JNV/BNV) und gemeindlichen Behörden regelt.

Geht man davon aus, daß trotz der beschriebenen Probleme der Plan ein wirkungsvolles Instrument ist, die zukünftige räumliche Entwicklung den Zielen entsprechend zu lenken, so interessiert hier, welches Strukturmuster sich abzeichnen würde, wenn die Vorgaben erfüllt werden. Hauptziel war die Lösung der zahlreichen funktionellen Probleme, die sich aus dem Dualismus einer übermäßigen Konzentration im Stadtkern und einer äußerst extensiven Besiedelung der Außenbereiche ergaben. Daher beruht das Konzept auf Maßnahmen der Dezentralisierung und Konsolidierung, das heißt Entflechtung der Funktionen im Zentrum und Bildung neuer Zentren an Achsen in den Gebieten außerhalb der Altstadt.

Reduziert auf die wichtigsten Elemente ergibt die Analyse des Flächennutzungsplans und der städtebaulichen Normen folgendes Bild:

1. Das Zentrum der Stadt bildet der historische Kern. Hier verbleiben die Funktionen mit regionalem oder städtischem Einflußbereich, die einen zentralen Standort benötigen (Rathaus, Provinzregierung, Bischof, Finanzierungsinstitute, Luxusgeschäfte etc.). Alle anderen Funktionen, insbesondere die, die der Versorgung der Haushalte dienen, wie kleinere Läden, Märkte, Nebenstellen von Banken, Praxen, öffentliche und private Dienstleistungen, werden aus dem Kernbereich herausgenommen und in einige ländliche Zentren und in die Stadtviertel und Nachbarschaften verlegt. Mittels der Nutzungsbegrenzung und der Kontrolle der Baudichte wird es ermöglicht, den historisch wertvollen Baubestand der Altstadt zu konservieren.
2. Der restliche Kernbereich einschließlich der Randgebiete im Norden und Osten besteht aus zwei Zonen:

- Für die gesamte östliche Flanke ist eine Wohn- und Geschäftsnutzung vorgesehen mit hohen Dichten (200-250 E/ha^3, 2- bis 4geschossige Bebauung) und eine achsenartige Ausweitung nach Osten entlang der Avenida González Suárez, Verlängerung der Avenida Gran Colombia, die nördliche Parallele der traditionellen Geschäftsstraße Simon Bolívar. Diese östliche Geschäftszone wird nach der Zentrenhierarchie des Plans der Distriktebene (2. Stufe) zugeordnet. Es kann also keine Analogie einer Cityausweitung im Sinne einer erstrangigen Geschäftsachse hergestellt werden.

- Nördlich und westlich legt sich um den historischen Kern ein Wohngebiet mittlerer Dichte (150-200 E/ha, 2- bis 3geschossige geschlossene Bebauung).

---

[3] Alle Dichteangaben beziehen sich auf Bruttowerte.

3. Das übrige Stadtgebiet kann nach Dichten in zwei große Sektoren eingeteilt werden:

- Ein östlicher Sektor im Anschluß an die östliche Geschäftsachse, der etwa dem Gebiet entspricht, in dem sich die staatlich geförderten Siedlungen und Kooperativen konzentrieren. Hier sind vorwiegend mittlere Dichten vorgesehen (150 - 200 E/ha, 2- bis 3geschossige Bebauung, Mindestgrundstücksgröße 150 m²). In zwei Zonen werden auch höhere (200 - 300 E/ha, 2- bis 3geschossige Mehrfamilienhausbebauung) und höchste (350 E/ha und darüber, 2- bis 8geschossige Mehrfamilienhausbebauung) Dichten in begrenztem Umfang geplant. An diesen Standorten dient das Erdgeschoß Versorgungseinrichtungen auf Wohnviertelebene (Geschäfte, private und kommunale Dienstleistungen) und nicht störendem Handwerk.

- Ein Sektor, der sich mit Ausnahme des Ostens als breiter Ring um den Kernbereich legt. Für dieses Gebiet gelten vorwiegend niedrige Dichten (100-150 E/ha, 1- bis 2geschossige Bebauung, Mindestgrundstücksgröße 250 m²) und in begrenztem Umfang in den meisten zentrumsnäheren Zonen und im Süden - Ausnahme das älteste Oberschichtviertel - mittlere Dichten (bis 200 oder auch 250 E/ha, Mindestgrundstücksgröße 150 m²). Besondere Ausnahmen sind an Einzelstandorten geplant:

- Im Süden im Bereich "Prachtstraße"/Gemeindestadion eine Geschäftszone auf Stadtebene (1. Stufe), das heißt Cityfunktionen und Wohnen höchster Dichte (350 E/ha und darüber, 4- bis 10geschossige Bebauung).

- Im Westen an der Achse der Avenida Ordóñez Lasso (vgl. 3.3: Luxushotel am westlichen Stadtrand), Verlängerung der Avenida Gran Colombia, eine Geschäftszone auf Distriktebene (2. Stufe) und Wohnen hoher Dichten (300-350 E/ha, 3- bis 7geschossige Bebauung).

- Im Nordosten an der Achse Avenida España (vgl. Tab. 3.8 Punkt 9 u. 10), Richtung Industriepark, eine Geschäftszone auf Distriktebene mit Wohnen mittlerer Dichte (200-250 E/ha, 2- bis 4geschossige Bebauung).

- Wohnen mit höchsten Dichten (350 E/ha, 2- bis 8geschossige Bebauung) und Erdgeschoßnutzung mit Versorgungseinrichtungen auf Wohnviertelebene und nicht störendes Handwerk in vier Zonen im Süden (westlich der Hauptgeschäftszone) und Südwesten (zwei Standorte östlich der Umgehungsstraße, ein Standort östlich der Avenida Loja).

4. Als Sondernutzung neben dem schon bestehenden Industriepark wird Wohnen niedriger Dichte (100-200 E/ha, bis 3geschossige Bebauung, Mindestgrundstücksgröße 250 m²) mit nicht störendem Handwerk und Kleinindustrie für zwei Zonen festgelegt: das Gebiet zwischen Avenida España-Umgehungsstraße und Kernbereich-Industriepark (vgl. Abb. 3.21) und als Sekundärnutzung für das Gebiet im entfernten Südwesten zwischen der Umgehungsstraße und der Avenida Loja.

Würde sich der Plan bis zu seinem Zeithorizont des Jahres 2000 erfüllen, dann wäre das Tal, das in etwa dem Gemeindegebiet entspricht und in dieser Arbeit als "resource area" bezeichnet wurde, durchgehend besiedelt und über Wachstumskorridore (nur extensive Nutzung) mit den nächstgelegenen Dörfern verbunden. Dabei geht die Planung von ca. 250.000 Einwohnern aus; aus diesem Wert errechnet sich eine Bevölkerungsdichte von ca. 66 E/ha[4] (vgl. Tab. 3.3). Bis auf eine baulich konservierte Altstadt, in deren Zentrum die hochrangigen politischen und institutionellen Einrichtungen angesiedelt sind, hätte Cuenca seinen traditionellen Charakter praktisch ganz verloren. An radialen Achsen liegen moderne Zentren (ein Stadtzentrum, drei Distriktzentren) umgeben von Wohnvierteln mit jeweils unterschiedlicher Kategorie. Damit entfernt sich die Struktur weiter von einem konzentrischen Muster zu einer eher sektorartigen (HOYT 1939, 1964) oder auch kernartigen (HARRIS/ULLMAN 1945) Anordnung.

Als Element, das an das spanisch-amerikanische Modell erinnert, ist unverändert der Gewerbe- und Industriesektor zu sehen. Nicht ganz verständlich allerdings erscheinen die dort angeordneten äußerst niedrigen Dichten bzw. Mindestgrößen der Grundstücke (Einfamilienhäuser freistehend/doppel/Reihen: 300/200/180 m² pro Einheit), die weder dem Stand einiger Siedlungen zur Zeit der Planung entsprechen, noch die Entwicklung von Arbeiterwohnvierteln zulassen dürften.

Das moderne Hauptgeschäftszentrum, das die Planung im Süden der Altstadt im Bereich "Prachtstraße"/Gemeindestadion vorsieht, zeigt zwar eine gewisse Ähnlichkeit zur "commercial spine" des Idealmodells aufgrund seiner Lage im größten ältesten Erweiterungsgebiet der Oberschicht, stellt aber doch eher eine Variante in Form eines Pols dar. Die Topographie verhindert die axiale Verbindung zum alten Zentrum. Ebenso besteht keine Möglichkeit einer Verlängerung der Achse in Richtung der sich schwerpunktmäßig weit nach Westen ausdehnenden Oberschichtviertel. SICK (1970) beobachtete in Quito, daß bei einer Bevölkerungszahl von 355.000 Einwohnern die sich bildende City noch im alten Stadtkern verblieben war. Für Cuenca wird bezweifelt, daß im Jahre 2000 nach verlangsamtem Wachstum (rd. 250.000 Einwohner) Ansätze zu einer modernen City im Süden zu erkennen sein werden. Sollten die Konservierungsmaßnahmen im alten Zentrum Erfolg haben, dann wird eher eine Geschäftsachse nach Osten in Richtung des geplanten Distriktzentrums Bedeutung erhalten.

---

[4] Dieser Wert entspricht dem Durchschnitt der westdeutschen Städte der Größenordnung 200.000 bis 500.000 Einwohnern um 1950.

Die sozialräumliche Verteilung kann nur annähernd aus den vorgesehenen Dichten und den Mindestgrößen der Grundstücke, die Ein- und Zweifamilienhäuser betreffend, abgeleitet werden. Danach würde sich das zukünftige Bild kaum (mit Ausnahmen des schon angesprochenen Gewerbe- und Industriesektors) von dem beobachteten Trend unterscheiden: Das südliche und westliche Tal wird von Wohnvierteln der Ober- und Mittelschicht, der periphere Südwesten und der Osten von Siedlungen der Mittel-, eher untere Mittel- und obere Unterschicht eingenommen. Unabhängig von der Kategorie der Wohngebiete werden über das Tal verteilt Inseln kompakterer Bebauung einschließlich Hochhausgruppen entstehen. Keinerlei Hinweise auf Wohnquartiere der untersten Schichten sind zu erkennen. Sogar die jüngeren Siedlungen des staatlichen Wohnungsbaus konnten im Rahmen dieser Planung nur unter Verletzung der Städtebauordnung realisiert werden, wie oben schon, die Siedlungen RETAMAS und EUCALIPTOS betreffend, erwähnt wurde.

Die Beobachtungen zum Strukturmuster Cuencas und zu den den Wohngebietsverschiebungen zugrunde liegenden innerstädtischen Wanderungen läßt folgende Auswirkungen der Planung vermuten:

1. Wenn Siedlungen der Kategorie des staatlichen Wohnungsbaus innerhalb der Stadtgrenzen gehalten werden sollen, dann ist dies nur unter Verletzung der Städtebauordnung möglich, und mangels einer harmonischen Planung muß mit funktionellen Problemen gerechnet werden. Andererseits wird die JNV/BEV eher versuchen, große Grundstücke außerhalb der Stadtgrenzen zu erwerben, so wie schon die geplante Siedlung PATAMARCA mit ihrem Standort nördlich des Industrieparks zeigt. Dies würde bedeuten, daß Familien der unteren Mittel- und oberen Unterschicht aus der Altstadt und in größerem Anteil aus den konsolidierten Gebieten des Ostens, insbesondere auch den Siedlungen des geförderten Wohnungsbaus, noch weiter nach außen in das städtische Umland abwandern werden. Damit setzt sich der Prozess der Zersiedelung, angeführt vom staatlichen Wohnungsbau fort, mit allen zur Genüge bekannten negativen Folgen.

   Um dem entgegenzuwirken, müßten Flächen für die Wohnraumversorgung der armen Bevölkerung vorgesehen werden. Dieser Bedarf wird völlig vernachlässigt. Obwohl sogar ein legales Instrumentarium besteht, das es der Gemeinde als auch der JNV ermöglicht, im Interesse der Allgemeinheit für den staatlichen Wohnungsbau geeignete Flächen zu enteignen, fehlte es bisher aber an finanzieller und politischer Durchsetzungskraft.

2. Die Entlastung des historischen Kerns, das heißt z. B. die Verlagerung der Märkte und privater und öffentlicher Dienstleistungen in die neuen Zentren, würde nicht nur den Verlust nahegelegener Arbeitsplätze für viele Haushalte bedeuten, sondern auch für die ärmste Bevölkerung den Zusammenbruch der Existenz, die überhaupt

nur möglich wurde durch eine intensive Vernetzung von Wohnen, Arbeiten, Versorgung mit der nächsten Umwelt (vgl. Kap. 5.). Damit entfällt ein Hauptmotiv der zentripetalen Bewegungen. Wanderungen zu den neuen Zentren werden kaum stattfinden, da an diesen Standorten keine alternativen Wohnungsmärkte im Entstehen sind. Gleichzeitig muß davon ausgegangen werden, daß der Markt an Billigunterkünften schrumpft. "Conventillos" werden verdrängt durch Rehabilitationsmaßnahmen, touristische Einrichtungen und im Osten des Kernbereichs durch die Zunahme von Handel, Dienstleistungen und Verwaltung. Ortsansässige Planer plädieren für eine Stadterneuerung, die den Verbleib eines großen Teils der Wohnbevölkerung garantiert. Der Abbau der Überbelegung bedarf aber neuer Standorte für die Wohnraumversorgung der ärmeren Bevölkerung. Mit der Abnahme des Angebotes von Billigunterkünften im Zentrum und keiner alternativen Möglichkeit, bleiben der Unterschicht nur zwei Wege:

- das Wohnen in Untermiete in den konsolidierten Wohngebieten der unteren Mittel- bzw. oberen Unterschicht, z. B. die staatlich geförderten Siedlungen im Osten der Stadt. Damit werden die von der Planung angestrebten Dichten überschritten.

- die illegale Parzellierung im Umland oder in noch unbebauten randlichen Gebieten der Stadt. Damit wird gegen die von der Planung angestrebte Konsolidierung die Zersiedelung gefördert.

Die Abschätzung vermutlicher Auswirkungen des Plans 1983-2000 zeigt, daß die Umsetzung geplanter Maßnahmen zu unerwünschten Entwicklungen führen können, die gerade durch die ordnende Planung vermieden werden sollten. Im Fall Cuenca wird unterstellt, daß, trotz einer breit angelegten Analyse, durch eine mangelnde Gesamtsicht ein wichtiger strukturbildender Faktor unberücksichtigt blieb, die Klassenstruktur. Nach Tabelle 3.6 zählten im Jahre 1982 rd. 50 % der aktiven Bevölkerung der Stadt zur Unterschicht. Vor dem Hintergrund, daß Ecuador zu den ärmsten Ländern der "Dritten Welt" gehört, muß auch bei einer optimistischen Zukunftsvision für die Stadt, wie ein viel gemäßigteres Bevölkerungswachstum und eine Erweiterung des Arbeitsmarktes, für das Jahr 2000 immer noch mit einer relativ großen unteren Bevölkerungsschicht gerechnet werden, die sich nicht auf den der Planung impliziten Wohnungsmärkten versorgen kann. Hier könnte eine "Strukturschau" erhebliche Hilfe für alle an der Planung Beteiligten leisten: Aus den Ergebnissen der Bestandsaufnahmen und Analysen werden die ortstypischen Strukturelemente herausgefiltert und den Idealmodellen gegenübergestellt. Die Parallelen und Abweichungen geben Hinweise auf den Stadttyp und den Reifegrad und, je nach Einschätzung der strukturbildenden Faktoren, auf die möglichen Veränderungen des Stukturmusters.

Schlußwort

Aus der Sicht zu Beginn der 90er Jahre, d. h. etwa ein Jahrzehnt nach dem Beobachtungszeitraum, wird ergänzend festgehalten:

Nach Augenzeugenberichten findet die in Kapitel 6.2. erwähnte Vermutung Bestätigung, daß östlich der Altstadt als Verlängerung der traditionellen Achsen eine erstrangige Geschäftszone entstehen wird und nicht wie im Plan 1983 vorgesehen an der "Prachtstraße" im Süden der Altstadt. Für Cuenca handelt es sich also um die Variante einer "commercial spine", d. h. die Hauptgeschäftsachse entwickelt sich in Richtung der Wohngebiete gemischter Bevölkerungsgruppen mittlerer Schichten.

Unerwartet dagegen ist die Beobachtung, daß vereinzelt Mitglieder der jüngeren Generation der Oberschicht wieder in das Zentrum zurückziehen und die traditionellen Innenhofhäuser restaurieren. Ob hier Ansätze zu einer Rückkehr der Oberschicht in das Zentrum der Altstadt zu erkennen sind und sich damit eine bisher nicht angesprochene weitere Perspektive für die zukünftige Nutzung dieses Zentrums eröffnet, muß noch abgewartet werden.

Die Volkszählungsergebnisse von 1990 zeigen für das dem Beobachtungszeitraum folgende Zensusintervall 1982 - 1990 eine Abnahme des Bevölkerungswachstums - die durchschnittliche jährliche Wachstumsrate von 3,4 % liegt leicht unter dem Wert der ersten Phase des Umbruchs - und lassen nun eher auf den Beginn eines Konsolidierungsprozesses schließen. Zu diesem Zeitpunkt hat die Stadt eine Bevölkerungszahl von knapp 200.000 Einwohnern erreicht.

Im Rückblick dürfte also die Phase des Umbruchs von der vorindustriellen zur "modernen" Stadt Cuenca insofern als abgeschlossen gelten, als die Grundlinien zur Entwicklung der neuen räumlichen Struktur etwa gegen Ende des Beobachtungszeitraums gelegt sind. Hinsichtlich der Altstadt allerdings bleibt offen, welche Entwicklungsrichtung sich durchsetzen wird.

Literatur:

AGUILERA R., J./MORENO R., L. J. (1974): Urbanismo Español en América. Ausstellungskatalog, Ministerio de la Vivienda, Madrid.

ALBORNOZ, V. M. (um 1948): Monografía histórica de Cuenca. Cuenca.

Ders. (1959-1960): Cuenca a través de quatro siglos. Bd. 1 u. Bd. 2. Cuenca.

AMATO, P. W. (1970): Elitism and settlement patterns in the Latin American city. Journal of the American Institute of Planners, 36, S. 96-105.

BÄHR, J. (1976a): Neuere Entwicklungstendenzen lateinamerikanischer Großstädte. Geographische Rundschau, 28, S. 125-133.

Ders. (1976b): Siedlungsentwicklung und Bevölkerungsdynamik an der Peripherie der chilenischen Metropole Groß-Santiago. Das Beispiel des Stadtteils La Granja. Erdkunde, 30, S. 126-143.

Ders. (1980): Managua (Nicaragua) - Zur Stadtentwicklung seit dem Erdbeben von 1972. Die Erde, 111, S. 1-19.

Ders. (1985): The impact of socio-political structures on intra-urban migration of low-income groups and the peripheral growth of Latin American metropolitan areas (including examples from Lima and Santiago de Chile). Beitrag zum "45 Congreso Internacional de Americanistas 1985", Bogotá, Columbia.

Ders. (1988): Der Einfluß gewandelter politischer und wirtschaftlicher Rahmenbedingungen auf die Entwicklung von Wohngebieten unterer Einkommensgruppen in lateinamerikanischen Metropolen. Jahrbuch der Geographischen Gesellschaft zu Hannover 1988, S. 213-250.

Ders. (1992): Grundstrukturen der modernen Großstadt in Lateinamerika. In: Reinhard, W./Waldmann, P. (Hrsg.): Nord und Süd in Amerika, Gemeinsamkeiten, Gegensätze, Europäischer Hintergrund. Bd. 1, Freiburg, S. 194-211.

BÄHR, J./MERTINS, G. (1981): Idealschema der sozialräumlichen Differenzierung lateinamerikanischer Großstädte. Geographische Zeitschrift, 69, S. 1-33.

BENEVOLO, L. (1968): Las nuevas ciudades fundadas en el siglo 16 en América Latina. Una experiencia decisiva para la historia de la cultura arquitectónica del

"Cinquecento". Boletín del Centro de Investigaciones Históricas y Estéticas (Caracas), No.9, S. 117-136.

BOAL, F. W. (1968): Technology and urban form. In: Putnam, R. G./Taylor, F. J./ Kettle, P. G. (Hrsg., 1970). Toronto, S. 73-80.

BORAH, W. (1980): Las ciudades latinoamericanas en el siglo XVIII: un esbozo. Revista Interamericana de Planificación (México D.F.), 14 (55/56), S. 41-58.

BORRERO, A. L. (1992): Las migraciones y recursos humanos: situación reciente y tendencias. In: Corporación de Estudios para el Desarollo (CORDES)/Universidad del Azuay (Hrsg.): Cuenca y su futuro. Quito, Cuenca, S. 93-160.

BORSDORF, A. (1976): Valdivia und Osorno. Strukturelle Disparitäten und Entwicklungsprobleme in chilenischen Mittelstädten. Ein geographischer Beitrag zu Urbanisierungserscheinungen in Lateinamerika. Tübinger Geographische Studien, 69.

Ders. (1978a): Population growth and urbanization in Latin America. Some comments on demographic development and urban structural change. GeoJournal, 2 (1), S. 47-60.

Ders. (1978b): Städtische Strukturen und Entwicklungsprozesse in Lateinamerika. Geographische Rundschau, 30, S. 309-313.

Ders. (1982): Die lateinamerikanische Großstadt. Zwischenbericht zur Diskussion um ein Modell. Geographische Rundschau, 34, S. 498-501.

Ders. (1989): El modelo y la realidad. La discusión alemana hacía un modelo de la ciudad latinoamericana. Revista Interamericana de Planificación, 22 (87/88), S. 21-29.

BOUSTEDT, O. (1975): Grundriß der empirischen Regionalforschung, Teil III: Siedlungsstrukturen. Hannover.

BRÜCHER, W. (1969): Die moderne Entwicklung von Bogotá. Geographische Rundschau, 21, S. 181-189.

Ders. (1974): Mobilität von Industriearbeitern in Bogotá. Deutscher Geographentag (Kassel 1973), Wiesbaden, S. 284-293.

BRÜCHER, W./MERTINS, G. (1978): Intraurbane Mobilität unterer sozialer Schichten, randstädtische Elendsviertel und sozialer Wohnungsbau in Bogotá (Kolumbien). In: Mertins, G. (Hrsg.): Zum Verstädterungsprozeß im nördlichen Südamerika. Marburger Geographische Schriften, 77, S. 1-130.

BRUNN, S. D./WILLIAMS, J. F. (1983): Cities of the world. World regional urban development. New York.

BURGESS, E. W. (1925): The growth of the city. In: Stewart, M. (Hrsg., 1972): The city. Problems of planning. Harmondsworth, S. 117-129.

BUTTERWORTH, D./CHANCE, J. K. (1981): Latin American urbanization. Cambridge.

CARPIO V., J. (1976): Las etapas de crecimiento de la ciudad de Cuenca, Ecuador. Revista Geográfica (México D.F.), 84, S. 77-101.

Ders. (1979): Cuenca: su geografía urbana. Cuenca.

Ders. (1983): La evolución urbana de Cuenca en el siglo XIX. Universidad de Cuenca, Instituto de Investigaciones Sociales (IDIS), Cuenca.

CARRASCO, A./CORDERO, C. (1982): Testimonio de la transición de una sociedad patriarcal a la sociedad burguesa en Cuenca: "La Escoba". In: Instituto de Investigaciones Sociales (IDIS), Universidad de Cuenca (Hrsg.): Ensayos sobre historia regional. La region centro sur. Cuenca-Ecuador, S. 233-308.

CARRASCO, A. (1985): La industrialización en el Azuay. Revista IDIS (Cuenca-Ecuador), XI (14: Historia y economía), S. 99-127.

CARRION M.,F. (1985): Alcances de la problemática municipal en las ciudades intermedias ecuatorianas. In: Centro de Investigaciones CIUDAD (Hrsg.): Ciudades intermedias en el Ecuador. Serie documentos ciudad 14, Quito, S. 1-12.

CARTER, H. (1980): Einführung in die Stadtgeographie. Berlin, Stuttgart.

CASTILLO, H. (1987a): Asentamientos espontáneos de vivienda popular en Cuenca. Revista CAE (Colegio de Arquitectos del Ecuador, Provincia del Azuay), No. 2, S. 15-20.

Ders. (1987b): Las Peñas y la Colina. Asentamientos populares. I Encuentro Nacional sobre Vivienda Popular, Facultad de Arquitectura/Instituto de Investigaciones de Ciencias Técnicas (IICT), Universidad de Cuenca. Cuenca-Ecuador.

CASTRO C., D. u. a. (1987): Los programas estatales de vivienda. El caso "Retamas"-Cuenca. I Encuentro Nacional sobre Vivienda Popular, Facultad de Arquitectura/Instituto de Investigaciones de Ciencias Técnicas (IICT), Universidad de Cuenca. Cuenca-Ecuador.

CENDES (1980): Plan nacional de parques industriales. Quito.

CERVERA V., L. (1968): La época de los Austrias. In: García y B., A./Torres B., L. u. a. (Hrsg.): Resumen histórico del urbanismo en España. Madrid, S. 171-209.

CHUECA G., F. (1970): Breve historia del urbanismo. Madrid.

CONADE: Plan Nacional de Desarrollo (1980 - 1984), Segunda parte, Tomo II, Políticas y programas sectoriales: Desarollo rural, manufacturero y turismo. Quito.

CONADE/ILDIS/CAF (Hrsg., 1982): Guia de planificación socio-espacial. Quito-Ecuador.

CONSULCENTRO (1985): Mejoramiento habitacional en las ciudades secundarias del Ecuador. "Atlas de Areas Prioritarias". Cuenca-Ecuador.

CONSULPLAN (Ilustre Municipio de Cuenca) (1980/82): Plan de Desarollo Urbano del Area Metropolitana de la Ciudad de Cuenca. Informe definitivo, Vol. IV, Diagnóstico: marco y modelo económicos.

Dies. (1980/82): Plan de Desarollo Urbano del Area Metropolitana de la Ciudad de Cuenca. Informe definitivo, Vol. V, Diagnóstico de los sectores económicos.

Dies. (1980/82): Plan de Desarollo Urbano del Area Metropolitana de la Ciudad de Cuenca. Informe definitivo, Vol. VI, Diagnóstico: política económica y población.

Dies. (1980/82): Plan de Desarollo Urbano del Area Metropolitana de la Ciudad de Cuenca. Informe definitivo, Vol. X, Diagnóstico: análisis físico del area urbana.

Dies. (1980/82): Plan de Desarollo Urbano del Area Metropolitana de la Ciudad de Cuenca. Informe definitivo, Vol. XIII, Diagnóstico: transporte.

Dies. (1980/82): Plan de Desarollo Urbano del Area Metropolitana de la Ciudad de Cuenca. Informe definitivo, Vol. XVI, Diagnóstico: vivienda.

Dies. (1980/82): Plan de Desarollo Urbano del Area Metropolitana de la Ciudad de Cuenca. Tercera Fase: Modelo de Desarollo, Confrontación de la Imagen-- Objetivo con la Prognosis, Objetivos, Alternativas y Políticas.

CORDERO, C./ACHIG, L./CARRASCO, A. (1985): La región Centro-Sur. Revista IDIS (Cuenca-Ecuador), XI (14: Historia y economía), S. 129-177.

CORDERO C., F./PAUTA C., F. (1984): La renovación urbana como posibilidad de mejoramiento habitacional. Una reflexión sobre el centro histórico de Cuenca. II Simposio Nacional de Desarollo Urbano, Cuenca.

CORDERO P., O. (unbekannt): Los tres dias de la fundación de Cuenca. Museo histórico (Quito), 17 (52), 1971, S. 267-275.

CRESPO, A. (1980): El proceso de desarollo urbano en América Latina y el Ecuador. Desarollo Indoamericano (Baranquilla), 15 (57), S. 43-58.

CUSTERS, G./VREMAN, D. (1988): Housing characteristics and mobility patterns of tugurio inhabitants in Arequipa/Southern Peru. In: Bähr, J. (Hrsg.): Wohnen in lateinamerikanischen Städten, Kieler Geographische Schriften, 68, S. 145-156.

DELER, J. P./GOMEZ, N./PORTAIS, M. (1983): El manejo del espacio en el Ecuador. Etapas claves. Geografía básica del Ecuador, Tomo 1 (Geografía histórica), Quito.

DOMINGUEZ O., A. (1974): El antiguo régimen: Los Reyes Católicos y los Austrias. Madrid.

DWYER, D. J. (1975): People and housing in Third World Cities. London, New York.

ECKSTEIN, S. (1990): Urbanization revisited: inner-city slum of hope and squatter settlement of despair. World Development, 18 (2), S. 165-181.

ESPINOZA, L./ACHIG, L./MARTINEZ, R. (1982): La gobernación colonial de Cuenca. Formación social y producción mercantil simple. In: IDIS (Hrsg.): Ensayos sobre historia regional. Cuenca-Ecuador, S. 31-116.

ESPINOZA, L. (1984): En el bicentenario del primer censo de población de la Gobernación de Cuenca 1778 - 1978. Revista del Centro de Estudios Poblacionales (IDIS, Universidad de Cuenca, Cuenca-Ecuador), No. 1 (Población y desarollo), S. 119-145.

Ders. (1985): Síntesis del proceso histórico de la Provincia del Azuay. Revista IDIS (Cuenca-Ecuador), XI (14: Historia y economia), S. 11-46.

ESTRADA I.,J. (1977): Regionalismo y migración. Publicaciones del Archivo Histórico del Guayas, Guayaquil.

EVANS, A. W. (1973): The economics of residencial location. London.

FACCIOLO, A.M. (1973): Acerca de la estructura interna de la ciudad latinoamericana. Modelo general o análisis concreto? Desarollo económico, Revista de ciencias sociales (Buenos Aires), 13 (50), S. 408-416.

FOCHLER-HAUKE, G. (1950/51): Tucumán, eine Stadt am Ostrand der Vorpuna. Die Erde, 2, S. 37-53.

FRIEDMANN, J./WULFF, R. (1976): The urban transition: Comparative studies of newly industrializing societies. Progress in Geography, International Reviews of Current Research, London, 8, S. 1-93.

FRIEDRICHS, J. (1978): Grundlagen und Probleme des Vergleichs von Stadtentwicklungen. In: Friedrichs, J. (Hrsg.): Stadtentwicklungen in kapitalistischen und sozialistischen Ländern. Reinbek, S. 13-42.

Ders. (1983): Stadtanalyse. Soziale und räumliche Organisation der Gesellschaft. Opladen.

GAKENHEIMER, R. A. (1968): Determinantes de la estructura física de la ciudad colonial. Revista de la Sociedad Interamericana de Planificación (Cali), 2 (7), S. 4-11.

GARCÍA F., J.-L. (1986): Análisis dimensional de modelos teóricos ortogonales españoles e hispanoamericanos desde el siglo XII al XVIII. Manuskript. Madrid.

Ders. (1987): Trazas urbanas hispanoamericanas y sus antecedentes. Manuskript vorgesehen für Austellungskatalog CEHOPU (Centro de Estudios Históricos de Obras Públicas y Urbanismo). Madrid.

GASPARINI, G. (1968): Formación de ciudades coloniales en Venezuela - siglo XVI. Verhandlungen des XXXVIII. Internationalen Amerikanistenkongresses (Stuttgart), München 1972, Bd.4, S. 225-237.

GATTO S., G. (1947): Anteproyecto del Plan Regulador para la Ciudad de Cuenca. Quito.

GILBERT, A. (1977): Latin American development. A geographical perspective. Suffolk.

GILBERT, A./GUGLER, J. (1983): Cities, poverty and development. Urbanization in the Third World. Oxford.

GODARD, H. (1987): Las mutaciones recientes de los centros de Quito, Guayaquil y Cuenca: transformaciones funcionales, renovación y "recuperación". Revista Geografía (Quito), 25, S. 93-108.

Ders. (1990): Estructura y dinámica de los centros de Quito y de Guayaquil. In: Godard, H. (Hrsg.): Crecimiento de Quito y de Guayaquil. Quito, S. 59-64.

GOODALL, B. (1974): The economics of urban areas. Oxford.

GORMSEN, E. (1963): Barquisimeto. Eine Handelsstadt in Venezuela. Heidelberger Geographische Arbeiten, 12.

Ders. (1980): Cambios en la zonificación socio-económica de ciudades hispanoamericanas con referencia especial a los cascos coloniales. Revista Interamericana de Planificación (México D.F.), 14 (55/56), S. 144-155.

Ders. (1981): Die Städte im spanischen Amerika. Ein zeit-räumliches Entwicklungsmodell der letzten hundert Jahre. Erdkunde, 35, S. 290-303.

Ders. (1987): Deutsche Geographische Lateinamerika-Forschung. Ein Überblick über regionale und thematische Schwerpunkte der letzten drei Jahrzehnte. In: Gormsen, E./Lenz, K. (Hrsg.): Lateinamerika im Brennpunkt. Berlin, S. 25-63.

GRIFFIN, E./FORD, L. (1980): A model of Latin American city structure. The Geographical Review, 70, S. 397-422.

GROSS F., P. (1989): Un acercamiento a los planes de transformación de Santiago de Chile (1875 - 1985). In: Hardoy, J. E./Morse, R. P. (Hrsg.): Nuevas perspectivas en los estudios sobre historia urbana. Buenos Aires, S. 305-325.

GUTIERREZ, R. (1983): Arquitectura y urbanismo en Iberoamerica. Madrid.

HAMERLY, M. T. (1970): En el sesquicentenario de la independencia de Cuenca. La demografía histórica del Distrito de Cuenca: 1778 - 1838. Revista del Centro de Estudios Poblacionales (IDIS, Universidad de Cuenca, Cuenca-Ecuador), No.1 (Población y Desarollo), 1984, S. 41-78.

HAMM, B. (1982): Einführung in die Siedlungssoziologie. München.

HARDOY, J. E. (1965): La influencia del urbanismo indígena en la localización y trazado de las ciudades coloniales. Ciencia e Investigación (Buenos Aires), 21 (9), S. 386-405.

Ders. (1968): El modelo clásico de la Ciudad Colonial Hispanoamericana. Verhandlungen des XXXVIII. Internationalen Amerikanistenkongresses (Stuttgart), München 1972, Bd.4, S. 143-181.

Ders. (1973/74): La forma de las ciudades coloniales en la América Española. Revista de Indias (Madrid), 33/34 (131/138), S. 315-344.

Ders. (1975): Sistemas sociopolíticas y urbanización. Una selección de ejemplos históricos y contemporáneos. In: Hardoy, J. E./Schaedel, R. P. (Hrsg.): Las ciudades de América Latina y sus áreas de influencia a través de la historia. Buenos Aires, S. 79-112.

Ders. (1980): La construcción de las ciudades de América Latina a través del tiempo. Revista Interamericana de Planificación (México D.F.), 14 (54), S. 9-28.

Ders. (1989): Localización y causas de abandono de las ciudades hispanoamericanas durante las primeras décadas del siglo XVI. In: Hardoy, J. E./Morse, R. P. (Hrsg.): Nuevas perspectivas en los estudios sobre historia urbana. Buenos Aires, S. 9-39.

HARRIS, CH. D./ULLMAN, E. L. (1945): The nature of cities. In: Putnam, R. G./Taylor, F. J./Kettle, P. G. (Hrsg., 1970): A Geography of urban places. Toronto, S. 91-101.

HIRSCHKIND, L. (1991): Cambios en la estructura socio-económica en Cuenca, 1950 - 1980. Universidad-Verdad (Cuenca), 8, S. 111-129.

HOFMEISTER, B. (1980): Die Stadtstruktur. Ihre Ausprägung in den verschiedenen Kulturräumen der Erde. Darmstadt.

Ders. (1982): Die Stadtstruktur im interkulturellen Vergleich. Geographische Rundschau, 34, S. 482-488.

HOYT, H. (1939): The structure and growth of residencial neighbourhoods. Washington.

Ders. (1964): Recent distortions of the classical models of urban structure. In: Bourne, L. S. (Hrsg., 1971): Internal structure of the city. New York, S. 84-96.

INEC: Censo de Población de 1950, 1. Band.

Dass.: Segundo Censo de Población y Primer Censo de Vivienda, 25 de Noviembre de 1962.
- Resumen Nacional, Tomo I y II (población),
    Tomo III y IV (población y vivienda)
- Tomo Azuay (población y vivienda)

Dass.: III Censo de Población 1974 y II Censo de Vivienda 1974, Resultados definitivos.
- III Censo de Población 1974, Resumen Nacional
- III Censo de Población 1974, Tomo Azuay
- II Censo de Vivienda 1974, Resumen Nacional
- II Censo de Vivienda 1974, Provincia del Azuay

Dass.: IV Censo de Población y III Censo de Vivienda, 28 de Noviembre 1982.
- IV Censo de Población 1982, Resumen Nacional
- IV Censo de Población 1982, Azuay, Tomo I
- III Censo de Vivienda 1982, Resumen Nacional
- III Censo de Vivienda 1982, Azuay

Dass.: IV Censo de Población y III Censo de Vivienda 1982. Breve análisis de los resultados definitivos de la Provincia del Azuay. Quito-Ecuador, Oktober 1984.

Dass.: IV Censo Nacional de Población y III Censo de Vivienda 1982, Resumen Nacional. Breve análisis de los resultados definitivos, Quito, Mai 1985.

Dass.: V Censo de Población y IV de Vivienda, 25 de Nov. de 1990, resultados provisionales.

JARAMILLO M., C. (1984): Normas y procedimientos de aprobación de programas de urbanización y vivienda popular. Seminario-taller sobre vivienda popular y desarollo urbano, Cuenca.

JONES, E. (1970): Towns and cities. Oxford.

KINGSLEY, D. (1974): Colonial expansion and urban diffusion in the Americas. In: Dwyer, D. J. (Hrsg.): The city in the Third World. London, S. 34-48.

KLAHSEN, E. (1983): Entwicklung und heutige Struktur der Stadt Cochabamba als Handels- und Verkehrszentrum im ostbolivianischen Bergland. Aachener Geographische Arbeiten, 15.

KÖSTER, G. (1978): Santa Cruz de la Sierra (Bolivien). Entwicklung, Struktur und Funktion einer tropischen Tieflandschaft. Aachener Geographische Arbeiten, 12.

Ders. (1988): Modelle innerstädtischer Migration gehobener Bevölkerungsschichten - Das Beispiel La Paz/Bolivien. In: Bähr, J. (Hrsg.): Wohnen in lateinamerikanischen Städten. Kieler Geographische Schriften, Bd. 68, S. 61-77.

KUBLER, G. (1968): Open grid town plans in Europe and America, 1500-1520. Verhandlungen des XXXVIII. Internationalen Amerikanistenkongresses (Stuttgart), München 1972, Bd.4, S. 105-122.

LARREA, C. (1986): Crecimiento urbano y dinámica de las Ciudades Intermedias en el Ecuador (1950 - 1982). In: Carrión, F. (Hrsg.): El proceso de urbanización en el Ecuador (del siglo XVIII al siglo XX) -Antología-. Quito, S. 97-132.

LINDERT, P. van/VERKOREN, O. (1982): Segregación residencial y política urbana en La Paz, Bolivia. Boletín de Estudios Latinoamericanos y del Caribe, 33, S. 127-138.

LINDERT, P. van (1988): Paths in La Paz/Bolivia - intraurban mobility patterns of migrant and city-born poor. In: Bähr, J. (Hrsg.): Wohnen in lateinamerikanischen Städten. Kieler Geographischen Schriften, 68, S. 79-97.

Ders. (1989): La diferenciación del mercado de vivienda en América Latina: el submercado de los conventillos en La Paz, Bolivia. Revista Interamericana de Planificación, 22 (87-88), S. 214-232.

Ders. (1991): Social mobility as a vehicle for housing advancement? Some evidence from La Paz, Bolivia. In: Mathéy, K. (Hrsg.): Beyond self-help housing. München, S. 157-179.

LLORET B., A. (1985): El Monasterio de la Concepción de Cuenca (Zusammenfassung der von G. Lloret O. und E. Iturralde A. erarbeiteten Geschichte des Monasterio de la Concepción). El Tres de Noviembre, Revista del Consejo Cantonal de Cuenca, No. 142, S. 79-117.

LOWDER, S. (1986a): The impact of development policy on secondary cities in Ecuador. Manuskript, Anglo-Mexican Geographer's Seminar.

Dies. (1986b): Inside Third World Cities. London, Sydney.

Dies. (1987): Modelos de desarollo de las ciudades de tamaño intermedio: el caso de Cuenca. Instituto de Investigaciones de Ciencias Técnicas (IICT), Universidad de Cuenca (Cuenca-Ecuador), Serie Separatas No.3.

Dies. (1990): Cuenca, Ecuador : Planner's dream or speculator's delight ? Third World Planning Review (Liverpool), 12 (2), S. 109-130.

Dies. (1991): El papel de las ciudades intermedias en el desarollo regional: una comparación de cuatro ciudades de Ecuador. Revista Interamericana de Planificación (México D.F.), 24 (93), S. 45-60.

LOZANO C., A. (1991): Cuenca. Ciudad prehispánica. Significado y forma. Quito.

MARKMAN, S. D. (1968): Pueblos de españoles and pueblos de indios in colonial Central America. Verhandlungen des XXXVIII. Amerikanistenkongresses (Stuttgart),München 1972, Bd. 4, S. 189-199.

Ders. (1975): El paisaje urbano dominicano de los pueblos de indios en el Chiapas colonial. In: Hardoy, J. E./Schaedel, R. P. (Hrsg.): Las ciudades de América Latina y sus áreas de influencia a través de la historia. Buenos Aires, S. 165-199.

MECKSEPER, C. (1972): Stadtplan und Sozialstruktur in der deutschen Stadt des Mittelalters. Stadtbauwelt, 63 (33), S. 52-57.

MERISALDE Y SANTISTEBAN, J. DE (1765): Relación histórica, política y moral de la Ciudad de Cuenca. Población y hermosura de su provincia. Quito 1957.

MERTINS, G. (1987): Probleme der Metropolisierung Lateinamerikas unter besonderer Berücksichtigung der Wohnraumversorgung unterer Sozialschichten. In: Gormsen, E./Lenz, K. (Hrsg.): Lateinamerika im Brennpunkt. Berlin, S. 155-181.

Ders. (1991): Contribuciones al modelo de diferenciación socioespacial de ciudades intermedias de America Latina: ejemplos colombianos. Revista Interamericana de Planificación (México D.F.), 24 (93), S. 172-194.

Ders. (1992): Entstehungsparameter und Strukturmuster der hispanoamerikanischen Stadt. In: Reinhard, W./Waldmann, P. (Hrsg.): Nord und Süd in Amerika, Gemeinsamkeiten, Gegensätze, Europäischer Hintergrund. Bd. 1, Freiburg, S. 176-193.

MORALES M., P. (1987): El movimiento cooperativo y vivienda popular en Riobamba 1970-1985. I Encuentro Nacional sobre Vivienda Popular, Facultad de Arquitectura/Instituto de Investigaciones de Ciencias Técnicas (IICT), Universidad de Cuenca. Cuenca-Ecuador.

MORRIS, A. S. (1978): Urban growth patterns in Latin America with illustrations from Caracas. Urban Studies, 15, S. 299-312.

Ders. (1981): Spatial and sectoral bias in regional development: Ecuador. Tijdschrift voor Economische en Sociale Geografie, 72, S. 279-287.

MORSE, R. M. (1967): Some characteristics of Latin American urban history. In: Cline, H. F. (Hrsg.): Latin American history. Bd.2, Austin/London, S. 671-686.

Ders. (1972): Introducción a la historia urbana de Hispanoamerica. Revista de Indias (Madrid), 32 (127-130), S. 9-53.

Ders. (1976): Ciudades Latinoamericanas: Aspectos de su función y estructura. In: Germani, G. (Hrsg.): Urbanización, desarollo y modernización. Buenos Aires, S. 241-263.

MÜLLER, U. (1988): Jüngere Entwicklungstendenzen im Stadtzentrum von Popayán/-Kolumbien und die Auswirkungen des Erdbebens vom 31.3.1983. In: Bähr, J. (Hrsg.): Wohnen in lateinamerikanischen Städten. Kieler Geograghische Schriften, 68, S. 37-60.

MUMFORD, L. (1980): Die Stadt. München.

Municipalidad de Cuenca, Dirección de Planificación (1984/85): Proceso de desarollo urbano de las cooperativas, asociaciones e instituciones llamadas a solucionar el problema habitacional en la Ciudad de Cuenca. El Tres de Noviembre, Revista del Consejo Cantonal de Cuenca, No. 141, S. 49-59.

Dies. (1985a): Reseña del Plan de Desarollo Urbano del Area Metropolitana de la Ciudad de Cuenca. El Tres de Noviembre, Revista del Consejo Cantonal de Cuenca, No. 142, S. 53-61.

Dies. (1985b): Código de Arquitectura y Urbanismo, Documento Preliminar.

Municipalidad de Cuenca: Recopilación de Ordenanzas, Cuenca 1978-1984 (Administración del Dr. Pedro Cordova Alvarez, Alcalde de la Ciudad).

MURDIE, R. A. (1971): The social geography of the city: Theoretical and empirical background. In: Bourne, L. S. (Hrsg.): Internal structure of the city. New York, S. 279-290.

NELSON, H. J. (1969): The form and structure of cities: Urban growth patterns. In: Bourne, L. S. (Hrsg., 1971): Internal structure of the city. New York, S. 75-83.

PACHNER, H. (1978): Randliches Wachstum und zunehmende innere Differenzierung venezolanischer Städte. Ein regionaler Beitrag zum Phänomen der Urbanisierung in Lateinamerika. In: Mertins, G. (Hrsg.): Zum Verstädterungsprozeß im nördlichen Südamerika. Marburger Geographische Schriften, 77, S. 169-202.

PALOMEQUE R., S. (1982): Historia económica de Cuenca y de sus relaciones regionales. In: Instituto de Investigaciones Sociales (IDIS), Universidad de Cuenca (Hrsg.): Ensayos sobre historia regional. Cuenca-Ecuador, S. 117-140.

Dies. (1990): Cuenca en el siglo XIX: la articulación de una región. Facultad Latinoamericana de Ciencias Sociales (FLACSO), Colección Tesis Historia. 2. Quito.

PAUTA C., F. u. a. (1984): El funcionamiento de la renta del suelo y la conservación de los centros históricos: algunas reflexiones sobre el caso de Cuenca. II Simposio Nacional de Desarollo Urbano. Cuenca.

PAUTA C., F./CORDERO C., F. (1986): Los conflictos entre la acción habitacional del Estado y los planes de ordenamiento urbano: El caso del programa "Los Eucaliptos" y el Plan de Desarollo Urbano del Area Metropolitana de Cuenca. III. Simposio Nacional de Desarollo Urbano, Cuenca.

PAYNE, G. K. (1977): Urban housing in the Third World. London.

PEREZ R., V. (1984): Primer urbanismo colonial de trazado regular en la Provincia de Jaen y su influencia en el urbanismo hispanoamericano. Ciudad y Territorio (Madrid), 3, S. 23-40.

PEEK, P. (1980): Urban poverty, migration and land reform in Ecuador. ISS, Occasional Papers, Institute of Social Studies, The Hague/The Netherlands), 79.

PORTES, A. (1989): Latin American urbanization during the years of the crisis. Latin American Research Review, 24 (3), S. 7-44.

REYE, U./DREWSKI, L. (1981): Gutachten zur Trägerförderung für die Mittelstadtentwicklung in Ecuador. PN 79.2248.7, Cochabamba, Eschborn.

RIAÑO, Y./Wesche, R. (1992): Changing informal settlements in Latin American cities. In: Ritter, A. R./Cameron, M. A./Pollock, D. H. (Hrsg.): Latin America to the year 2000. New York, S. 113-121.

SALGADO P.,G. (1980):Crisis y activación en una economía regional: La experiencia de Cuenca y su zona de influencia (1950 - 1970). Colleción "Análisis" (CREA, Sección Publicaciones), Cuenca.

SALVADOR L., J. (Bearb., 1980): Leyes y reglamentos del Banco Ecuatoriano de la Vivienda (BEV), de la Junta Nacional de Vivienda (JNV) y de las Asociaciones Mutualistas. Quito.

SANDNER, G. (1969): Die Hauptstädte Zentralamerikas. Wachstumsprobleme, Gestaltwandel und Sozialgefüge. Heidelberg.

SARMIENTO A., O. (1981): Cuenca y yo, Reminiscencias. Cuenca-Ecuador.

SCHAEDEL, R. P. (1972): El tema central del estudio antropológico de las ciudades hispanoamericanas. Revista de Indias (Madrid), 32 (127-130), S. 55-86.

SCHENCK, F. (1988): Wohnen unterer Sozialschichten und Programme des staatlichen sozialen Wohnungsbaus in Cuenca/Ecuador. In: Bähr, J. (Hrsg.): Wohnen in lateinamerikanischen Städten, Kieler Geographische Schriften, 68, S. 177-191.

Dies. (1989): La movilidad intraurbana en ciudades de tamaño intermedio. El caso Cuenca. Instituto de Investigaciones de Ciencias Técnicas (IICT), Universidad de Cuenca (Cuenca-Ecuador), Serie Separata No. 7.

SCHNORE, L. F. (1966): The city as a social organism. In: Bourne, L. S. (Hrsg., 1971): Internal structure of the city. New York, S. 32-39.

Ders. (1967): On the spatial structure of cities in the two Americas. In: Hauser, Ph. M./Schnore, L. F. (Hrsg.): The study of urbanization. New York (3. Aufl.), S. 347-398.

SCHOOP, W. (1980): Die bolivianischen Departementszentren im Verstädterungsprozess des Landes. Acta Humboldtiana: Series Geographica et Ethnographica, 7, Wiesbaden.

SCHUURMAN, F. (1986): John Turner revisited. An intra-urban migration model for colonial-type cities in Latin America. Tijdschrift voor Economische en Sociale Geografie, 77 (3), S. 221-230.

SEGRE, R. (1977): Las estructuras ambientales de América Latina. México 1977.

SERRANO, E. (1992): Situación actual de la economía del Azuay y perspectivas. In: Corporación de Estudios para el Desarollo (CORDES)/Universidad del Azuay (Hrsg.): Cuenca y su futuro. Quito, Cuenca, S. 173-204.

SICK, W.-D. (1963): Wirtschaftsgeographie von Ecuador. Stuttgarter Geographische Studien, 73, Stuttgart.

Ders. (1970): Tropische Hochländer im Spiegel ihrer Städte. Ein Vergleich zwischen Quito (Ecuador) und Tananarive (Madagaskar). In: Blume, H./Schröder, K. H. (Hrsg.): Beiträge zur Geographie der Tropen und Subtropen. Tübinger Geographische Studien, 34, S. 293-307.

SILVA, R. E. (1957): Biogénesis de Cuenca. Estudio sociológico, histórico y jurídico. Edición auspiciada por la Casa de la Cultura, Núcleo de Guayas en el 4. centenario de la fundación hispánica. Guayaquil.

SINGER, P. (1975): Campo y ciudad en el contexto histórico iberoamericano. In: Hardoy, J. E./Schaedel, R. P. (Hrsg.): Las ciudades de América Latina y sus áreas de influencia a través de la historia. Buenos Aires, S. 201-223.

SJOBERG, G. (1965): The preindustrial city, past and present. New York.

Ders. (1967): Cities in developing and in industrial societies: A cross-cultural analysis. In: Hauser, Ph. M./Schnore, L. F. (Hrsg.): The study of urbanization. New York, S. 213-263.

STANISLAWSKI, D. (1947): Early spanish town planning in the new world. The Geographical Review, 37 (1), S. 94-105.

Ders. (1950): The anatomy of eleven towns in Michoacán. Austin.

TORRES B., L. (1968): La edad media. In: García y B., A./Torres B., L. u. a. (Hrsg.): Resumen histórico del urbanismo en España. Madrid, S. 65-170.

UMMENHOFER, S. M. (1983): Ecuador: Industrialisierungsbestrebungen eines kleinen Agrarstaates. Sozialwissenschaftliche Studien zu internationalen Problemen, 78. Saarbrücken.

VARGAS, J. M. (1957): Gil Ramírez Dávalos, fundador de Cuenca. Quito.

VAZQUEZ, P. (1985): Algunos elementos de análisis de la actividad agraria en el Azuay. Revista IDIS (Cuenca-Ecuador), XI (14: Historia y Economía), S. 47-69.

VELASCO, M. (1987): Consideraciones teóricas para la formulación de una política municipal en torno al problema de la vivienda. I. Encuentro Nacional sobre Vivienda Popular, Facultad de Arquitectura/Instituto de Investigaciones de Ciencias Técnicas (IICT), Universidad de Cuenca. Cuenca-Ecuador.

VERBEEK, H. (1988): Housing careers and the supply of low-income housing. The case of Ciudad Chihuahua/México. In: Bähr, J. (Hrsg.): Wohnen in lateinamerikanischen Städten. Kieler Geographische Schriften, 68, S. 99-113.

VILA, S. (1984): La ciudad de Eiximenis: Un proyecto teórico de urbanismo en el siglo XIV. Valencia.

VIOLICH, F. (1944): Cities of Latin America. Housing and planning to the South. New York.

WASHBURN, D. A. (1982): La delineación de regiones por characterísticas demográficas. Revista del Archivo Nacional de Historia, Sección del Azuay (Cuenca-Ecuador), No.4, S. 34-57.

WILHELMY, H. (1963): Probleme der Planung und Entwicklung südamerikanischer Kolonialstädte. In: Raumordnung in Renaissance und Merkantilismus. Forschungs- und Sitzungsberichte der Akademie für Raumforschung und Landesplanung, XXI, S. 17-30.

Ders. (1980): Die Großstadt im Kulturbild Südamerikas. In: Wilhelmy, H.: Geographische Forschungen in Südamerika. Kleine Geographische Schriften, Bd. 1, Berlin, S. 48-64.

WILHELMY, H./BORSDORF, A. (1984): Sie Städte Südamerikas. 2 Bde. Urbanisierung der Erde, 3. Berlin/Stuttgart.

WHITEFORD, A. H. (1964): Two cities of Latin Amerika. A comparative description of social classes. New York.

Ders. (1977): An Andean city at mid-century. A traditional urban society. Latin American Studies Center Monograph Series No.14, Michigan State University.

YUJNOVSKY, O. (1971): La estructura interna de la ciudad. El caso latinoaméricano. Buenos Aires.

Ders. (1975): Notas sobre la investigación de la configuración espacial interna y las políticas de uso del suelo urbano en América Latina. Revista Interamericana de Planificación (Bogotá), IX (35), S. 5-22.

Anhang: Darstellung der Bevölkerungsentwicklung 1557 - 1982

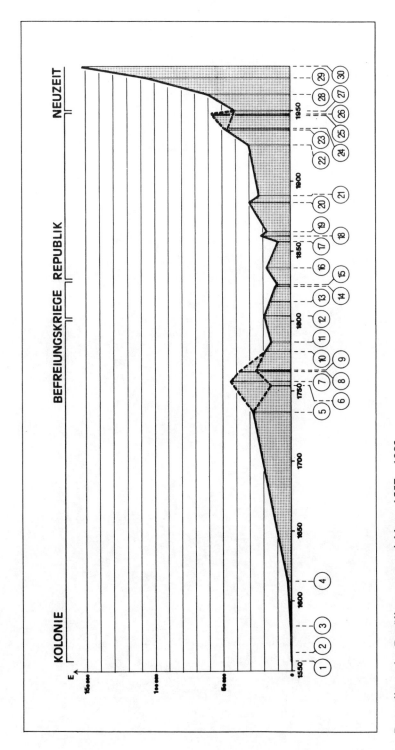

Darstellung der Bevölkerungsentwicklung 1557 - 1982

Quellen der Bevölkerungszahlen:

1) **1557**: Gründungsjahr, 18 Bürger (Familienoberhäupter), eigene Auszählung basierend auf der Gründungsakte aus dem "Libro Primero de Cabildos de la Ciudad de Cuenca 1557-1563", abgedruckt bei ALBORNOZ (1959/60) und zitiert bei CORDERO P. (1971).

2) **1563**: Nach SALAZAR DE VILLASANTE (La Relación de las Poblaciones Españoles del Peru) etwa 60 Bürger, das sind nach ALBORNOZ rd. 300 Einwohner, da etwa pro Familienoberhaupt 5 Personen gerechnet werden können. Bei ALBORNOZ (1959/60). Nach Rekonstruktionsplan von CORDERO P. (veröffentlicht bei SILVA, 1957, und anderen Autoren) für 1563 können an 32 Bürger verteilte Grundstücke festgestellt werden.

3) **1582**: Nach JIMENEZ DE LA ESPADA (Hrsg., Tomo III, Relaciones Geográficas de Indias, Madrid 1897) eine Volkszählung: 150 Bürger, also gut 700 spanische Einwohner. Ebenso berichtet HERNANDO PABLOS von 750 Einwohnern. Beide Informationen bei ALBORNOZ (1948 und 1959/60).

4) **1614**: Nach ANTONIO VAZQUEZ DE ESPINOSA, der Amerika bereiste und wahrscheinlich 1614 in Cuenca war: 500 Bürger oder etwa 2.500 Einwohner, Spanier (in Spanien geboren) oder direkte Nachkommen. Bei ALBORNOZ (1959/60).

5) **1735**: Nach ANTONIO DE ULLOA (begleitete französische Geodätenexpedition 1735) 25.000-30.000 "Seelen". (ANTONIO DE ULLOA und JORGE JUAN veröffentlichten in Europa die Relación Histórica del Viaje a la América Meridional y las Observaciones Astronómicas y Físicas y Manuscritas de las Noticias Secretas, 1736-1740). Bei ALBORNOZ (1959/60).

6) **1754**: Nach JUAN PIO DE MONTUFAR Y FRASSO mehr als 14.000 "Seelen" (Bericht an den Vizekönig 1754). Bei ALBORNOZ (1959/60).

7) **1757**: DON JUAN DE VELASCO (Historia del Reino de Quito en la América Meridional, 1789) erwähnt nach amtlichen Eintragungen von 1757 über 40.000 Einwohner aller Klassen und Altersgruppen, für die inzwischen aufgeteilte und besiedelte Gemeindeweide schätzt er 4.000 Einwohner. Bei ALBORNOZ (1959/60)

8) **1764**: Nach JUAN ROMUALDO NAVARRO (Idea del Reyno de Quito) werden 34.000 Seelen in der Stadt und dazu verstreut im Flußgebiet (ehemalige Gemeindeweide) rd. 4.000 gezählt. Bei ALBORNOZ (1959/60).

9) **1765**: MERISALDE (1765) berichtet von 25.000 Einwohnern.

10) **1778**: Volkszählung, Aufarbeitung von HAMERLY (1984), ESPINOZA (1984), WASHBURN (1982) und ALBORNOZ (1959/60). Nach HAMERLY 18.919 Einwohner, davon intramuros 12.936 und extramuros (San Roque) 5.983 Einwohner.

11) **1785**: Nach ANTONIO DE ALCEDO 14.000 Einwohner. Bei ALBORNOZ (1959/60).

12) **1804**: Nach HAMERLY (1984, Tab. 7, S.71) 19.000 Einwohner.

13) **1814**: Nach HAMERLY (1984, Tab. 7, S.71), das Jahr ist Vermutung, 15.000 Einwohner.

14) **1825**: Volkszählung nach HAMERLY (1984, Tab. 6 und 7, S.70-71) 10.981 Einwohner, davon intramuros 9.342, extramuros (San Roque) 1.639.

15) **1826**: Volkszählung nach HAMERLY (1984, Tab. 6 und 7, S.70-71) 9.279 Einwohner, davon intramuros 7.630, extramuros 1.649.

16) **1838**: Volkszählung nach HAMERLY (1984, Tab. 6 und 7, S.70-71) 17.084 Einwohner, intramuros 13.599, extramuros 3.485.

17) **1857**: Nach ESPINOZA (1984, Tab. 2, S.29 und Kommentar S.23-24) 8.941 Einwohner.

18) **1861**: Nach ESPINOZA (1984, Kommentar S.23-24) 20.809 Einwohner.

19) **1864**: Nach ESPINOZA (1984, Tab. 2, S.29 und Kommentar S.24) 17.045 Einwohner.

20) **1885**: Nach CARPIO V. (1983, S.81 und 14, S.101-102) etwa 30.000 Einwohner.

21) **1890**: Nach TEODORO WOLF (1892), zitiert bei CARPIO V. (1983, S.81-82), gegen Ende des Jahrhunderts 20.000-25.000 Einwohner.

22) **1926**: Nach CARPIO V. (1976, S.95 und 14, S.101-102) etwa 30.000 Einwohner.

23) **1937**: Statistisches Büro der Gemeinde 45.397 Einwohner, aus: Plano de Cuenca von FROILAN HOLGUIN BALCAZAR, 1938.

24) **1938**: Nach CARPIO V. (1976, S.95 und 14, S.101-102) werden 48.300 Einwohner geschätzt.

25) **1947**: Nach GATTO SOBRAL (1947) als Planungsgrundlage geschätzt 57.000 Einwohner.

26) **1948**: Statistisches Büro der Gemeinde 57.723 Einwohner. Bei ALBORNOZ (1948), S.231.

27) **1950**: 39.983 Einwohner, Volkszählung des Nationalen Instituts für Statistik und Volkszählung.

28) **1962**: 60.402 Einwohner, Volkszählung des Nationalen Instituts für Statistik und Volkszählung.

29) **1974**: 104.470 Einwohner, Volkszählung des Nationalen Instituts für Statistik und Volkszählung.

30) **1982**: 152.406 Einwohner, Volkszählung des Nationalen Instituts für Statistik und Volkszählung.

Band IX
*Heft 1 S c o f i e l d, Edna: Landschaften am Kurischen Haff. 1938.
*Heft 2 F r o m m e, Karl: Die nordgermanische Kolonisation im atlantisch-polaren Raum. Studien zur Frage der nördlichen Siedlungsgrenze in Norwegen und Island. 1938.
*Heft 3 S c h i l l i n g, Elisabeth: Die schwimmenden Gärten von Xochimilco. Ein einzigartiges Beispiel altindianischer Landgewinnung in Mexiko. 1939.
*Heft 4 W e n z e l, Hermann: Landschaftsentwicklung im Spiegel der Flurnamen. Arbeitsergebnisse aus der mittelschleswiger Geest. 1939.
*Heft 5 R i e g e r, Georg: Auswirkungen der Gründerzeit im Landschaftsbild der norderdithmarscher Geest. 1939.

Band X
*Heft 1 W o l f, Albert: Kolonisation der Finnen an der Nordgrenze ihres Lebensraumes. 1939.
*Heft 2 G o o ß, Irmgard: Die Moorkolonien im Eidergebiet. Kulturelle Angleichung eines Ödlandes an die umgebende Geest. 1940.
*Heft 3 M a u, Lotte: Stockholm. Planung und Gestaltung der schwedischen Hauptstadt. 1940.
*Heft 4 R i e s e, Gertrud: Märkte und Stadtentwicklung am nordfriesischen Geestrand. 1940.

Band XI
*Heft 1 W i l h e l m y, Herbert: Die deutschen Siedlungen in Mittelparaguay. 1941.
*Heft 2 K o e p p e n, Dorothea: Der Agro Pontino-Romano. Eine moderne Kulturlandschaft. 1941.
*Heft 3 P r ü g e l, Heinrich: Die Sturmflutschäden an der schleswig-holsteinischen Westküste in ihrer meteorologischen und morphologischen Abhängigkeit. 1942.
*Heft 4 I s e r n h a g e n, Catharina: Totternhoe. Das Flurbild eines angelsächsischen Dorfes in der Grafschaft Bedfordshire in Mittelengland. 1942.
*Heft 5 B u s e, Karla: Stadt und Gemarkung Debrezin. Siedlungsraum von Bürgern, Bauern und Hirten im ungarischen Tiefland. 1942.

Band XII
*B a r t z, Fritz: Fischgründe und Fischereiwirtschaft an der Westküste Nordamerikas. Werdegang, Lebens- und Siedlungsformen eines jungen Wirtschaftsraumes. 1942.

Band XIII
*Heft 1 T o a s p e r n, Paul Adolf: Die Einwirkungen des Nord-Ostsee-Kanals auf die Siedlungen und Gemarkungen seines Zerschneidungsbereiches. 1950.
*Heft 2 V o i g t, Hans: Die Veränderung der Großstadt Kiel durch den Luftkrieg. Eine siedlungs- und wirtschaftsgeographische Untersuchung. 1950. (Gleichzeitig erschienen in der Schriftenreihe der Stadt Kiel, herausgegeben von der Stadtverwaltung).
*Heft 3 M a r q u a r d t, Günther: Die Schleswig-Holsteinische Knicklandschaft. 1950.
*Heft 4 S c h o t t, Carl: Die Westküste Schleswig-Holsteins. Probleme der Küstensenkung. 1950.

Band XIV
*Heft 1 K a n n e n b e r g, Ernst-Günter: Die Steilufer der Schleswig-Holsteinischen Ostseeküste. Probleme der marinen und klimatischen Abtragung. 1951.
*Heft 2 L e i s t e r, Ingeborg: Rittersitz und adliges Gut in Holstein und Schleswig. 1952. (Gleichzeitig erschienen als Band 64 der Forschungen zur deutschen Landeskunde).
 Heft 3 R e h d e r s, Lenchen: Probsteierhagen, Fiefbergen und Gut Salzau: 1945 - 1950. Wandlungen dreier ländlicher Siedlungen in Schleswig-Holstein durch den Flüchtlingszustrom. 1953. X, 96 S., 29 Fig. im Text, 4 Abb.   5,—DM
*Heft 4 B r ü g g e m a n n, Günther: Die holsteinische Baumschulenlandschaft. 1953.

Sonderband
*S c h o t t, Carl (Hrsg.): Beiträge zur Landeskunde von Schleswig-Holstein. Oskar Schmieder zum 60. Geburtstag. 1953. (Erschienen im Verlag Ferdinand Hirt, Kiel).

Band XV
*Heft 1 L a u e r, Wilhelm: Formen des Feldbaus im semiariden Spanien. Dargestellt am Beispiel der Mancha. 1954.
*Heft 2 S c h o t t, Carl: Die kanadischen Marschen. 1955.
*Heft 3 J o h a n n e s, Egon: Entwicklung, Funktionswandel und Bedeutung städtischer Kleingärten. Dargestellt am Beispiel der Städte Kiel, Hamburg und Bremen. 1955.
*Heft 4 R u s t, Gerhard: Die Teichwirtschaft Schleswig-Holsteins. 1956.

Band XVI
*Heft 1 L a u e r, Wilhelm: Vegetation, Landnutzung und Agrarpotential in El Salvador (Zentralamerika). 1956.
*Heft 2 S i d d i q i, Mohamed Ismail: The Fishermen's Settlements of the Coast of West Pakistan. 1956.
*Heft 3 B l u m e, Helmut: Die Entwicklung der Kulturlandschaft des Mississippideltas in kolonialer Zeit. 1956.

Band XVII
*Heft 1 W i n t e r b e r g, Arnold: Das Bourtanger Moor. Die Entwicklung des gegenwärtigen Landschaftsbildes und die Ursachen seiner Verschiedenheit beiderseits der deutsch-holländischen Grenze. 1957.
*Heft 2 N e r n h e i m, Klaus: Der Eckernförder Wirtschaftsraum. Wirtschaftsgeographische Strukturwandlungen einer Kleinstadt und ihres Umlandes unter besonderer Berücksichtigung der Gegenwart. 1958.
*Heft 3 H a n n e s e n, Hans: Die Agrarlandschaft der schleswig-holsteinischen Geest und ihre neuzeitliche Entwicklung. 1959.

Band XVIII
Heft 1 H i l b i g, Günter: Die Entwicklung der Wirtschafts- und Sozialstruktur der Insel Oléron und ihr Einfluß auf das Landschaftsbild. 1959. 178 S., 32 Fig. im Text und 15 S. Bildanhang. 9,20 DM
Heft 2 S t e w i g, Reinhard: Dublin. Funktionen und Entwicklung. 1959. 254 S. und 40 Abb. 10,50 DM
Heft 3 D w a r s, Friedrich W.: Beiträge zur Glazial- und Postglazialgeschichte Südostrügens. 1960. 106 S., 12 Fig. im Text und 6 S. Bildanhang. 4,80 DM

Band XIX
Heft 1 H a n e f e l d, Horst: Die glaziale Umgestaltung der Schichtstufenlandschaft am Nordstrand der Alleghenies. 1960. 183 S., 31 Abb. und 6 Tab. 8,30 DM
*Heft 2 A l a l u f, David: Problemas de la propiedad agricola en Chile. 1961.
*Heft 3 S a n d n e r, Gerhard: Agrarkolonisation in Costa Rica. Siedlung, Wirtschaft und Sozialgefüge an der Pioniergrenze. 1961. (Erschienen bei Schmidt & Klaunig, Kiel, Buchdruckerei und Verlag).

Band XX
*L a u e r, Wilhelm (Hrsg.): Beiträge zur Geographie der Neuen Welt. Oskar Schmieder zum 70. Geburtstag. 1961.

Band XXI
*Heft 1 S t e i n i g e r, Alfred: Die Stadt Rendsburg und ihr Einzugbereich. 1962.
Heft 2 B r i l l, Dieter: Baton Rouge, La. Aufstieg, Funktionen und Gestalt einer jungen Großstadt des neuen Industriegebiets am unteren Mississippi. 1963. 288 S., 39 Karten, 40 Abb. im Anhang. 12.00 DM
*Heft 3 D i e k m a n n, Sibylle: Die Ferienhaussiedlungen Schleswig-Holsteins. Eine siedlungs- und sozialgeographische Studie. 1964.

Band XXII
*Heft 1 E r i k s e n, Wolfgang: Beiträge zum Stadtklima von Kiel. Witterungsklimatische Untersuchungen im Raum Kiel und Hinweise auf eine mögliche Anwendung in der Stadtplanung. 1964.

*Heft 2 S t e w i g, Reinhard: Byzanz - Konstantinopel - Istanbul. Ein Beitrag zum Weltstadtproblem. 1964.

*Heft 3 B o n s e n, Uwe: Die Entwicklung des Siedlungsbildes und der Agrarstruktur der Landschaft Schwansen vom Mittelalter bis zur Gegenwart. 1966.

Band XXIII
*S a n d n e r, Gerhard (Hrsg.): Kulturraumprobleme aus Ostmitteleuropa und Asien. Herbert Schlenger zum 60. Geburtstag. 1964.

Band XXIII
Heft 1 W e n k, Hans-Günther: Die Geschichte der Geographischen Landesforschung an der Universität Kiel von 1665 bis 1879. 1966. 252 S., mit 7 ganzstg. Abb. 14,00 DM

Heft 2 B r o n g e r, Arnt: Lösse, ihre Verbraunungszonen und fossilen Böden, ein Beitrag zur Stratigraphie des oberen Pleistozäns in Südbaden. 1966. 98 S., 4 Abb. und 37 Tab. im Text, 8 S. Bildanhang und 3 Faltkarten. 9,00 DM

*Heft 3 K l u g, Heinz: Morphologische Studien auf den Kanarischen Inseln. Beiträge zur Küstenentwicklung und Talbildung auf einem vulkanischen Archipel. 1968. (Erschienen bei Schmidt & Klaunig, Kiel, Buchdruckerei und Verlag).

Band XXV
*W e i g a n d, Karl: I. Stadt-Umlandverflechtungen und Einzugbereiche der Grenzstadt Flensburg und anderer zentraler Orte im nördlichen Landesteil Schleswig. II. Flensburg als zentraler Ort im grenzüberschreitenden Reiseverkehr. 1966.

Band XXVI
*Heft 1 B e s c h, Hans-Werner: Geographische Aspekte bei der Einführung von Dörfergemeinschaftsschulen in Schleswig-Holstein. 1966.

*Heft 2 K a u f m a n n, Gerhard: Probleme des Strukturwandels in ländlichen Siedlungen Schleswig-Holsteins, dargestellt an ausgewählten Beispielen aus Ostholstein und dem Programm-Nord-Gebiet. 1967.

Heft 3 O l b r ü c k, Günter: Untersuchung der Schauertätigkeit im Raume Schleswig-Holstein in Abhängigkeit von der Orographie mit Hilfe des Radargeräts. 1967. 172 S., 5 Aufn., 65 Karten, 18 Fig. und 10 Tab. im Text, 10 Tab. im Anhang. 12,00 DM

Band XXVII
Heft 1 B u c h h o f e r, Ekkehard: Die Bevölkerungsentwicklung in den polnisch verwalteten deutschen Ostgebieten von 1956-1965. 1967. 282 S., 22 Abb., 63 Tab. im Text, 3 Tab., 12 Karten und 1 Klappkarte im Anhang. 16.00 DM

Heft 2 R e t z l a f f, Christine: Kulturgeographische Wandlungen in der Maremma. Unter besonderer Berücksichtigung der italienischen Bodenreform nach dem Zweiten Weltkrieg. 1967. 204 S., 35 Fig. und 25 Tab. 15.00 DM

Heft 3 B a c h m a n n, Henning: Der Fährverkehr in Nordeuropa - eine verkehrsgeographische Untersuchung. 1968. 276 S., 129 Abb. im Text, 67 Abb. im Anhang. 25.00 DM

Band XXVIII
*Heft 1 W o l c k e, Irmtraud-Dietlinde: Die Entwicklung der Bochumer Innenstadt. 1968.

*Heft 2 W e n k, Ursula: Die zentralen Orte an der Westküste Schleswig-Holsteins unter besonderer Berücksichtigung der zentralen Orte niederen Grades. Neues Material über ein wichtiges Teilgebiet des Programm Nord. 1968.

*Heft 3 W i e b e, Dietrich: Industrieansiedlungen in ländlichen Gebieten, dargestellt am Beispiel der Gemeinden Wahlstedt und Trappenkamp im Kreis Segeberg. 1968.

Band XXIX

Heft 1 V o r n d r a n, Gerhard: Untersuchungen zur Aktivität der Gletscher, dargestellt an Beispielen aus der Silvrettagruppe. 1968. 134 S., 29 Abb. im Text, 16 Tab. und 4 Bilder im Anhang. 12.00 DM

Heft 2 H o r m a n n, Klaus: Rechenprogramme zur morphometrischen Kartenauswertung. 1968. 154 S., 11 Fig. im Text und 22 Tab. im Anhang. 12.00 DM

Heft 3 V o r n d r a n, Edda: Untersuchungen über Schuttentstehung und Ablagerungsformen in der Hochregion der Silvretta (Ostalpen). 1969. 137 S., 15 Abb. und 32 Tab. im Text, 3 Tab. und 3 Klappkarten im Anhang. 12.00 DM

Band 30

*S c h l e n g e r, Herbert, Karlheinz P f a f f e n, Reinhard S t e w i g (Hrsg.): Schleswig-Holstein, ein geographisch-landeskundlicher Exkursionsführer. 1969. Festschrift zum 33. Deutschen Geographentag Kiel 1969. (Erschienen im Verlag Ferdinand Hirt, Kiel; 2. Auflage, Kiel 1970).

Band 31

M o m s e n, Ingwer Ernst: Die Bevölkerung der Stadt Husum von 1769 bis 1860. Versuch einer historischen Sozialgeographie. 1969. 420 S., 33 Abb. und 78 Tab. im Text, 15 Tab. im Anhang 24,00 DM

Band 32

S t e w i g, Reinhard: Bursa, Nordwestanatolien. Strukturwandel einer orientalischen Stadt unter dem Einfluß der Industrialisierung. 1970. 177 S., 3 Tab., 39 Karten, 23 Diagramme und 30 Bilder im Anhang. 18.00 DM

Band 33

T r e t e r, Uwe: Untersuchungen zum Jahresgang der Bodenfeuchte in Abhängigkeit von Niederschlägen, topographischer Situation und Bodenbedeckung an ausgewählten Punkten in den Hüttener Bergen/Schleswig-Holstein. 1970. 144 S., 22 Abb., 3 Karten und 26 Tab. 15.00 DM

Band 34

*K i l l i s c h, Winfried F.: Die oldenburgisch-ostfriesischen Geestrandstädte. Entwicklung, Struktur, zentralörtliche Bereichsgliederung und innere Differenzierung. 1970.

Band 35

R i e d e l, Uwe: Der Fremdenverkehr auf den Kanarischen Inseln. Eine geographische Untersuchung. 1971. 314 S., 64 Tab., 58 Abb. im Text und 8 Bilder im Anhang.
24,00 DM

Band 36

H o r m a n n, Klaus: Morphometrie der Erdoberfläche. 1971. 189 S., 42 Fig., 14 Tab. im Text. 20,00 DM

Band 37

S t e w i g, Reinhard (Hrsg.): Beiträge zur geographischen Landeskunde und Regionalforschung in Schleswig-Holstein. 1971. Oskar Schmieder zum 80. Geburtstag. 338 S., 64 Abb., 48 Tab. und Tafeln. 28,00 DM

Band 38

S t e w i g, Reinhard und Horst-Günter W a g n e r (Hrsg.): Kulturgeographische Untersuchungen im islamischen Orient. 1973. 240 S., 45 Abb., 21 Tab. und 33 Photos. 29,50 DM

Band 39

K l u g, Heinz (Hrsg.): Beiträge zur Geographie der mittelatlantischen Inseln. 1973. 208 S., 26 Abb., 27 Tab. und 11 Karten. 32,00 DM

Band 40

S c h m i e d e r, Oskar: Lebenserinnerungen und Tagebuchblätter eines Geographen. 1972. 181 S., 24 Bilder, 3 Faksimiles und 3 Karten. 42,00 DM

Band 41

K i l l i s c h, Winfried F. und Harald T h o m s: Zum Gegenstand einer interdisziplinären Sozialraumbeziehungsforschung. 1973. 56 S., 1 Abb. 7,50 DM

Band 42
N e w i g, Jürgen: Die Entwicklung von Fremdenverkehr und Freizeitwohnwesen in ihren Auswirkungen auf Bad und Stadt Westerland auf Sylt. 1974. 222 S., 30 Tab., 14 Diagramme, 20 kartographische Darstellungen und 13 Photos.   31.00 DM

Band 43
*K i l l i s c h, Winfried F.: Stadtsanierung Kiel-Gaarden. Vorbereitende Untersuchung zur Durchführung von Erneuerungsmaßnahmen. 1975.

Kieler Geographische Schriften
Band 44, 1976 ff.

Band 44
K o r t u m, Gerhard: Die Marvdasht-Ebene in Fars. Grundlagen und Entwicklung einer alten iranischen Bewässerungslandschaft. 1976. XI, 297 S., 33 Tab., 20 Abb.
38,50 DM

Band 45
B r o n g e r, Arnt: Zur quartären Klima- und Landschaftsentwicklung des Karpatenbeckens auf (paläo-) pedologischer und bodengeographischer Grundlage. 1976. XIV, 268 S., 10 Tab., 13 Abb. und 24 Bilder.   45.00 DM

Band 46
B u c h h o f e r, Ekkehard: Strukturwandel des Oberschlesischen Industriereviers unter den Bedingungen einer sozialistischen Wirtschaftsordnung. 1976. X, 236 S., 21 Tab. und 6 Abb., 4 Tab. und 2 Karten im Anhang.   32,50 DM

Band 47
W e i g a n d, Karl: Chicano-Wanderarbeiter in Südtexas. Die gegenwärtige Situation der Spanisch sprechenden Bevölkerung dieses Raumes. 1977. IX, 100 S., 24 Tab. und 9 Abb., 4 Abb. im Anhang.   15.70 DM

Band 48
W i e b e, Dietrich: Stadtstruktur und kulturgeographischer Wandel in Kandahar und Südafghanistan. 1978. XIV, 326 S., 33 Tab., 25 Abb. und 16 Photos im Anhang.
36.50 DM

Band 49
K i l l i s c h, Winfried F.: Räumliche Mobilität - Grundlegung einer allgemeinen Theorie der räumlichen Mobilität und Analyse des Mobilitätsverhaltens der Bevölkerung in den Kieler Sanierungsgebieten. 1979. XII, 208 S., 30 Tab. und 39 Abb., 30 Tab. im Anhang.   24,60 DM

Band 50
P a f f e n, Karlheinz und Reinhard S t e w i g (Hrsg.): Die Geographie an der Christian-Albrechts-Universität 1879-1979. Festschrift aus Anlaß der Einrichtung des ersten Lehrstuhles für Geographie am 12. Juli 1879 an der Universität Kiel. 1979. VI, 510 S., 19 Tab. und 58 Abb.   38.00 DM

Band 51
S t e w i g, Reinhard, Erol T ü m e r t e k i n, Bedriye T o l u n, Ruhi T u r f a n, Dietrich W i e b e und Mitarbeiter: Bursa, Nordwestanatolien. Auswirkungen der Industrialisierung auf die Bevölkerungs- und Sozialstruktur einer Industriegroßstadt im Orient. Teil 1. 1980. XXVI, 335 S., 253 Tab. und 19 Abb.   32,00 DM

Band 52
B ä h r, Jürgen und Reinhard S t e w i g (Hrsg.): Beiträge zur Theorie und Methode der Länderkunde. Oskar Schmieder (27. Januar 1891 - 12. Februar 1980) zum Gedenken. 1981. VIII, 64 S., 4 Tab.und 3 Abb.   11,00 DM

Band 53
M ü l l e r, Heidulf E.: Vergleichende Untersuchungen zur hydrochemischen Dynamik von Seen im Schleswig-Holsteinischen Jungmoränengebiet. 1981. XI, 208 S., 16 Tab., 61 Abb. und 14 Karten im Anhang.   25,00 DM

Band 54
A c h e n b a c h, Hermann: Nationale und regionale Entwicklungsmerkmale des Bevölkerungsprozesses in Italien. 1981. IX, 114 S., 36 Fig.   16,00 DM

Band 55
D e g e, Eckart: Entwicklungsdisparitäten der Agrarregionen Südkoreas. 1982. XXVII, 332 S., 50 Tab., 44 Abb. und 8 Photos im Textband sowie 19 Kartenbeilagen in separater Mappe. 49.00 DM

Band 56
B o b r o w s k i, Ulrike: Pflanzengeographische Untersuchungen der Vegetation des Bornhöveder Seengebiets auf quantitativ-soziologischer Basis. 1982. XIV, 175 S., 65 Tab. und 19 Abb. 23,00 DM

Band 57
S t e w i g, Reinhard (Hrsg.): Untersuchungen über die Großstadt in Schleswig-Holstein. 1983. X, 194 S., 46 Tab., 38 Diagr. und 10 Abb. 24,00 DM

Band 58
B ä h r, Jürgen (Hrsg.): Kiel 1879 - 1979. Entwicklung von Stadt und Umland im Bild der Topographischen Karte. 1:25 000. Zum 32. Deutschen Kartographentag vom 11. - 14. Mai 1983. III, 192 S., 21 Tab., 38 Abb. mit 2 Kartenblättern in der Anlage. ISBN 3-923887-00-0 28.00 DM

Band 59
G a n s, Paul: Raumzeitliche Eigenschaften und Verflechtungen innerstädtischer Wanderungen in Ludwigshafen/Rhein zwischen 1971 und 1978. Eine empirische Analyse mit Hilfe des Entropiekonzeptes und der Informationsstatistik. 1983. XII, 226 S., 45 Tab., 41 Abb. ISBN 3-923887-01-9. 30,00 DM

Band 60
P a f f e n †, Karlheinz und K o r t u m, Gerhard: Die Geographie des Meeres. Disziplingeschichtliche Entwicklung seit 1650 und heutiger methodischer Stand. 1984. XIV, 293 S., 25 Abb. ISBN 3-923887-02-7. 36.00 DM

Band 61
*B a r t e l s †, Dietrich u. a.: Lebensraum Norddeutschland. 1984. IX, 139 S., 23 Tabellen und 21 Karten. ISBN 3-923887-03-5. 22.00 DM

Band 62
K l u g, Heinz (Hrsg.): Küste und Meeresboden. Neue Ergebnisse geomorphologischer Feldforschungen. 1985. V, 214 S., 66 Abb., 45 Fotos, 10 Tabellen. ISBN 3-923887-04-3 39.00 DM

Band 63
K o r t u m, Gerhard: Zückerrübenanbau und Entwicklung ländlicher Wirtschaftsräume in der Türkei. Ausbreitung und Auswirkung einer Industriepflanze unter besonderer Berücksichtigung des Bezirks Beypazari (Provinz Ankara). 1986. XVI, 392 S., 36 Tab., 47 Abb. und 8 Fotos im Anhang. ISBN 3-923887-05-1. 45.00 DM

Band 64
F r ä n z l e, Otto (Hrsg.): Geoökologische Umweltbewertung. Wissenschaftstheoretische und methodische Beiträge zur Analyse und Planung. 1986. VI, 130 S., 26 Tab., 30 Abb. ISBN 3-923887-06-X. 24,00 DM

Band 65
S t e w i g, Reinhard: Bursa, Nordwestanatolien. Auswirkungen der Industrialisierung auf die Bevölkerungs- und Sozialstruktur einer Industriegroßstadt im Orient. Teil 2. 1986. XVI, 222 S., 71 Tab., 7 Abb. und 20 Fotos. ISBN 3-923887-07-8.
37,00 DM

Band 66
S t e w i g, Reinhard (Hrsg.): Untersuchungen über die Kleinstadt in Schleswig-Holstein. 1987. VI, 370 S., 38 Tab., 11 Diagr. und 84 Karten.
ISBN 3-923887-08-6. 48,00 DM

Band 67
A c h e n b a c h, Hermann: Historische Wirtschaftskarte des östlichen Schleswig-Holstein um 1850. 1988. XII, 277 S., 38 Tab., 34 Abb., Textband und Kartenmappe. ISBN 3-923887-09-4. 67,00 DM

Band 68
B ä h r, Jürgen (Hrsg.): Wohnen in lateinamerikanischen Städten - Housing in Latin American cities. 1988, IX, 299 S., 64 Tab., 71 Abb. und 21 Fotos.
ISBN 3-923887-10-8. 44,00 DM

Band 69
B a u d i s s i n -Z i n z e n d o r f, Ute Gräfin von: Freizeitverkehr an der Lübecker Bucht. Eine gruppen- und regionsspezifische Analyse der Nachfrageseite. 1988. XII, 350 S., 50 Tab., 40 Abb. und 4 Abb. im Anhang.
ISBN 3-923887-11-6. 32,00 DM

Band 70
H ä r t l i n g, Andrea: Regionalpolitische Maßnahmen in Schweden. Analyse und Bewertung ihrer Auswirkungen auf die strukturschwachen peripheren Landesteile. 1988. IV, 341 S., 50 Tab., 8 Abb. und 16 Karten. ISBN 3-923887-12-4.
30,60 DM

Band 71
P e z, Peter: Sonderkulturen im Umland von Hamburg. Eine standortanalytische Untersuchung. 1989. XII, 190 S., 27 Tab. und 35 Abb. ISBN 3-923887-13-2.
22,20 DM

Band 72
K r u s e, Elfriede: Die Holzveredelungsindustrie in Finnland. Struktur- und Standortmerkmale von 1850 bis zur Gegenwart. 1989. X, 123 S., 30 Tab., 26 Abb. und 9 Karten. ISBN 3-923887-14-0.
24,60 DM

Band 73
B ä h r, Jürgen, Christoph C o r v e s & Wolfram N o o d t (Hrsg.): Die Bedrohung tropischer Wälder: Ursachen, Auswirkungen, Schutzkonzepte. 1989. IV, 149 S., 9 Tab., 27 Abb. ISBN 3-923887-15-9.
25.90 DM

Band 74
B r u h n, Norbert: Substratgenese - Rumpfflächendynamik. Bodenbildung und Tiefenverwitterung in saprolitisch zersetzten granitischen Gneisen aus Südindien. 1990. IV, 191 S., 35 Tab., 31 Abb. und 28 Fotos. ISBN 3-923887-16-7.
22.70 DM

Band 75
P r i e b s, Axel: Dorfbezogene Politik und Planung in Dänemark unter sich wandelnden gesellschaftlichen Rahmenbedingungen. 1990. IX, 239 S., 5 Tab., 28 Abb.
ISBN 3-923887-17-5. 33.90 DM

Band 76
S t e w i g, Reinhard: Über das Verhältnis der Geographie zur Wirklichkeit und zu den Nachbarwissenschaften. Eine Einführung. 1990. IX, 131 S., 15 Abb.
ISBN 3-923887-18-3. 25.00 DM

Band 77
G a n s, Paul: Die Innenstädte von Buenos Aires und Montevideo. Dynamik der Nutzungsstruktur, Wohnbedingungen und informeller Sektor. 1990. XVIII, 252 S., 64 Tab., 36 Abb. und 30 Karten in separatem Kartenband. ISBN 3-923887-19-1.
88,00 DM

Band 78
B ä h r, Jürgen & Paul G a n s (eds): The Geographical Approach to Fertility. 1991. XII, 452 S., 84 Tab. und 167 Fig. ISBN 3-923887-20-5.
43,80 DM

Band 79
R e i c h e, Ernst-Walter: Entwicklung, Validierung und Anwendung eines Modellsystems zur Beschreibung und flächenhaften Bilanzierung der Wasser- und Stickstoffdynamik in Böden. 1991. XIII, 150 S., 27 Tab. und 57 Abb. ISBN 3-923887-21-3.
19,00 DM

Band 80

A c h e n b a c h, Hermann (Hrsg.): Beiträge zur regionalen Geographie von Schleswig-Holstein. Festschrift Reinhard Stewig. 1991. X, 386 S., 54 Tab. und 73 Abb. ISBN 3-923887-22-1. 37,40 DM

Band 81

S t e w i g, Reinhard (Hrsg.): Endogener Tourismus. 1991. V, 193 S., 53 Tab. und 44 Abb. ISBN 3-923887-23-X. 32,80 DM

Band 82

J ü r g e n s, Ulrich: Gemischtrassige Wohngebiete in südafrikanischen Städten. 1991. XVII, 299 S., 58 Tab. und 28 Abb. ISBN 3-923887-24-8. 27,00 DM

Band 83

E c k e r t, Markus: Industrialisierung und Entindustrialisierung in Schleswig-Holstein. 1992. XVII, 350 S., 31 Tab. und 42 Abb. ISBN 3-923887-25-6. 24,90 DM

Band 84

N e u m e y e r, Michael: Heimat. Zu Geschichte und Begriff eines Phänomens. 1992. V, 150 S. ISBN 3-923887-26-4. 17,60 DM

Band 85

K u h n t, Gerald und Z ö l i t z - M ö l l e r, Reinhard (Hrsg.): Beiträge zur Geoökologie aus Forschung, Praxis und Lehre. Otto Fränzle zum 60. Geburtstag. 1992. VIII, 376 S., 34 Tab. und 88 Abb. ISBN 3-923887-27-2. 37,20 DM

Band 86

R e i m e r s, Thomas: Bewirtschaftungsintensität und Extensivierung in der Landwirtschaft. Eine Untersuchung zum raum-, agrar- und betriebsstrukturellen Umfeld am Beispiel Schleswig-Holsteins. 1993. XII, 232 S., 44 Tab., 46 Abb. und 12 Klappkarten im Anhang. ISBN 3-923887-28-0. 23,80 DM

Band 87

S t e w i g, Reinhard (Hrsg.): Stadtteiluntersuchungen in Kiel. Baugeschichte, Sozialstruktur, Lebensqualität, Heimatgefühl. 1993. VIII, 337 S., 159 Tab., 10 Abb., 33 Karten und 77 Graphiken. ISBN 3-923887-29-9. 24,00 DM

Band 88

W i c h m a n n, Peter: Jungquartäre randtropische Verwitterung. Ein bodengeographischer Beitrag zur Landschaftsentwicklung von Südwest-Nepal. 1993. X, 125 S., 18 Tab. und 17 Abb. ISBN 3-923887-30-2. 19,70 DM

Band 89

W e h r h a h n, Rainer: Konflikte zwischen Naturschutz und Entwicklung im Bereich des Atlantischen Regenwaldes im Bundesstaat São Paulo, Brasilien. Untersuchungen zur Wahrnehmung von Umweltproblemen und zur Umsetzung von Schutzkonzepten. 1994. XIV, 293 S., 72 Tab., 41 Abb. und 20 Fotos. ISBN 3-923887-31-0. 34,20 DM

Band 90

S t e w i g, Reinhard: Entstehung und Entwicklung der Industriegesellschaft auf den Britischen Inseln. 1995. XII, 367 S., 20 Tab., 54 Abb. und 5 Graphiken. ISBN 3-923887-32-2. 32,50 DM

Band 91

B o c k, Steffen: Ein Ansatz zur polygonbasierten Klassifikation von Luft- und Satellitenbildern mittels künstlicher neuronaler Netze. 1995. XI, 152 S., 4 Tab. und 48 Abb. ISBN 3-923887-33-7 16,80 DM

Band 92

Matuschewski, Anke: Stadtentwicklung durch Public-Private-Partnership in Schweden. Kooperationsansätze der achtziger und neunziger Jahre im Vergleich. 1996. XI, 246 S., 34 Abb., 16 Tab. und 20 Fotos. ISBN 3-923887-34-5. 23,90 DM

Band 93
Ulrich, Johannes und Kortum, Gerhard: Otto Krümmel (1854 - 1912). Geograph und Wegbereiter der modernen Ozeanographie. 1997. VIII, 310 S., 84 Abb. und 8 Karten.
ISBN 3-923887-35-3. 46,90 DM

Band 94
Schenck, Freya S.: Strukturveränderungen spanisch-amerikanischer Mittelstädte untersucht am Beispiel der Stadt Cuenca, Ecuador. 1997. XVIII, 259 S., 58 Tab. und 55 Abb.
ISBN 3-923887-36-1. 25,90 DM